KÜHLKEN · MIT RADL, PICKEL UND SOMMERSKI

OSKAR KÜHLKEN

Mit Radl, Pickel und Sommerski

Ein Fahrtenbuch aus romantischen Tagen

VERLAG DAS BERGLAND-BUCH
SALZBURG · STUTTGART · ZÜRICH

ISBN 3 7023 0048 1

Schutzumschlag und Einband von Helmut Donat
Gedruckt und gebunden bei R. Kiesel zu Salzburg
Printed in Austria

INHALT

VORWORT

Dieses Buch berichtet aus vergangenen Tagen, da man zu „Camping“ noch „Zelteln“ sagte. Damals hatte die Technik mit den Blechlawinen der Kraftwagen, dem Spinnwebengeflecht der Lifte und Seilbahnen, dem Netz der Starkstromleitungen, gespeist von den Kraftwerken an den monumentalen Talsperren des „weißen Goldes“, der Natur noch nicht ihr brutales Signum aufgedrückt. Manch Kleinod hat der Fortschritt seither zerstört, doch immer noch hält die Bergwelt einen Kranz von lockenden Zielen bereit, vielfach auch abseits der Karawanenwege des Tourismus. Denn Bewegung ist wieder modern geworden; Wanderwege, Trimm-dich-Pfade, Höhen- und Klettersteige sind die neuen Trumpfkarten der Fremdenverkehrsorte, die Wintersportzentren müssen Wanderloipen anlegen, die schnellen Abfahrtspisten allein genügen nicht mehr. Volksläufe, Volkswandertage, Volksskiläufe sind Trumpf.
Wie einfach war es doch damals! Man mußte nicht versteckte Seitenstraßen aufspüren, um abseits vom Sog der Verkehrsströme sein Urlaubsziel zu erreichen. Aber man freute sich über ein gutes Straßenstück — für sich und den braven Drahtesel. So ist auch dieser Fahrtenbericht kein Märchenbuch, bei dem die Phantasie als Krücke Hilfestellung leisten mußte. Auch wenn die eine oder andere Begebenheit leicht nach Münchhausen riecht — bis in die letzten Einzelheiten hat sich das Geschehen in der geschilderten Form abgespielt, in schönen wie in bitteren Stunden. Es waren acht köstliche Bergjahre mit Radl, Pickel und Sommerski, eine liebenswerte Zeit, in der so manches Mal Küchenmeister Schmalhans zu Tisch bat und meist die Kreuzer im Sack wenig Musik machten. Hier wurde das Märchen vom Bergzigeuner Wirklichkeit.

Oskar Kühlken

Ortler

Genaugenommen bin ich ein spinneter Teufel. Immer, wenn ich einen neuen Skiplatz aus der Taufe gehoben habe und der Besuch einigermaßen angelaufen ist, so daß der Rubel rollt, verliere ich daran das Interesse. Das war so in der Wildschönau, in Wertach und zuletzt in dem Dreieck Krimml—Gerlosplatte—Tauernhaus. Ich verliebte mich in ein neues, zukunftsträchtiges Skigebiet, in das weiße Herz des Ortlers: Sulden.

Eine Führungstour im Anschluß an eine Alpenvereinstagung bildete das Sprungbrett. Ich sah gute Übungsmöglichkeiten um den Ort, das kundige Auge konnte die Skifelder erahnen, die sich um die Düsseldorfer Hütte, den Endderweltferner, das Madritschjoch und den Hintergratkopf im Mittelbereich des alpinen Geländes bieten würden. Ganz zu schweigen von den — man kann es ohne Übertreibung feststellen — unerschöpflichen Möglichkeiten in der Hochregion um den skiberühmten Cevedale.

Dazu als Basis das 1900 m hoch gelegene, bis in den Mai schneesichere Sulden mit seinen Hotels und vielen Fremdenheimen. Bis jetzt hatten sie im Winter geruhsam ihren Dornröschenschlaf gehalten und dem Sommer entgegengeträumt. Damit sollte es ein Ende haben, ich gedachte, sie daraus wachzurütteln.

Ich kam mir vor wie Don Quichotte in seinem Kampf gegen die Windmühlen. In einer Versammlung des Verkehrsvereins ließ ich redegewandt die Fata Morgana eines kommenden Skiparadieses erstehen. Das Fazit: Ich erntete nichts als ein homerisches Gelächter. Ein hergelaufener Windbeutel spielt sich auf. Sulden? Selbst unter dem Aspekt des Verdienens ist das Gelände für den Skilauf völlig ungeeignet. Außerdem hätten sie es nicht nötig, der Sommer wirft genügend Profit ab. Besonders die großen Häuser reagierten sauer, die Besitzer hatten ihr Domizil in Meran oder warteten irgendwo im Süden auf den neuen Geldsegen, den die Saison zur heißen Jahreszeit bringen würde. Für sie war ich nur ein unangenehmer Ruhestörer. Glatte Ablehnung also, und zwar einstimmig.

Meine Sturheit könnte ich von einem pommerschen Landjunker geerbt haben. Man konnte ihnen das „Nein" nicht einmal übelnehmen, in ihrem abseitigen Winkel hatten die Brüder die Zeit verschlafen. In der Masse waren sie stark, keiner traute sich, dem Wortführer contra zu geben. Darum schaltete ich auf separate Seelenmassage der möglichen Interessenten um. Und siehe da, zwei Häuser schluckten den ausgelegten Köder.

Ich rührte die Werbetrommel mit Prospekten, hielt Lichtbildervorträge und ließ meine Verbindungen spielen. Den Tourenwart des Westdeutschen Skiverbandes konnte ich von meiner Neuentdeckung überzeugen.

Anfang Januar kreuzte ich in Sulden auf. Meine zwei Vertragspartner ließen die Ohrwaschl bis zum Boden hängen, sie bereuten, in den Krampf eingestiegen zu sein. Das Heizmaterial könnten sie in den Schornstein schreiben, spotteten die übrigen. Ich legte die Anmeldungen auf den Tisch, bereits jetzt war ein beruhigendes Polster vorhanden.

Meine Sorge galt anderen Dingen. Das Wort „Skilauf" war in Sulden nahezu unbekannt, mit den verrückten Brettern hatte man höchstens ein paar Fexen auf dem Weg zum Cevedale daherkommen sehen. Die Suldener selbst benützten im Winter die viel problemloseren Schneereifen. Ganze drei Mann, die Bergführer Rudl, Sepp und Albert, hatten bei den Alpini wenigstens eine Grundausbildung mitbekommen. Das genügte keinesfalls. Nach meinem Plan mußte ich ein halbes Dutzend Skibergführer für die Hochregion und mehrere Skilehrer für die Kurse zur Verfügung haben.

Jetzt, als man ahnte, daß an meinen Sprüchen doch etwas Wahres daran sein müßte, schalteten die Bergführer um. Sie kamen, darunter ältere Semester mit Schnauzbart, im üblichen Lodengewand und in Schafwollstutzen, die unvermeidliche qualmende Pfeife zwischen den Zähnen haltend. Es war eine mehr als wunderliche Skigruppe, die sich am Rosimhang zusammenfand. Das erste Kommando lautete stets: „Pfeifen aus dem Maul." Sonst hätten sie schlau die Rauchkolben zur Unterstützung des Außengewichts auf die Talseite pendeln lassen. Die Jungen packte ich härter an und jagte sie nach der technischen Stunde durch den Naturslalom des Bergwalds. Es war eine Mordshetz, sie endete stets im Gampenstüberl bei ein paar Liter Roten und einem zünftigen „Watter", einem Bauernspiel nach Roßtäuscherart.

In den ersten Februartagen trudelten Gäste ein, eine aus allen Himmelsrichtungen zusammengewürfelte kleine Gruppe. Der Bann war gebrochen, der Spott verstummte. Es geschehen noch Zeichen und Wunder, meinten die Suldener. Franzl, der Postmeister und Hotelbesitzer, verbrachte als einziger echter Skifahrer des Orts stets den Winterurlaub am Arlberg. Er brach kurzerhand dort seine Zelte ab und kam, um diese komischen Typen zu sehen, die sich im Winter ausgerechnet nach Sulden verirrten. Und gestritten hat er, daß Gott erbarm. Nie sei sein Heimatdorf ein Skiplatz, schließlich müßte er das am besten wissen. Doch die Gäste, die Blut geleckt hatten, Angelus und Cevedale erstiegen und all die netten kleinen Fahrten kannten, ereiferten sich gegen den Suldener über den Wert des Skiorts Sulden.

Ja und dann, dann kam die Lawine des Westdeutschen Skiverbandes ins Rollen. Sechzig Plätze waren vereinbart, die ich reservierte. Telegramm: „Achtzig Skifahrer." Ich rannte, organisierte, und mit den Privatquartieren reichte es zur Not. Kurz darauf wiederum ein Telegramm: „Mindestens einhundert Teilnehmer." Ich drahtete zurück: „Unmöglich." Postwendend erhielt ich die Antwort: „Muß gehen, einhundertzwanzig Teilnehmer, öffnet geschlossene Hotels."

Um es kurz zu machen: zuletzt waren allein vom WSV einhundertvierzig Skifahrer angemeldet, dazu kamen noch ein paar Dutzend andere Gäste. Sämtliche Häuser, soweit sie über heizbare Zimmer verfügten, öffneten, auch nach massiver Drohung das Grand Hotel. Tag und Nacht arbeiteten die Trupps, um Leitungen aufzutauen und all die Arbeiten zu verrichten, um die Häuser betriebsfertig zu machen. Trotzdem reichte die Kapazität nicht aus, ich war gezwungen, zusätzlich eine Filiale in Trafoi aufzumachen.

Und noch immer nagte der Wurm des Zweifels an den Herzen der Suldener. In einem Kramerladen befand sich die Telefonzentrale. Friederich, der Besitzer, schlurfte am Tag der Ankunft mit einem weißen Milchhaferl, dessen Inhalt jedoch rot gefärbt war und aufs Haar genau einem guten Tropfen Girlaner glich, zum Lehnstuhl. Vom Sessel aus bediente er die Schalter und hörte nebenbei die geführten Gespräche mit.

Die rundliche Teresa, seine Frau, verbreitete im Laden die einlaufenden neuesten Sensationen, die ihr geliefert wurden. „Der Bahnhof von Spondinig ist schwarz von Menschen, es wimmelt von Skifahrern, Hunderte kommen." Friederich war am Telefon voll ausgelastet, um den jeweiligen Stand der Dinge den im Laden harrenden Dorfbewohnern durchzugeben.

Die wenigen Taxis und Privatwagen kurbelten wie toll nach Gomagoi und schlichteten die Skifahrer wie Sardinen übereinander. Lastwagen mit Gepäck, bis obenhin beladen, ratterten über die Stilfserjochstraße hinauf. In Gomagoi erfolgte der Umschlag, in langen Reihen standen Personen- und Gepäckschlitten bereit. Nur ein Teil konnte Platz finden. Ein langer, schwarzer Zug wälzte sich über die Bergstraße entlang des Suldenbaches hinauf, bis in die späte Nacht riß die Menschenschlange nicht ab. Den Suldenern blieb die Spucke weg.

Mit den Quartieren kam ich noch gut über die Runden, aber es galt, andere Probleme zu lösen, denn ein solcher Wirbel war nicht vorauszusehen. Der Skibetrieb mußte dem Ansturm gewachsen sein! Drei Suldener konnten im besten Fall für Anfänger eingesetzt werden. Ich schlug Alarm, und gute Freunde sprangen ein. Erstklassige Skilehrer aus Österreich und dem Allgäu. Nur ein Südtiroler, den ich angeheuert hatte, bereitete Kummer, die Karabinieri fahndeten nach ihm als Rauschgiftschmuggler.

Zuletzt lief alles wie am Schnürchen. Sieben Führer, von mir frisch getrimmt, führten das p. t. Publikum durch die Gegend. Sie machten ihre Sache recht brav, diese Suldener, und drechselten behutsam ihre Bogen um die Gletscherschründe. Doch waren erst einmal die Fährlichkeiten überwunden, konnte es vorkommen, daß der eine oder andere Teilnehmer seine skitechnische Überlegenheit ausspielte und Fersengeld gab. Der Skikursbetrieb lief reibungslos. Der Franzl sang in seiner Klause, wo es allabendlich hoch her ging. Ein großes Hüttenfest wurde zum Höhepunkt.

Jedoch gab es einen Schatten. Albert, der Skilehrer, ein überdimensionaler Allgäuer, hatte sich ein Mädchen gekapert. Leider störte der Bruder die Intimsphäre und ließ den Watschenbaum umfallen, was den begreiflichen Zorn des Liebhabers erregte.

„Schau“, meinte hinterher Albert treuherzig, „wenn ich dem eine geschmiert hätt, wär er im Spital gelandet. Aber ich bin ein humaner Mensch. Ich hab ihn nur ein bisserl am Krawattl packt, hab ihn in die Höh g'lupft und ihn zum Balkon hinausgetragen. Ganz sanft ist er nachher vom ersten Stock runtergflogen, mitten in den Schnee hinein.“

Für diese Art von Großmut brachte ich kein Verständnis auf, obwohl das Geschwisterpaar einträchtig für Milde plädierte. Ich schickte den Sünder postwendend nach Hause.

Und sonst? Da kamen ein paar Pfundskerle, einige Skikameraden aus vergangenen Jahren. Darunter der Gustl aus Marktredwitz, der seine Ziehorgel bis zum Cevedale hinauf schleppte, um die Hüttengaudi auf einen besseren Gipfel zu verlegen. Der Angelus wurde zum Hausberg und die Vertainspitze mit ihrer Abfahrt über 1600 Höhenmeter zum großen Schlager für die echten Skigenießer.

Der Bergführer Rudl Mazagg, ein Kerl mit Herz und Schneid, den leider später eine Lawine am Hintergrat des Ortlers erwischte, hatte einen besonderen Tip: die nagelneue Brancahütte im Forno. Ein zünftiger Verein war beisammen. Über die Casatihütte unter dem Cevedale erstiegen wir den trutzigen Klotz des 3556 m hohen Monte Pasquale und leiteten unseren Besuch mit einer neuen Skiabfahrt ein: über die Südflanke des Gipfels direkt ins Forno.

Um drei Uhr erreichten wir die Brancahütte, um fünf Uhr holte Antonio seine letzte Flasche Moscato Spumante aus dem Keller. Wir tanzten zu Gustls Handorgel und ließen wilde Skigesänge erklingen.

Diese Tage auf Branca bildeten den Höhepunkt der Skimonate im Ortlergebiet. Das weite Becken des Fornogletschers mit seinen glitzernden Eiskaskaden, durchwirkt vom Geäder der Spalten, ist umsäumt von einer Kette formschöner Berge. Allen voran die kühne Pyramide des Tresero, daneben die klobige Punta San Matteo, die feingliedrige Cadini, die Cima di Pejo und der Vioz.

Jeden Tag waren wir mit dem ersten Taglicht auf den Beinen. Mit fellbewehrten Brettern schlichen wir unter sturzbereiten Eistürmen durch die Brüche, um die höher gelegenen Gletscherbecken, durchsetzt von verdeckten Schründen, zu erreichen. Von hier schwangen sich die Gipfel auf. Am Kamm erinnerten alte Kriegsstellungen mit Stacheldraht, Schützengräben und zerfallenen Unterständen brutal an Völkermord und sinnlosen Einsatz von Menschen und Material. An gleicher Stelle beglückte uns das beschwingte Gleiten durch Pulverschnee und Firn.

In den ersten Tagen des Mai erklang das Halali, die letzten Gäste hatten Sulden verlassen. Mit Katrin, der treuen Berggefährtin, stieg ich über die Schaubachhütte zum Felsdorn des Königsmandls. An der Schulter rammten wir unsere Schwartling in den Schnee und stiegen über den Steilhang zum Gipfel der 3859 m hohen Königsspitze empor, die uns so oft den ersten Gruß in unser Suldener Wigwam sandte, wenn am Wächtenbaldachin, der sogenannten Schaumrolle, die Sonne den jungen Tag kündete.

Dort oben lagen wir jetzt im Sonnenglast. Der Blick tauchte hinab zum zweitausend Meter tiefer liegenden Sulden mit seinen verstreut liegenden Häusern, glitt von der Venezia im Osten über den schimmernden Gipfelkranz um das weiße Zelt des Cevedale bis zur fernen Geisterspitze am Stilfser Joch, die uns mit einer Fülle herrlichster Skiabfahrten beschenkten. Die Liebe auf den ersten Blick zu dem Dreigestirn Ortler, Zebru und Königsspitze, das beherrschend über dem Hochtal steht, hatte ihre Erfüllung gefunden.

Fünf lange Monate Schnee, nichts als Schnee, weckt Sehnsucht nach Blumen, Blüten und grünen Wiesen, nach Wärme und dem Zauber des Südens. Im Etschtal genossen wir mit wachen Sinnen die Pracht der Obst-

gärten und ließen in alten Südtiroler Gewölben den Küchelberger über die Zunge rinnen.
Jetzt lagen wir auf dem kleinen Felsriff der Oliveninsel vor dem Skaligerschloß in Malcesine am Gardasee. Die Wellen schlugen im Rhythmus gegen das Blockwerk, die tief stehende Sonne verwandelte das Gewoge in einen Spiegel von flüssigem Silber.
Wir hielten Kriegsrat, der Sommer stand vor der Tür. In großen Zügen hatte ich ein vielschichtiges Programm zusammengestellt, Freunde aus vergangenen Bergtagen würden unsere Begleiter sein. Doch es galt, ein Problem zu lösen: der nervus rerum, der Zaster, die Zechinen, der Tschin oder welchen Ausdruck man immer für Bargeld anwenden mag.
Schon in der Schule waren Rechnen, Arithmetik und Algebra meine Achillesferse, nur mit einigem Geschick vermochte ich jeweils den drohenden Schiffbruch abzuwenden. Diese Anti-Begabung in der Handhabung von Zahlen blieb mir ewig treu. Wenn ich zehn Mark in der Hand hatte, gab ich, billig gerechnet, elf aus. Immer mußte ich dem Manko nachlaufen, ein hoffnungsloser Fall.
Die Saison in Sulden war erfolgreich, ich schnitt mit einem erfreulichen Plus ab. Dies war die Theorie, die Praxis sah leider anders aus. In meiner Begeisterung für die Erschließung eines mir ans Herz gewachsenen Gebietes ließ ich Prospekte drucken und machte aufwendige Werbereisen. Meine Partner hielten den Daumen auf den Geldsack. Ich mußte froh sein, wenn sie das Risiko auf sich nahmen, ihr Haus für den Winter zu öffnen. Das Resultat: nach Abzug der leider immer noch offenen Rechnungen verblieb mir im besten Fall ein bescheidener Betrag. Er reichte nicht, um über den Sommer zu kommen, wenn ich die Reisen und Hotels samt Verpflegung bestreiten mußte.
Der Angriff ist die beste Verteidigung, wir machen aus der Not eine Tugend. Unser Motto soll heißen: „Zurück zum Busen der Natur.“ Zeit ist Geld — so lautet die Devise einer tempogehetzten Menschheit. Die modernen Zeitraffer — Auto, Expreßlinien und das Flugzeug haben ihre Entstehung der Jagd nach der Geschwindigkeit zu danken. Je schneller das Verkehrsmittel, desto höher der Geldaufwand. Um es auf einen mathematischen Nenner zu bringen — man kauft Zeit mit Geld.
Bei diesem Punkt der Gedankenkette stutzte ich. Dann muß ja auch die Gleichung aufgehen, wenn man sie auf den Kopf stellt: Geld ist Zeit, die uns im Überfluß zur Verfügung stand. Eine verblüffende Erkenntnis. Am billigsten wäre es, per pedes sein Ziel anzustreben, der Aufwand beträgt höchstens ein Paar Schuhsohlen. Leider bleibt der Radius zu begrenzt. Aber wie wäre es mit einem Fahrrad?

Eine wunderbare Idee. Den alten Griechen ist die überaus glückliche Symbiose im Zentauren vorgeschwebt. Dort halb Mensch, halb Pferd, die Verbindung der Intelligenz mit der Leichtfüßigkeit des Tieres. Als Gegenstück unserer Zeit: der Radfahrer, oben Mensch, unten Maschine. Raffiniert wird die Muskelkraft in höchstmögliche Geschwindigkeit umgesetzt. Dazu Zelt und Benzinkocher, die gesamte Hotellerie einschließlich Staats- oder Privatbahnen des betreffenden Landes werden bei uns durchs Fernrohr schauen müssen.

Ötztaler Alpen

Ein paar Tage später landeten wir mit unseren Siebensachen im lieben, alten München, das man zur „Weltstadt mit Herz" umfunktionierte. Dabei ging die Gemütlichkeit flöten, nur die Fassade blieb einigermaßen erhalten.
Sofort gingen wir ans Werk, um die Planung in die Tat umzusetzen. Eine Anzeige nach einem gebrauchten Fahrrad im „Merkur" löste ein Bündel von Angeboten aus. Ich wetzte durch die Gegend, um die Vehikel in Augenschein zu nehmen. Es war ein aussichtsloses Beginnen, an den Drahteseln fraß der Rost, sie schepperten wie ausgeleierte Nähmaschinen oder waren mit anderen Gebrechen behaftet. So stand ich mit sehnsuchtsvollen Augen und schwachem Geldbeutel vor einem Geschäft und musterte die Prachtgalerie funkelnder Fahrräder.
Rein zufällig — mit Talent gespielt — kam der Besitzer des Stalles zur Tür und knüpfte ein Gespräch über das Wetter und das nächste Spiel der Sechziger an. Auf Schleichwegen pirschte er sich an sein Ziel heran, unversehens, beinahe gegen meinen Willen, stand ich plötzlich zwischen den lockenden Vehikeln. Zuerst versuchte er mir die besten Rösser, alles schöne Markenräder, blinkend in Chrom und Lack, anzudrehen. Es scheiterte nicht an meiner Bereitwilligkeit, die mangelnde Masse wirkte als automatische Bremse.
Mein freundlicher Berater schaltete um zwei Gänge zurück, er spürte, wo mich der Schuh drückte. Auch die mittlere Serie war eine Nummer zu groß für mich, ohne Gas kann der Ballon nicht steigen.
Schließlich brachte er aus einem dunklen Winkel seiner Bude eine — wie er sagte — Okkasion angeschleppt, mit goldenen Lettern zierte der Name „Alpenkönig" das Gestänge. Er murmelte etwas von besonders starkem Rahmenbau, Freilauf mit Rücktrittbremse, Gebirgsdecken und vor allem

Der zerklüftete Madatschferner, der sich von der Geisterspitze und dem Tucketpaß nach Trafoi absenkt, bietet dem Skialpinisten in Aufstieg und Abfahrt mit seinen Spaltensystemen interessant zu lösende Aufgaben und fesselnde Bilder. Foto: Oskar Kühlken.

einem Preis, der nur um ein Geringes den vorgesehenen Etat überschritt. Ich war mir darüber klar, dieses Produkt war alles andere als rasserein, die Erzeuger landauf, landab mochten dabei Pate gestanden haben. Doch wenn bei den Hunden die Bastarde als besonders widerstandsfähig gelten — warum sollte es bei einem Fahrrad anders sein?

Je länger ich mir mein neu erstandenes Eigentum draußen im Licht des Tages betrachtete, desto mehr gewann ich Vertrauen zu seinen Eigenschaften. Wie ein starkknochiger Gaul stand es gegen die Bordschwelle gelehnt, kein schnellfüßiger, schmalbrüstiger Renner, sondern für den Feld-, Wald- und Wiesengebrauch bestimmt. Gerade das, was mir im Geiste als Begleiter für meine Bergfahrten vorgeschwebt war.

Ich schwang mich in den Sattel und machte meine erste Versuchsfahrt. Das Stahlroß lief leicht und gehorchte, um mit Karl May zu sprechen, auf den leisesten Druck meiner Schenkel. Der Nickelglanz der Lenkstange funkelte im hellen Sonnenlicht. Warte nur, dachte ich, dir wird der Übermut vergehen, wenn du erst einmal den alpinen Behang rund um deinen schönen Körper gebaut bekommst. Dann versah ich den Rahmen mit zwei soliden Gepäckständern, dieser Teil des Fragezeichens war gelöst.

Leider mußte ich noch ein paarmal tief in meine Kasse greifen, in der zuletzt ausgesprochen Dünnluft herrschte. Neben verschiedenen anderen Dingen erstand ich ein Zelt. Nicht eines in der Art der Luxusausgaben in bunten Farben und mit allen Schikanen versehen, wie es heute zur Selbstverständlichkeit geworden ist, seitdem man nicht mehr zum Zelteln geht, sondern auf einem Campingplatz mit Wasserspülung, Rasiergelegenheit und elektrischem Licht seine Villa aufbaut. In unserem Fall war es ein unscheinbarer, kleiner Wigwam für Bergsteiger, in den man nur kriechenderweise gelangen konnte. Dazu noch Schlafsack und Gummimatratze — es konnte losgehen.

Mitten im Wonnemonat Mai stand zu früher Morgenstunde neben dem

Der 2801 m hohe Hintergratkopf, ein hübscher Skiberg, baut sich unmittelbar vor dem Dreigestirn Königsspitze, Zebru und Ortler auf, die mit ihren Fels- und Eisfluchten den Blick in Bann halten. Den Skifahrer begeistert noch ein anderes Bild: bis in die letzten Verästelungen schließt sich der Suldenferner auf. Das weiße Zelt des 3764 m hohen Cevedale überragt den Gratkamm zwischen Eissee- und Suldenspitze. Foto: Oskar Kühlken.

Die Anstiege durch das vielfältig aufgesplitterte Vedretta del Forno geben in immer neuen Ausschnitten Blicke zu den formenschönen Bergen frei, die im Halbbogen das Gletscherbecken umrahmen. Hier die 3524 m hohe Punta Cadini. Foto: Oskar Kühlken.

„Alpenkönig“ noch ein zweites Fahrrad an den Rinnstein gelehnt. Diesem Kameraden sah man auf den ersten Blick an, daß es sich um einen Vertreter des weiblichen Geschlechts handelte. Die Bauart zart und schmissig, feingliedrig, aber doch voll verhaltener Kraft. Sie haben richtig geraten, die Besitzerin war jene blonde Katrin, die den Winter mit mir in Sulden verbrachte.

Der Alpenkönig und seine Kameradin machten große Augen, als sich die Last, die wir angeschleppt brachten, zu einem kleinen Berg türmte. Da waren einmal drei überdimensionale Rucksäcke, die neben dem Kochzeug und anderen Dingen das Bergseil und die Steigeisen bargen. In einem kleinen Koffer war die notwendigste Reservewäsche verstaut. Zelt samt Matratze und Schlafsack wurden durch zwei Paar Sommerski, Skistöcke und zwei Eispickel ergänzt. Dieses gesamte Inventar drapierten wir um und auf die Räder.

Trotz der frühen Morgenstunde versammelte sich allerhand Publikum, das mit fassungslosem Staunen dem Aufbau zusah. Doch nur in den ersten paar Minuten verschlug es den Zuschauern den Atem. Dann ergriff ein Bierbrauersknecht im groben Wams, der auch sonst einen derben Eindruck machte, das Wort. Er schob den Tschik, an dem er gerade kaute, in die andere Backe.

„Was machst nacha da?“

„Das siehst doch, radlfahren tu ich“, gab ich zur Antwort und befestigte äußerst kunstvoll die Ski einschließlich der Stöcke um das Gestänge.

„Bist vielleicht ganz narrisch“, versetzte er rauh, „um die Radl derbarmets mi net, die kannst gut fürs Hirn brauchen, wo du eins oder zwei zu wenig hast. Aber des Madel da, des muß bei einer solchen Viecherei hin werden.“

Zum Glück zurrte ich gerade den letzten Riemen fest, was einen längeren Disput ersparte. Mit Mühe schwangen wir uns in die Sättel, die Räder begannen zu rollen, nur noch einiges Volksgemurmel begleitete den Aufbruch.

Zunächst beschäftigten uns vollauf die eigenwilligen Schwankungen der Vehikel, man mußte die nötige Körperstellung zu den vom Rahmen abstehenden Geräten und der ungewohnten Gewichtsverteilung herausbekommen. Das Bogenfahren legte sich und wir fanden Zeit, einen Blick nach links und rechts zu werfen, um in den offenen Mund eines Vorübergehenden zu schauen, der ihm bei unserem Anblick auseinandergefallen war. Den Abschluß der Betrachtung bildete meist ein Kopfschütteln, das sich bei besonders mitteilsamen Seelen zu einer unmißverständlichen Bewegung zur Stirn steigerte.

Der nächste Weg zu unserem Ziel, den Eisbergen im Ötztal, wäre über den Fernpaß oder über den Achensee gewesen. Für den Anfang scheuten wir das zweifelhafte Vergnügen des Radschiebens und nahmen lieber einen kleinen Umweg in Kauf, um uns dafür eine reine Rollstrecke einzuhandeln. Es bot sich nur eine Möglichkeit: über Rosenheim und durch das Inntal.

Als wir erst einmal die Landstraße nach Ottobrunn erreicht hatten, trampelten wir lustig drauflos und zottelten Rosenheim zu. Langsam entschwanden die Umrisse der Türme der Frauenkirche unseren Blicken, in der Ferne zeichnete sich der Saum der Alpenkette ab. Wir juchzten übermütig zum Abschied in den sonnigen Morgen, der erste Schritt zu unserem Bergzigeunertum mit Pedal, Ski und Eispickel war getan.

Die Maisonne stand über der Hügellandschaft mit ihren Gemarkungen, aus denen der frische Erdgeruch über die Straße getragen wurde. Es war eine rechte Frühlingsfahrt. Trotz der schweren Last, die die Räder zu tragen hatten, machten wir gute Fahrt, irgendwo zwischen Kirchdorf und Bad Aibling wichen wir von der Straße auf einen Feldweg ab und hielten im Schatten einer großen Linde Mittagsrast. Dann lagen wir auf dem Rücken, schauten hinauf in das Blätterdach und sahen die Lichtflecke zwischen dem Laubwerk tanzen.

Wir mußten uns einen Stoß in das verlängerte Rückgrat geben, um wieder die Stahlrösser in Gang zu bringen. In Rosenheim wendete sich die Straße, der wir folgten, nach Süden. Vor uns der weite, offene Trog, mit dem der Inn in das flache Land tritt. Mit jedem Meter, den die Räder schluckten, wuchsen die Bergflanken in die Höhe. Die Sonne neigte sich zum Horizont, unsere Schatten wurden länger. Der Wendelstein war rechts geblieben, es wurde mühsam, und menschliche Schwächen begannen sich zu regen.

Schon seit einiger Zeit hatte ich auf dem Sattel keine Ruhe mehr halten können, war einmal nach links, dann wieder nach rechts gerutscht. Ich konnte das peinliche Gefühl nicht los werden, irgendein boshafter Mensch habe eine brennende Kerze unter meinem Sitz angebracht, wie es mir einst im „Walfisch“ zu Nürnberg beim trinkfesten Vater Heß ergangen war. Wieder einmal schoben wir die Räder über eine Geländewelle.

„Es müßte doch ein Leichtes sein, einen in Gummi aufgehängten Fahrradsitz zu konstruieren“, schloß ich eine aus den Gegenwartsnöten geborene Gedankenreihe.

„Ach“, meinte Katrin mit einem Seufzer, der aus dem Grunde des Herzens kam und davon zeugte, wie sehr auch ihr rückwärtiges Seelenleben

aus der Fassung geraten war, „von mir aus könnte zusätzlich ein Eisbeutel eingebaut sein. Sag einmal, wie heißen eigentlich diese merkwürdigen Affen?"
„Affen?" fragte ich verblüfft. Plötzlich ging mir ein Licht auf. „Du meinst die Paviane mit der rosafarbenen Kehrseite?"
„Richtig", erwiderte sie lachend, „genau so komme ich mir vor."
Mit harter Silhouette stand eine wuchtige Festung über dicht gedrängten Häusern — Kufstein, das Ziel des Tages. Die Zollformalitäten waren schnell erledigt, noch ein kurzes Stück Landstraße, dann erreichten wir über die Innbrücke den Stadtkern. Der Pavian ließ einen neuen Entschluß reifen, schließlich waren wir niemandem Rechenschaft über unsere Zeiteinteilung schuldig. Morgen machen wir Feiertag und wandern zum Stripsenjoch, damit sich die rückwärtigen Gefilde wieder beruhigen können.
Wir fuhren durch die Stadt in Richtung Kaisertal, die Sonne war bereits hinter den Bergen verschwunden. Noch bevor die Dämmerung einfiel, mußten wir trachten, das rechte Quartier zu finden. Ein kleiner Obstgarten mit blühenden Bäumen hinter einem alten Hof hatte es mir angetan. Ein Bauer mit wetterhartem Gesicht wandte sich mit fragendem Blick an seine Frau, als ich mein Anliegen vorbrachte. Sie nickte kurz und knetete weiter den Teig, der vor ihr in der Schüssel lag.
Am Morgen weckte uns der Gesang der Vögel, über das Weiß der Blüten in den Baumkronen strich der erste Sonnenstrahl. Wir wuschen uns am Brunnen, und kurz darauf summte der Kocher seine vertraute Melodie.
Über die Steilstufe am Taleingang stiegen wir zum Kaisertal empor. Im frühen Schräglicht der Sonne lag das Inntal vor uns gebreitet, wie ein Dorn ragte die Festung aus dem Boden. Zunächst bestimmten bewaldete Rücken, von Felsen und Steilrinnen durchsetzt, die Szenerie. Mit dem Pfandlhof bekamen wir die Faszination zu spüren, die der Begriff „Wilder Kaiser" auslöst. Wuchtig die Plattenfluchten der Kleinen Halt, links reihte sich der bullige Kopf des Totenkirchls an. Mit harten Strichen sind die Kontraste gegeneinandergestellt. Die Panzer der Kalkmauern wachsen unvermittelt aus der grünen Talfurche, jetzt unterstrichen die blühenden Obstbäume diesen Eindruck.
Rechts ein Blick zu den Zacken des Kopftörlgrates, dann stiegen wir über die Serpentinen zum „Strips", dem Mekka der Klettergilde. Leicht hätten wir eine Stunde oder mehr hier oben verbummeln können. Doch der

Die „Steinerne Rinne" im Wilden Kaiser ist von den gewaltigen Plattenschüssen des Predigtstuhls und der Fleischbank umsäumt. Im Bild die Westwand des Predigtstuhls. Foto: Robert Löbl.

Wurm nagte an meiner alpinen Seele — wie wäre es mit einem kleinen Spaziergang zur Steinernen Rinne?

Dieser durch die Felswände eingeengte Schlupf zum Ellmauer Törl könnte ein eigenes Kapitel über die Ersteigungsgeschichte des Kaisers verfassen. Die Steinerne Rinne selbst, in Plattenstufen gebannt, schreckte die Bergsteiger in der Frühzeit des Alpinismus. Hier wächst die Melodie des Kaisers mit den himmelanstrebenden, grifflosen Mauern aus Kalk zum Furioso an. Als Torsteher hat sie sich einen edlen Trabanten erwählt: die wundersame Predigtstuhl-Nordkante, die in einem wahrhaft berückenden Schwung zur Krone des Berges führt.

Wir wanderten ein Stück durch die Felsschlucht empor, im oberen Teil riegelte der Hartschnee, den noch kein Sonnenstrahl traf, unser weiteres Vordringen ab. Auf einem Felsblock saßen wir der Ostwand der Fleischbank gegenüber.

Eine Kette von Jahren verstrich, bis man sich mit diesen damals abschrekkendsten Plattenfluchten befaßte. Der Kampf um ihre Bezwingung ist mit den berühmtesten Namen der Felsakrobaten der letzten Erschließungsperiode verbunden — unter anderen Herzog, Deye, Fiechtl, Sixt, Schaarschmidt und Dülfer. Sie verbissen sich eine gute Spanne Zeit in die Probleme der Bezwingung der Plattenschüsse, Überhänge und kaum ausgeprägten Risse. Stück um Stück drangen sie vor, bis endlich im Jahre 1912 der Durchbruch gelang. Und heute? Der Kampf der Pioniere um die Krone ist vergessen. Es blieb der Fleischbank-Ostwand der Ruf einer außergewöhnlich schönen und genußreichen Klettertour.

Ja, dort drüben der Einstieg mit dem Wulst und dem Spreizschritt — die Spiralrisse — die Höhle und ganz oben, über den Plattenschüssen, scheinbar im Gipfel auslaufend, als schwarze Striche die Risse. In meiner Erinnerungsschachtel wurde es lebendig.

Damals kamen wir aus den Zermatter Bergen und wollten unsere Sommerskifahrten mit ein paar Klettereien im Wilden Kaiser ausklingen lassen. Petrus hatte uns mit Schönwetter verwöhnt, doch der alte Herr ließ die Bäume nicht in den Himmel wachsen. Ein Tag um den anderen entglitt im Nebel und Regen. Nur das Totenkirchl-U vermochten wir im schnellen Zugriff gelegentlich einer Aufhellung am Nachmittag zu packen.

Der Wasserfallferner — die Bezeichnung gibt treffend den Eindruck wieder — brandet mit seinem zerklüfteten Eisstrom vom Gipfelkamm der Seelenkogel gegen das Rotmoos herab. Dieses Labyrinth von Schründen und Séracs steht im Mittelpunkt der kleinen Spielhandlung des Bergfilms „Das lockende Eis“. Foto: Oskar Kühlken.

Immerhin versprach der blaue Himmel am Abend Gutwetter. Den letzten Fahrtentag, sozusagen als mein Geburtstagsgeschenk, hofften wir mit der Durchsteigung der Fleischbank-Ostwand krönen zu können.

Die Bergfahrten mit dem edlen Brüderpaar Fritz und Eber zeichneten sich durch eine besondere Note aus. Stets gab es eine Überraschung, die ihrer hochentwickelten Sorglosigkeit in jenen Belangen zuzuschreiben war, die man zu den bergsteigerischen Tugenden zählt. Im Kaiser, wo sie zu Hause waren, brachten sie ihre vielen unfreiwilligen Biwaks zu einer Art Berühmtheit. Ob sie die direkte Westwand des Totenkirchls durchstiegen oder eine kürzere Fahrt vorgesehen hatten, immer gelang ihnen das Kunststück, die Tour mit einer Beiwacht in einer Wand abzuschließen.

Ich weiß nicht, strahlten die beiden einen magischen Einfluß aus oder hatten sie mich mit einem Bazillus infiziert — was mir als patentiertem Frühaufsteher nie passiert — auf der Hütte am Stripsenjoch verschlief ich gründlichst. Überflüssig zu betonen, daß weder Fritz noch Eber auf den Beinen war. Ich mußte sie mit der Beißzange von den Matratzen holen, obwohl die Sonne bereits hoch am Himmel stand.

Allein auf weiter Flur, saßen wir um den Frühstückstisch, längst waren die anderen Partien an diesem ersten Schönwettertag über alle Berge. Eber ließ sich nicht aus der Ruhe bringen — das bisserl Zeitverlust (es war glücklich halb zehn Uhr geworden) haben wir schnell eingeholt, dafür klettern wir geschwinder, meinte er, behaglich kauend.

Endlich standen wir in der Steinernen Rinne vor dem Einstieg, schlüpften in die Kletterpatschen und verwahrten die Bergschuhe im Rucksack. Dann verbanden wir uns durch zwei Dreißig-Meter-Seile.

Eber, der die Wand bereits kannte, übernahm die Führung. War es bis jetzt gemächlich, für meinen Geschmack übergemütlich zugegangen, so änderte es sich schlagartig, als der Freund den Kalk zwischen den Fingern spürte. Behende packte er den Quergang über dem Plattenwulst. Trotz seiner kurzen Beine nahm er den folgenden Spreizschritt mit spielerischer Leichtigkeit. Die nächste Nuß gab uns eine kleine Höhle mit darübergesetztem Überhang zu knacken auf. Mich warf es beinahe vor Lachen aus dem Stand, als ich mich über den Felsbauch emporschob. Direkt vor meinen Augen leuchtete ein Emailschild „Nicht hinauslehnen!", das sichtlich einst in einem Eisenbahnwagen prangte. Ein paar Witzknollen hatten die ganze Anstiegsroute damit gepflastert, sicherlich Kameraden, die jeden Wandteil wie ihre Westentasche kannten. Die Stellen waren für den passenden Spruch sorgfältig ausgewählt.

Es folgten anschließend die berüchtigten, marmorglatt geschliffenen Spiralrisse, durch die sich Eber wie ein Wiesel hindurchwand. Trotz der Dreierseilschaft, die zeitlich immer im Nachteil ist, kamen wir schnell vorwärts. Der Freund schien mit seinem „Geschwinder klettern“ recht zu behalten.

Die Freude dauerte nicht lange, genau bis zum ersten Quergang: ein Plattenschuß ist von rechts nach links zu meistern. Über mir hörte ich eifrig debattieren. Um das Traversenseil handelte es sich, wie ich den Wortbruchstücken entnahm. Einer beschuldigte den anderen der Vergeßlichkeit, Tatsache blieb — der Strick ruhte friedlich im Rucksack in der Steinernen Rinne. Es bedeutete gerade kein Unglück, da wir uns mit dem Verbindungsseil zwischen dem zweiten und dritten Mann helfen konnten, doch das Versäumnis zwang bei der ohnehin fortgeschrittenen Stunde zu zeitraubendem Umseilen.

Endlich befanden wir uns jenseits der Traverse und arbeiteten uns zum zweiten Quergang, der von links nach rechts führt, hinauf. Das liebliche Spiel begann von neuem, die Zeit verrann im Fluge. Ein Imbiß auf einer kleinen Terrasse, einem Idyll inmitten dieser unbarmherzig wirkenden Wandflucht, gönnte Körper und Nerven eine kurze Pause. Wir saßen in einem Blumengarten von blühendem Enzian und Alpenrosen, zu unseren Füßen die enge Gasse der Steinernen Rinne und gegenüber die Abstürze der Predigtstuhl-Westwand.

Gegen fünf Uhr erreichten wir den Ausstiegsriß, der durch eine Sperrplatte am Abschluß gekennzeichnet war. Wir waren frohen Mutes, nach wenigen Minuten würde das letzte, ernstliche Hindernis bezwungen sein, kaum eine halbe Stunde trennte uns noch vom Gipfel. Da heulte gleich einer Sirene ein Sturmstoß durch die Schlucht. Eine Nebelbank schoß zwischen die Felsmauern, der Wolkenmantel schlug über uns zusammen. Fahle Blitze zuckten durch das Dämmerlicht, das mit dem Grauschleier eingefallen war, dumpf rollte der Donner in den Wänden.

Wir wurden völlig überrascht. An steiler Felswand klebend, sahen wir nur immer über uns den kleinen Ausschnitt blauen Himmels. Nichts verriet das aufziehende Hochwetter. Eine Sintflut stürzte über uns herein. Das rauschte von fallenden Wassern, grell flammten Funkenbündel auf, mit ohrenbetäubendem Hall brachen sich die Schläge im Kessel. Das Eisenzeug banden wir ins Seil und fixierten das Ende an einem entfernten Felszacken.

Der Riß über uns wurde zur Bahn eines reißenden Gießbaches, der uns im Nu bis auf die Haut durchnäßte. Losgewaschene Steine pfiffen uns um die Ohren. Körperlich spürten wir die Ausstrahlungen der elektrizitätsgeschwängerten Luft. Der strömende Regen wechselte in eine vom

Sturm gepeitschte Hagelböe, eng an die Wand gepreßt, suchten wir notdürftigen Schutz.

Endlich, gegen sechs Uhr, ließ das Unwetter nach. Der Himmel lichtete sich, die ersten blauen Flecken zeigten sich zwischen ziehenden Wolkenfetzen. Eiligst rüsteten wir zum Aufbruch. Mit etwas Glück konnten wir den Abstieg noch vor Einbruch der Dunkelheit schaffen.

Die Freude war von kurzer Dauer, gerade als sich Eber anschickte, über die ersten Griffe und Tritte emporzuklimmen, kehrte das Hochwetter mit Blitz, Donner und Hagelschlag zurück, die Temperatur sank spürbar unter den Gefrierpunkt. Im klatschnassen Zeug schlotterten wir im schneidenden Wind.

Sieben Uhr. Der Himmel war blank gewaschen, vereinzelte Nebel strichen um die Wände. Mißlaunig, kalt und steif standen wir vor dem Riß, den das Unwetter mit glänzender Eisschicht überzogen hatte. Mit langem Blick sah Eber über den Kamin hinauf, dann, den Kopf schüttelnd:

„Eis ist deine Spezialität, Oka, das pack ich heute nimmer."

Ich muß ehrlich bekennen, mit großer Begeisterung ging ich die glasüberzogene Wand nicht an. Der Riß ist im trockenen Zustand eine der schwierigsten Stellen in der Ostwand, aber jetzt, bei diesen Verhältnissen . . .

Ich ließ mir keine Zeit zu langen Überlegungen, uns blieb ohnehin nur noch spärliches Tageslicht. Mühsam balancierend, klopfte ich mit dem Kletterhammer das Eis aus Griffen und Tritten und schob mich langsam in die Höhe. Die Finger erstarrten und wurden gefühllos, die Beine zitterten in der verkrampften Stellung. Ich biß die Zähne zusammen, ich mußte wenigstens den Haken unter dem Sperrblock erreichen. Endlich schnappte das Seil im Karabiner, gerade im rechten Augenblick, ich war mit den Kräften am Ende. Am Seil glitt ich zu den Kameraden in den Boden des Risses hinab.

Schwer arbeitete die Brust, ich schüttelte Arme und Beine durch, um die Muskeln zu lockern. Wieder ging ich den Kamin an und tastete mich über die frei geschlagenen Haltepunkte zu dem Haken empor. Aufs neue ertönte das Klick-Klick des Kletterhammers, spritzte das Eis aus schmalen Spalten und unscheinbaren Wandvorsprüngen.

Ich solle aus dem Einschnitt mehr in die Wand hinaus, rief mir Eber zu, der gespannt meinen Bewegungen folgte. Das war leichter gesagt, als getan. Das hätte ich einen Meter früher machen müssen, jetzt gab es kein Ausweichen. Ich versuchte das Äußerste. Über mir die Wölbung der Platte. Der Eber hatte recht, zu tief saß ich im Riß. Trotzdem schwang ich den Körper weit nach außen — vor mir der Haken, zum Greifen nahe — ich streckte mich durch, das eingegangene Risiko war zu groß, im Sturz

Die Fleischbank-Ostwand hat Tradition. Viele Jahre rangen die besten Kletterer ihrer Zeit um die Bezwingung, bis im Jahre 1912 die Durchsteigung gelang. Der Kreis nach den Ausstiegsrissen zeigt, wo die Partie nach dem Wettersturz die Nacht in der Wand verbringen mußte.

rasselte ich ins Seil. Keuchend, völlig erschöpft, kam ich unten an, ich fühlte mich wie ein ausgewrungener Strumpf. Auf den fragenden Blick der Kameraden schüttelte ich den Kopf — nein, ein anderer soll sein Glück versuchen.

Eber ging wieder voran, jetzt waren die Griffe und Tritte bis zur Sperrplatte frei vom Eis, flüssig wand er sich unter die Platte hinauf. Hier legte er, durch meine Erfahrung gewitzt, die Haltepunkte mehr nach außen in die Wand, ein Zug, ein Schwung, in der einfallenden Dämmerung sahen wir ihn über den Felsrand schlüpfen.

Als die Reihe an mir war, den Gang in die Höhe anzutreten, hörte ich noch alle Glocken läuten. Völlig weich, auf kraftlosen Beinen, schob ich mich empor, kaum daß die Arme den nötigen Halt gaben. Über mir drohend der Überhang — ich sah den Haken — bekam ihn zu fassen — verzweifelt packte ich zu — das Hindernis war überwunden.

Der Freund hatte sich schon wieder in Bewegung gesetzt, ich sah ihn im Halbdunkel wie einen Schatten entschwinden. Das Wettrennen mit dem Licht hatten wir endgültig verloren, es galt, im letzten Schimmer einen halbwegs geeigneten Platz für die unvermeidliche Beiwacht zu finden. Das Glück war mit uns. Ein paar Meter von unserem Stand entfernt war eine abgesprengte Platte, die in einen Felseinschnitt mündete.

Fritz, als den körperlich Schwächsten, brachten wir im innersten Winkel unter, dicht an ihn gedrängt saß Eber. Für mich blieb an der Kante gerade noch für einen Schenkel Raum, mit dem rechten Fuß mußte ich mich in der Gegenwand verspreizen, um nicht von dem fragwürdigen Thron zu fallen. Vorsichtshalber schlug ich einen Haken und hing das Seil in den Karabiner, um meine reichlich wackelige Position zu sichern.

Es wurde eine Nacht, die nicht enden wollte. Der leere Magen machte sich schmerzlich spürbar. Außer dem Imbiß auf der Blumenterrasse inmitten der Wand hatten wir nichts mitgenommen. Beinahe noch mehr peinigte uns der Durst. Eber fand in seiner Kognakflasche, die er zur Beruhigung seiner schwachen Magennerven stets mitführt, einen Mundvoll Schnaps. Wir nützten den Alkohol als Zeitmesser. Zu jeder vollen Stunde durften wir den Flaschenrand an die zusammengepreßten Lippen drücken, um sie mit der köstlichen Flüssigkeit zu netzen.

Und der Zeiger wollte nicht rücken! Das nasse Zeug klebte am Körper, der Frost überfiel uns mit wilden Schauern, daß es uns von oben bis unten schüttelte. Wir klopften und schlugen uns gegenseitig, um das Blut in Wallung zu bringen. Gespenstisch schimmerten im kalten Licht des Mondes die gegenüberliegenden Wandfluchten des Predigtstuhls, tief unter uns, im senkrechten Sturz, der Boden der Steinernen Rinne.

In das bitterharte Erleben dieser Nacht beschenkte mich die Natur mit einem Traumbild, das alle Nöte vergessen machte. Eine Art Halbschlaf umfing meine Sinne. Ich sah eine im Sonnenglanz strahlende Parklandschaft, der grüne Teppich kurz geschorener Rasenflächen war von riesigen Laubbäumen überschattet, raunend strich der Wind durch das Blattwerk. In der Luft klang das Jubilieren der Vögel, ein feierlicher Dom Gottes.

Ich schritt durch das Feenland auf sanft gewellten Pfaden, das heitere Bild sang in meinen Adern, trug mich in ein Schweben des Glücks. Heiße, süße Milch wurde mir von unsichtbarer Hand gereicht, ich trank sie in durstigen Zügen. Ein Schwanken riß mich in die Wirklichkeit zurück — festgeseilt am kalten Fels — unter mir senkrechte Plattenschüsse im gleißenden Mondlicht, die sich im Schatten der Steinernen Rinne verloren.

Schließlich wich die lange, lange Zeit der Finsternis dem grauenden Morgen. Mit steifen, unbeholfenen Gliedern querten wir in eine seichte Verschneidung. Sorgfältig setzten wir diese Schritte, die ersten Augenblicke nach einer Beiwacht sind besonders gefährdet, noch fehlt die Geschmeidigkeit, der schnelle Schluß der Sinne. Eine Seillänge, eine zweite — wir standen im leichten, von Rasenpolstern durchsetzten Blockwerk des Gipfels.

Noch einen langen Blick warf ich zur Fleischbank-Ostwand zurück, dann wanderten wir über das Stripsenjoch talaus. In neuer Perspektive erlebten wir die Schönheit des Kaisertales, ehe wir über die kurze Stufe zu unserem Wigwam zurückkehrten.

Der Morgen graute, behutsam schlüpfte ich aus dem Schlafsack, wenig später drang das feine Summen des Benzinkochers durch die Stille des erwachenden Tages. Das eiskalte Wasser im Trog fuhr in die Glieder, ich wälzte mich im taufrischen Gras, ein Prickeln lief mit wonnigem Schauer über die Haut. Im Gebüsch nebenan begann zögernd ein Vogel zu zwitschern. Mit dem ersten Sonnenstrahl, der mit weichem Finger über den Bergwall strich, schwoll die Musik zu vollen Akkorden an.

Nach herzlichem Abschied von den Bauersleuten glitten die Räder in eiliger Fahrt über den Asphalt. Der Pavian meldete sich mit leicht wehem Gefühl in den rückwärtigen Regionen, seine Anwesenheit wurde mit Stillschweigen übergangen. Noch ein Stück begleitete uns der Zettenkaiser als letzter Ausläufer des Wilden Kaisers.

Wörgl—Kundl—Rattenberg. Die Räder bockten über das holprige Pflaster der kleinsten Stadt von Tirol. Unwirklich mutet der alte Umschlagplatz der Güter, die zwischen Nord und Süd ihren Weg nahmen, an. Unverfälscht erhielt sich das mittelalterliche Gepräge, geschlossen blieb die farbige Flucht der Patrizierhäuser. Vorwitzig steckt da und dort ein

Erker seine Nase zwischen die engen Gassen, dazwischen öffnet sich ein Blick zum spätgotischen Turm der Kirche.

Alle Winkel atmen Geschichte. Zweihundert Rösser standen jederzeit bereit, vor eine Postkutsche oder die riesigen Planwagen gespannt zu werden. In den Gasthäusern mit ihren schön gearbeiteten schmiedeeisernen Wirtshausschildern rollten die Würfel der Reisigen, reichgezierte Kutschen verhielten auf eiliger Fahrt vor den Häusern mächtiger Kaufherren.

Die einst stolze Burg schirmte die Stadt. In ihren Mauern endete der letzte Akt einer Tragödie, unschuldig gerichtet fiel der Kopf des genialen Kanzlers von Tirol, Wilhelm Biener, unter dem Beil des Henkers. Aus dem Silberbergwerk floß der Reichtum in den von sprühendem Leben erfüllten Ort. Langsam setzte das große Sterben ein, die Erzstollen versiegten, andere Verkehrsmittel verdrängten Roß und Wagen. Nur der Rahmen blieb, den der goldgespickte Säckel im Mittelalter geschaffen.

Brixlegg, rechts die Kuppen des Rofan. Der Einschnitt des Zillertales öffnete sich, die Firnfelder der Zillertaler Eisberge glänzten in der Ferne. Und wieder wechselte das Bild der Landschaft. Nach der Furche des Achensees standen über uns die Felsmauern des Bettelwurfs, neben uns rauschten die Wasser des bald nahen, bald fernen Flusses.

Ein paar Tippelbrüder kamen des Wegs, hatten eine Schachtel unter den Arm geklemmt, die ihre Habseligkeiten enthielt. Wer einmal dem Zauber der Landstraße verfallen ist und Wochen, vielleicht Monate ihr unendliches Band verfolgt, spürt, daß alle, die darauf wandern, irgendwie schicksalsverbunden sind. Diese abgerissenen Gesellen sind aus dem gleichen Holz wie wir geschnitzt. Sie lachen und grüßen und haben Mitleid mit uns. Sie wandern frank und frei fürbaß, während wir uns mit unserem Plunder schinden müssen. Bei dieser Begegnung wurde es in meiner Erinnerungsschachtel lebendig.

Im vergangenen Sommer nahm ich nachts den Weg von Krimml über die Gerlosplatte ins Zillertal. Mitternacht war vorüber, aus einer Hütte am Durlasboden duftete verführerisch das Heu. Ich konnte der Lockung nicht widerstehen, darin eine Stunde zu verträumen. Ein paar Minuten lag ich lang ausgestreckt auf dem Rücken und sah durch die Ritzen im Gebälk das Gestirn glitzern. In der Behausung begann es sich zu regen.

„Woher des Wegs, Kamerad?" klang es aus dem Heu.

Ich gab Bescheid, berichtete von Pfaden und Bergen und der immer neuen Freude an der Weite der Welt. Für eine kurze Weile blieb es still, dann erzählte eine rauhe, brüchige Stimme von Landstraßen, Heulagern und

Bauernhöfen, von allerlei Geschicken, der ewigen Unrast und der nimmer auslöschbaren Liebe zum ungebundenen Leben.
Mehrere Stunden, bis die Helle im Osten den kommenden Tag kündete, befaßten wir uns mit Landstreicherphilosophie. Aus dem nahen Bach holte der Gefährte der Nacht einen Buschen Alpenrosen, den er vortags gebrockt hatte. Eigenhändig steckte er ihn mir an den Hut, im fahlen Licht schaute ich in ein verwittertes, stoppelbärtiges Gesicht. Meine Zeit war gekommen, ein Gruß, ich schritt in den beginnenden Morgen talaus.
Flimmernd stand die Hitze über den Feldern, es herrschte eine wahre Treibhausluft. Wenn wir kurz an einem Brunnen verhielten, um das Gesicht und die Arme ins Wasser zu tauchen, überfiel uns ein Schwarm stechwütiger Bremsen. In allen Gliedern spürte man eine zunehmende Spannung. Wolkentürme mit blendendweißen Wülsten quollen über der Lizum auf. Im Dreieck des Talschlusses bildete sich eine schwarze Wand, die drohend emporwuchtete.
Sie sog die Sonne auf, die gleißende Helle erstarb, bleierne Schwere lastete. Plötzlich stieß, einen Staubschleier vor sich her jagend, mit wildem Brausen eine Bö durch den Trog des Tales, ächzend neigten sich die Baumkronen unter dem harten Druck. Blitze zuckten auf, krachend brach sich der Hall des Donners an den Bergwänden. Die Schleusen des Himmels öffneten sich und ergossen ihre Flut über das befreit aufatmende Tal. Der anfänglich heftige Guß wich einem soliden Dauerregen, der im gleichförmigen Rhythmus über uns auf das Schindeldach rauschte. Kann man nix machen, also Regenfahrt.
Ein verlorener Sonnenstrahl durchbrach das Gewölk. Silbrig spiegelten die Dächer von Wattens das Licht. Der Regen ebbte ab. Und wieder huschte solch ein Zauberstab durch den Schleier, hob ein Meer von Dächern mit ragenden Türmen aus dem Grau — Innsbruck.
Laubengänge mit verschwiegenen Weinstuben, überragt vom Goldenen Dachl — hell setzt sich die schlanke Annasäule gegen die Mauer der Nordkette ab, in die sich die Maria-Theresien-Straße zu verlieren scheint. Heute genügte nur ein flüchtiger Blick. Wenn das Wasser in den Schuhen steht und das feuchte Hemd am Körper klebt, schwindet die Freude der Betrachtung. Uns gelüstete nicht nach dämmrig-kühlen Museumshallen, dafür um so mehr nach einer warmen Wirtsstube und vielleicht nach einer Grießnockerlsuppe und einem Geselchten mit Kraut und Knödel. Diese Art Medizin hielt man im Weinhaus Jörgele, wo so manche Bergfahrt ihren Abschluß fand, bereit.
Ein Markttag hatte allerlei Landvolk in die Stadt gelockt, Stimmen-

gewirr füllte den Raum, der Tabakqualm hing in einer bläulichen Wolke über dem Menschenknäuel. Neben mir wurde ein Platz frei, sofort nahm ihn ein altes Männlein in Beschlag, das seine vollgeladene Kraxe in Griffweite neben sich aufbaute.

Der Kopf des Alten mit dem schütteren Knebelbart nahm den Blick gefangen. Ein wettergegerbtes Gesicht, bestehend aus Runzeln und Fältchen, die sich fächerartig um die von buschigen Brauen überschatteten Augen schlossen. Aber was für Augen! Blau und klar wie ein Bergsee, darin spiegelten sich die Lichter, in den Winkeln lauerte sprungbereit der Spotteufel. Auf dem grauen, strähnigen Haar saß ein verwaschener Hut, der verblichene Rock roch nach Feuchtigkeit und Heu.

Mit seinem Nachbarn, einem grobschlächtigen Bauern, war bald ein Schwatz im Gange. Ein paar Gesprächsfetzen drangen zum Ohr, ich wurde neugierig. Ein Wasserl hätt er, das sei was extrig Gutes gegen den Rheumatis und den Weibern macht's überdies eine linde Haut, hörte ich ihn sagen, während die Finger aus dem Traggestell ein Fläschchen hervorkramten.

Oder vielleicht eine Brixener Essenz? Die wär von einem wallischen Wunderdoktor, sie vertreibt das dicke Blut und fährt wie Feuer in die Knochen. Ich sah mir den Händler genauer an, die Falten im Gesicht hatten sich zu einem einzigen, freundlichen Lachen gesammelt. Die Spotteuferln aber saßen nicht mehr in den Augen, wie Irrlichter huschten sie umher. Sie verkrochen sich für einen Augenblick zwischen den Mundwinkeln, um im nächsten auf den hochgezogenen Brauen einen lustigen Reigen zu tanzen.

Ein Zillertaler Öltrager! So nannte man vor Zeiten die Salben- und Wundermittelhändler, die von einem zum anderen Hof zogen, um ihre Heilwasser an den Mann und — meist mit besserem Erfolg — ihre Liebestränklein unter die Weiberleut zu bringen.

Mein Freund zur Linken besaß entschieden Fingerspitzengefühl, bei der Verteilung der Intelligenz hatte der Bauer sichtlich vergessen „Hier!“ zu rufen. Die Einfalt stand ihm auf die Stirn geschrieben. Das mit der Brixener Essenz leuchtete ihm ein, nach einigem Hin und Her wurden sie handelseinig, die Flasche wanderte in seine Tasche.

„Und nachher hätt ich halt noch a ganz a rares Flochpulver“, meinte der Öltrager so nebenhin.

„A Flochpulver? A selles kunnt i woll brauchen“, gab der Bauer interessiert zurück. „Mit die Ludern ham mir allweil as Gfrett.“

Der Händler kramte ein kleines Papiersackerl hervor und hielt es ihm wortlos unter die Nase.

„As schmeckt woltern scharf", sagte er anerkennend, „nur grad wissen sollt ma, wia daß mas macht, mit sellerm Pulverl."
„Nix leichter, magst grad herschaun", versetzte ernsthaft der Öltrager. Er griff sich einen Brotkrumen vom Tisch und drehte ihn zwischen den Fingern, gespannt folgte der Bauer jeder Bewegung.
„Erst fangst an Floch und tust an a bisserl wuzeln, a so, zwischen an Dam und an Zeigefinger, bist d' gespürst, daß a sich nimmer rührt, der Floch. Aft legst 'n an Tisch" — fein säuberlich gab der Schlaukopf die Brotkrume auf die Platte und stäubte etwas von dem weißen Zeug darüber —, „gibst as Pulverl drauf, und nacher is er hin, der Floch."
Tiefsinnig schaute der Bauer auf das kleine Häuflein, die Prozedur hatte ihm sichtlich imponiert.
„Muaß net schlecht sein, das selle Flochpulverl."
Doch irgend etwas beschäftigte ihn noch, man konnte es förmlich an seinem Gesicht ablesen, wie es in ihm arbeitete. Endlich schien er zu einem Schluß gekommen zu sein.
„Und wann i ihn gschwind *ganz* derwuzeln tat, wann i an gfangt hab, den Floch?"
Weit beugte sich der Bauer vor, gebannt hingen seine Augen an dem faltigen Gesicht seines Gegenübers. Der Alte wiegte nachdenklich den Kopf hin und her, von tiefster Skepsis wandelte sich der Ausdruck langsam zur rückhaltlosen Anerkennung.
„War net schlecht, das." Und nach einer Weile: „Woll, i moan, sell gang a."
Genaugenommen verpaßten wir die beste Aufbruchstunde. Wir saßen so warm und behaglich, aus dem einen Viertel wurden zwei — wir querten den Inn über die Brücke, als die von der untergehenden Sonne rot angehauchten Zirren sich mit mildem Glanz in den Wassern spiegelten. Unser Trachten galt, schnell aus der Stadt zu kommen, um im letzten Licht einen Zeltplatz zu finden.
Der hübsche, neben der Straße angelegte Radfahrweg führte uns im einfallenden Dunkel auf eine kleine Terrasse über dem Inntal, nach Kranebitten. Wäre nicht schlecht, aber die abzweigenden Pfade endeten hoffnungslos im Dickicht.
Es blieb ein Sträßlein, hinter dem schattengleich die Umrisse eines Hauses auftauchten. Eine Tafel am Beginn mochte die Richtung weisen, ich ließ die Lampe aufblitzen: „Privatweg! Achtung! Selbstschüsse und Legbüchsen! Bissiger Hund!" Etwas viel auf einmal. Mit einigem Glück konnte eine der Legbüchsen den bissigen Hund in seine Bestandteile zerlegt haben. Verbotstafeln verfehlten schon in der Jugend nie ihre An-

ziehungskraft, so manches Mal hielt deswegen der Stock mit meinem Hosenboden Hochzeit.
Katrin mit ihrem ausgeprägten Sinn für die Heiligkeit erlassener Verfügungen drängte zur Umkehr. Ich war dagegen, hinter der massiven Drohung eines dreifach gefährdeten Lebens mußte der vielgerühmte Garten Eden liegen.
Auf leisen Sohlen — der Herr segne die Erfinder des Profilgummis — schlichen wir am Gutshof vorbei, ein weiter, mit Obstbäumen besetzter Wiesenplan öffnete sich. Kein Hund fuhr uns zähnefletschend an das Gesäß, vergebens warteten wir auf die Detonation einer Legbüchse oder eines Selbstschusses. Unter dem Laubdach eines knorrigen Apfelbaumes bauten wir das Zelt auf.
Die fünf Minuten Herzklopfen wurden reich gelohnt. Von der Aussichtsrampe schauten wir auf das flimmernde Gefunkel von Innsbruck. Über dem Becken leuchtete ein Gestirn, das die Lichtpunkte am blank gewaschenen Himmel weit überstrahlte — die Bergstation der Patscherkofelbahn. Im breiten Inntal fraßen sich die Scheinwerfer der Kraftwagen durch die Nacht, mit scharf gezeichneten Konturen hoben sich die Silhouetten der Kalkkögel gegen das Firmament ab.
Gegenüber, uns etwas überhöhend, glimmende Rechtecke, die Fenster von Oberperfuß. Es muß ein grundgescheiter Kopf gewesen sein, der Bauernkartograph Peter Anich, der dort oben das Licht der Welt erblickte. Recht drastisch urteilte der weit gereiste Schultes zu Beginn des vergangenen Jahrhunderts:
„Es ist unmöglich, mehr Irrtümer zu begehen, als die k. k. Geographen Homann, Seutter, Lotter in ihrer Karte von Kärnten begangen haben. Es ist fürwahr eine ewige Schande für die Geographie, daß wir die beste Karte Tyrols einem Bauer Peter Anich zu danken haben. Ihre Genauigkeit ist so groß, daß wir ohne Mühe in Wien den Weg, den wir von Heiligenblut auf den Glockner nahmen, auf dieselbe hinzeichnen konnten und es scheint, daß Peter Anich nicht wie unsere Landkartenfabrikanten die Berge als Heuschober auf gut Glück hingestrichelt habe: man erkennt sie an ihren Umrissen deutlich und leicht.“
Das Museum in Innsbruck enthält eine Schau seiner primitiven Meßinstrumente sowie eine Sammlung der Reliefkarten und Globen.
Noch in der Stille des grauenden Morgens saßen wir wieder auf den Rädern, ein langer Weg stand uns bevor. Empfindliche Kühle schlug uns bei der Talfahrt entgegen, leer gähnte die Straße, nur gelegentlich überholten wir einen ratternden Bauernwagen. Noch lag die Martinswand, in der sich einst Kaiser Maximilian auf einem Jagdgang verstieg, im Grau

der Schatten. Erst in Zirl tauchte die Sonne die Stationen des Kalvarienberges, die als weiße Tupfen im Zickzackmuster den grünen Besatz des Hanges zierten, in das Licht. Auf die belebende Wärme hatten wir gewartet, schon längst mahnte der knurrende Magen an das fällige Frühstück, irgendwo an einem Brunnen bauten wir den Kocher auf.

Und weiter zog das Kaleidoskop des Inntales an unseren Blicken vorbei — das hübsche Telfs mit seinen alten Winkeln, die Zisterzienser-Abtei des berühmten Klosters zu Stams. Hinter den von Marillenbäumen umrankten Häusern von Silz stieg die Straße an, wir gerieten in den Bannkreis der Ötztaler Alpen. Die Rollstrecke durch das Inntal hatte uns kaum einmal gezwungen, von den Rädern zu steigen, darum waren wir flüssig vorangekommen.

Unser Ziel für den heutigen Tag war Sölden, das grüne Becken zwischen den Hochbergen der Ötztaler und der Stubaier Alpen. Die Kilometer, auf billige Art heruntergestrampelt, gehörten der Vergangenheit an. Jetzt bekamen wir zu spüren, daß wir nicht mit einem leichtfüßigen Renner auf dem Weg waren, sondern mit Drahteseln, von denen jeder gerne mehr als dreißig Kilo Last zu tragen hatte.

Wissen Sie, was das bedeutet, Radschieben und nochmals Radschieben, um die Stufen des Ötztales zwischen den einzelnen Flachstücken zu überwinden? Die härteste Nuß bildeten für uns die sanften Steigungen, die man sonst mit leichtem Antritt hätte nehmen können.

Die Kilometer dehnten sich über Gebühr. „Zeit gewonnen, alles gewonnen", lautet ein Spruch der Bergsteiger. Gelobt sei die frühe Aufbruchstunde zwischen Legbüchsen und Selbstschüssen in Kranebitten. Jetzt konnten wir immer wieder eine kurze Rast zwischen den steileren Aufschwüngen einlegen, die nasse Stirn an Bach oder Brunnen kühlen.

Nach dem Flachstück im langgestreckten Becken von Längenfeld stieg die Fahrbahn, eng an die Ache geschmiegt, wieder an. Immer mehr traten die Berge zusammen, dramatisch steigerte sich das Landschaftsbild. Steil bäumte sich die in die Felsen gefräste Straße auf, in tiefer Schlucht schäumten die Wasser. Unvermittelt öffnete sich nach einem Felstor ein weiter Wiesenplan — Sölden, dahinter der Nörderkogel.

Das Ötztal kenne ich von meinen vielen Fahrten im Sommer und im Winter wie meinen Hosensack. Darum brauchten wir nicht lange nach einem Zeltplatz Ausschau zu halten. Am Ortsende, zwischen ein paar Erlen und Bachschutt, wußte ich einen Platz, wie er sonst nur in FKK-Prospekten verzeichnet ist. Der Rasenfleck war durch das Buschwerk gegen Sicht geschützt, nebenan rauschte die jetzt zur Zeit der Schneeschmelze hoch gehende Ache.

In ein paar Gräben stand, von der Sonne wohlig durchwärmt, klares Wasser. Wir ließen uns nicht zweimal in diese Privatbadestube par excellence einladen. In paradiesischer Nacktheit tauchten wir in die Naturbecken und schwemmten Staub und Hitze vom Körper und aus den Gliedern. Im Liegen tastete sich der Blick über schneebesetzte Grate und über den weißen Saum der Skifelder von Hochsölden, das Panorama war im Eintrittspreis inbegriffen.
Warum ich ausgerechnet das Ötztal als Präludium gewählt hatte? Ich wollte diese Fahrt mit Eispickel, Fahrrad und Ski, die einen ganzen Sommer füllen sollte, mit einer alpinen Delikatesse einleiten. Mein heißer Tip lautete: Seelenkogel über den Eissturz des Wasserfallferners.
Diese Fahrt war nicht im Baedeker, geziert mit drei Sternen, verzeichnet, noch hatte ich sie dem Kartenblatt oder einem Skiführer entnommen. Die eigene Praxis entschied. Wie das gekommen war? Es ist eine kleine Geschichte, die ich der Einfachheit halber kurz skizzieren will.

Im vergangenen Sommer drehte ich einen Schmalspurstreifen von 16 mm mit dem Titel „Das lockende Eis“. Ort der Handlung das Ötztal, in den Mittelpunkt stellte ich den Wasserfallferner, der bildmäßig wunderbar zu erfassen ist. Das Schlußstück bildete die Durchsteigung des Bruches in der Fallinie. Man muß eine Gletschernase besitzen, um die beste Linienführung zu finden, Eiswände, Spaltensysteme und sturzbereite Seracs stellen sich dem Vordringen entgegen.
Ich hatte eine gute Mannschaft beisammen: als Darsteller Josl Gstrein, den Bergführer und berühmten Skilangläufer aus Obergurgl. Er galt als besonderer Spinner seiner Rasse. Bei den Fünfzigkilometerstrecken stopfte er sich nicht, wie seine Zunftgenossen, Traubenzucker, Ovomaltine oder ein anderes Stärkungsmittel, sondern ein Viertelkilo Butter ohne weitere Zugabe in den Mund.
Sein Mann am Seil war Martl Scheiber, Skilehrer und Bergführer aus Vent, ein Büffel an Kraft. Als Dritter im Bunde, der mit mir am Strick gehen sollte, erschien der ausgezeichnete Ski- und Bergführer Ribis von Obergurgl. Sein Sohn gehört heute zu den großen Talenten im Nationalkader der österreichischen Skimannschaft.
Im Weinstüberl des Edelweiß saßen wir beratschlagend beisammen. Es regnete in Strömen, die Stimmung meiner Begleiter war auf Moll gesunken. Sie tippten auf einen ausgewachsenen Dauerregen. Ich kannte die schwarzen Seelen meiner Pappenheimer. Ein paar Liter Wein und ein zünftiger Tarock entsprachen mehr ihrem Gusto als ein feuchter Hüttenmarsch und eine Nacht auf dem Matratzenlager.

Ich setzte meinen Dickschädel auf. Die wenigen Schönwettertage hatten mein Konzept über den Haufen geworfen, jede Drehmöglichkeit mußte ausgenützt werden. Widerstrebend bissen sie in den sauren Apfel. Im Nebelrauch, von peitschenden Regenböen durchsetzt, stiegen wir nach Schönwies, der 2262 m hoch gelegenen Hütte am Eingang zum Rotmoostal auf. Ab und zu funkte ein Blitz durch das Grau des Dämmerlichtes, von fernem Donnerrollen begleitet.

Um zwei Uhr ist Tagwacht, verkündete ich unter dem fröhlichen Gewieher meiner Begleiter. Noch immer klatschte der Regen gegen die Scheiben der Hüttenfenster. Die drei verschanzten sich hinter Karten und ließen den Herrgott einen guten Mann sein. Ehrlich gesagt: ich hätte auch lieber die Gaudi mitgemacht, als zu früher Stunde die harte Matratze mit meiner schönen Figur zu zieren. Noch in der Dachstube vernahm ich die Lachsalven der lustigen Gesellen, als ich in Morpheus Arme sank.

Um zwei Uhr rasselte der Taschenwecker, ich fuhr in die Höhe und griff nach links und rechts. Es war vergebliche Liebesmühe, wie mir das Stimmengewirr aus der Hüttenstube verriet. Ich stieg in das noch feuchte Gewand und tastete mich zur Hüttentür. Der Regen hatte aufgehört, zwischen ziehendem Gewölk blitzten ein paar Sterne auf. Meine Rechnung war aufgegangen!

Meinem Dreigespann erschien ich wie der Heilige Geist, als ich mit der Nachricht vom Wetterumschlag in ihre Mitte platzte. Sie glaubten es sei ein Scherz, um sie aus der gemütlichen Runde zu schrecken, bis sie sich selbst von der Umbildung des Wetters überzeugten.

Das Anziehen hatten sie sich mit ihrem System erspart. Den hohen Promillegehalt, der durch ihre Adern floß, suchten sie durch ein reichlich bemessenes Frühstück zu dämmen. Ich kann mich nicht daran erinnern, eine solch gelöste Stimmung bei einer Gruppe frühmorgens um drei Uhr vor dem Aufbruch zu einer immerhin beachtlichen Bergtour erlebt zu haben. Keiner hätte bei einem Alkoholtest seinen Führerschein behalten.

Die Tiroler und im besonderen Maße die Ötztaler sind, was einen Kalterer oder Überetscher betrifft, einen harten Stich gewöhnt. Darum machte ich mir keine Gedanken, als wir im Schein einer Laterne unseren Weg durch das Rotmoostal zum Gletscher und damit zum Ansatz des Wasserfallferners nahmen. Wohl gab es öfter als üblich einen Stolperer über einen Stein, der mit einem unterdrückten Fluch quittiert wurde. Gut eineinhalb Stunden würden vergehen, bis wir hart zupacken mußten, bis dahin ist der Dampf aus den Köpfen verraucht.

Die Zeichen hatten nicht getrogen, die erst dunkle Wolkenwand lichtete sich mehr und mehr. Als der Morgen dämmerte, verschwanden die

letzten Schleier, rein spannte sich der Himmel über das Bergrund. Der Wasserfallferner hatte mich oft als Kernstück meines Filmthemas beschäftigt, so manches Mal saß ich oben auf der Hohen Muth, um den gegenüberliegenden Eissturz zu studieren.
Mich interessierte hauptsächlich der Anstieg durch die schwierig zu begehende Gletschermitte. Nur so nebenbei fiel mir der Steilhang an der rechten Begrenzung ins Auge. Er schien dem Vordringen keine besonderen Schwierigkeiten, außer seiner beträchtlichen Neigung, entgegenzustellen. Nur am Knick, wo sich der Gletscher vom Firnbecken absetzt, würde ein Spaltensystem zu durchqueren sein. Das müßte einen herrlichen Anstieg mit Ski geben, fuhr es mir durch den Sinn. Die Spur wäre stets von der überwältigenden Schau in die Eisstürze des Gletschers begleitet.
Dann wurde aus dem Spiel Ernst. Die Sonne wanderte über den Eishang, als wir mit unseren Zwölfzackern über den Ansatz hinaufkrallten.
Es bleibt nicht viel zu erzählen. Es gab Schwierigkeiten in Hülle und Fülle. Fast jeder Schritt bot mit Spalten, Türmen und Eiswänden eine überreiche Auswahl an packenden Filmschnitten.
Die Stimmung in den beiden Seilschaften blieb, wie am frühen Morgen, beschwingt. Die Heimtücker hatten vorsorglich zwei Doppelliter Roten in ihren Rucksäcken verstaut, um ihr Lebenselixier nicht missen zu müssen. Nach über elf Stunden harter Arbeit saßen wir wieder auf Schönwies beisammen und feierten den Ablauf dieses Glanztages. Für mich aber stand fest: die Skiabfahrt, die ich erspähte, soll einer besonderen Gelegenheit vorbehalten sein.

Diese „besondere Gelegenheit" war jetzt gekommen. Katrin sollte als Auftakt unserer Sommerskifahrten in der Bernina den Seelenkogel mit dem Gletschermantel des Wasserfallferners erleben. Nach einer reichlich kühlen Nacht widmeten wir uns der bewährten Gymnastik für Arme

Die Gipfel der Seelenkogel und der Wasserfallferner, gesehen von der Hohen Muth. Der Anstieg mit Ski vollzog sich vom flachen Boden des Rotmoosferners durch die am rechten Bildrand sichtbare steile, von Felsen eingeschnürte Schneegasse. Das Spaltensystem an der oberen Begrenzung wurde schräg links gegen das Firnbecken der Seelenkogel gequert. Foto: Oskar Kühlken.

Der Talschluß des Rotmoosferners mit seinem gegliederten Gipfelkamm zwischen Liebenerspitze und Seelenkogel, über den die Grenze zwischen Österreich und Italien verläuft. Foto: Oskar Kühlken.

und Beine — dem Radschieben. Dieses Mal, ein weiteres Stück dem Laufe der Ache folgend, nach Obergurgl. Endlich erhob sich hinter der schmukken, kleinen Kirche der Schalfkogel mit seinen weißen Flanken, wir waren am Ziel. Die Räder wanderten nebst Zelt und dem entbehrlichen Zubehör in den Stall des Ribis, wir aber nahmen, die Sommerski auf die Rucksäcke geschnallt, den Weg am Nachmittag hinauf nach Schönwies.

Was ein Sommerski ist? Um es genau zu explizieren: es ist haargenau das gleiche, was jetzt unter der Bezeichnung Kurzski mit entsprechendem Werbeaufwand fröhliche Wiederauferstehung feiert.

Schon der Skipionier Arnold Lunn aus merry old England verwendete solche Bretter mit Vorteil auf den Gletschern des über 4500 m hohen Domes im Wallis.

Retter aus Stuttgart konstruierte um das Jahr 1925 einen Sommerski von besonderer Bauart. Dem eigentlichen Ski fügte er nach dem System der Auslegerboote zwei höher liegende Flügel aus Holz an. Raffiniert ausgeklügelt: auf hartem Firn glitt nur das schmälere Mittelteil, im Tiefschnee verhinderten die Schwingen das Einsinken. Um Gewicht zu sparen, waren die Ski auf der Oberfläche um eine breite Hohlkehle bereichert. Auf eine Laufrille wurde zugunsten der Stabilität der dünn gehaltenen Bretter (Gewichtsersparnis beim Tragen auf dem Rucksack!) verzichtet.

Im Wallis, in dem Gebiet um Monte Rosa, Castor und Pollux und Breithorn, quälten wir uns mit diesen technischen Wunderwerken herum, dann hatten wir die Nase voll. Bei Hartschnee schlitterten wir erbärmlich ohne Führung über die weiße Fläche, jede Querung wurde mit den breit ausladenden Flügeln zum Problem. Die tiefen Hohlkehlen erwiesen sich als ein Schildbürgerstreich. War der Firn aufgeweicht, füllte sich das ausgesparte Mittelteil hoch mit Salzschnee an. Die Freude am „beschwingten Skilauf" ging restlos flöten.

Mit besserem Erfolg versuchte ich mich als Skibastler. Das 1,20 m lange und zehn Zentimeter breite Brett trug in der Mitte eine kleine Rippe, um den nassen, schweren Firn abgleiten zu lassen. Kurz vor der Biegung des Skis angebrachte Lettner-Kanten sollten bei Hartschnee Griff geben. Drei etwas kürzer gehaltene, vorne und hinten auslaufende Führungsrillen sicherten dem kurzen Brett gute Spur. Wohl wog diese Eigenkonstruktion um ein knappes Kilo mehr, dafür wurden die Ab-

Die Anstiegsspur führt über den Vernagtferner zum Brochkogeljoch und durch das Becken des Taschachferners zur Wildspitze. Im Vordergrund die Vernagthütte, darüber die Skigipfel der Guslarspitzen. Foto: Robert Löbl.

fahrten im Folgejahr von Alphubel, Allalin-, Rimpfisch-, Strahlhorn und Dom wirklich zu reinem Genuß.

Der Sommerskilauf hat, wenn man die Möglichkeiten voll auswerten will, seine eigenen Gesetze. Warme Nächte, in denen von allen Seiten die Schmelzwasser über die Gletscher gurgeln, sind für ihn Gift. Bei einem unzeitgemäßen Neuschneefall im Juni oder Juli kann der Sommerski zum Retter eines Bergtages werden. Seine ganz große Zeit kommt jedoch, wenn der Nachtfrost in der Hochregion den Schnee bindet. Zu Fuß, die Ski auf den Rucksack geschnallt, steigt man mühelos zum Gipfel. Mit dem höheren Sonnenstand wandelt sich der Schnee zur Firnschmiere, die das Gleiten der Sommerbretter zur erträumten Skifreude werden läßt.

Einige andere Vorteile sollen nicht übersehen werden. Das kurze Brett ist dort in seinem Element, wo der im Winter gefallene Schnee in der Kühltruhe liegt — einfacher gesagt, wo ihn ein Gletscher bis weit in die Sommermonate konserviert. Das Seilfahren ist mit dem Langski ein Problem, mit dem kurzen Sommerbrett wird es zum Vergnügen, wenn die Mannschaft etwas aufeinander eingespielt ist. Steile Schneegassen, durch Felsrippen eingeengt, haben begeisterte Spezialisten gefunden. Selbst die Pallavicini-Rinne wurde so bezwungen.

Das Thema ist noch nicht erschöpft. Je nach der Dauer einer Bergfahrt ist man gezwungen, einen Teil seiner Nachtruhe zu opfern, um zu früher Morgenstunde tragfähigen Schnee für den Anstieg und leicht gelösten Firn für die Abfahrt vorzufinden.

Auch etwas Strategie gehört zu einer Sommerskifahrt. Nach welcher Seite ist der Anstieg gerichtet? Ist er dem Osten zugewendet, muß man bereits eine Stunde früher das behagliche Lager verlassen. Verläuft die Trasse auf der Süd- oder gar auf der West- oder Nordflanke, kann der Aufbruch später erfolgen. Dasselbe gilt für die Abfahrt, um die besten Verhältnisse anzutreffen. Der genaue Fahrplan entscheidet über den Erfolg oder das Mißlingen einer Sommerskifahrt.

Genau nach diesem Rezept verfuhren wir. Die Sterne funkelten noch am Firmament als wir, Katrin und ich, aus der Hüttentür traten. Der Mond spendete genügend Helligkeit, um auch ohne Laterne dem gut kenntlichen Steig durch das Rotmoostal folgen zu können. Mit der Dämmerung frischte der Morgenwind die Kühle der Nacht noch auf. Der hartgefrorene Firn knirschte unter unseren Schuhen, als wir die zwischen dem Blockwerk eingelagerten Schneezungen betraten, die bald auf den sanft abgedachten Rotmoosferner führten.

In Katrin stiegen einige Zweifel über den Erfolg der geplanten Bergfahrt auf, als das Licht des aufkommenden Tages die Einzelheiten des mächtigen Eissturzes des Wasserfallferners freigab. Drohend zeichneten sich die Barren der Eiswülste und das Gezack der Türme in dem sich steil aufbäumenden Gletscher ab.

Mit hartem Knick wendete ich mich zur rechten Begrenzung des Gletschers, um die Gasse zu erreichen, die uns den Durchstieg in das Firnbecken des 3472 m hohen Hinteren Seelenkogels ermöglichen sollte. Die Sonne hatte bereits mit ihren Strahlen den Gipfel unseres Berges erfaßt, der Lichtsaum wanderte tiefer und entzündete ein Feuerwerk in den Eiskaskaden der Brüche.

Mein prüfender Blick glitt noch einmal über den Schlupf, den ich im Vorjahr erkundete und mit dem ich den Sturz zu überlisten gedachte. Ungewöhnlich steil setzte sich der Hang vom Rotmoosferner ab, von einer Felswand zur Rechten und den Brüchen zur Linken eingeengt. Ja, meine Rechnung stimmte, wenn uns auch die erste Phase der Begehung einiges zum Knacken aufgab. Dann legte sich der Hang zurück, die Kante verwehrte den Einblick in die Möglichkeit des weiteren Vordringens. Dieses Problem würde sich erst lösen lassen, wenn wir die Steilstufe überwunden hatten.

Auf ein paar Felsblöcken sitzend, zurrten wir das Riemenwerk der Steigeisen an die Schuhe, für Katrin war das Gehen mit den Zacken nicht neu. Sie hatte ihre Talentprobe im Eisbruch des Suldenferners bestanden. Wir legten das Seil an. Ich habe mir die Gepflogenheit der Bergführer zu eigen gemacht, den Abstand zwischen mir und meinem Begleiter kurz zu halten. Bei einem möglichen Sturz will ich ihn im schnellen Griff halten, außerdem vermeide ich das unangenehme Pendeln, das mich aus dem Stand reißen kann. Das restliche Seilende wanderte in den Rucksack, um bei einem möglichen Spaltensturz wirksame Hilfe geben zu können. Vorsichtshalber hatte ich meinen Pickel mitgenommen, es konnten uns unerwartete Schwierigkeiten begegnen. Die Ski samt Stöcken banden wir wieder auf die Rucksäcke.

Die Zacken verbissen sich in den beinhart gefrorenen Firn des Hanges, der sich nach wenigen Schritten vor uns aufbäumte. In Serpentinen führte ich die Trasse, jeweils eine Standstufe zur Sicherung reißend, durch den noch im Schatten liegenden Engpaß empor. Katrin hielt tapfer mit, wir gewannen schnell an Höhe. Mit dem Strahlenkranz der Sonne erreichten wir die Kante — was würde sie für Überraschungen für den weiteren Ablauf unserer Bergfahrt bringen?

Der erste Blick entschleierte das Geheimnis, das als Schlüssel der Begehung unseren Augen verborgen war. Unser jäh aufschießender, mit Hartfirn gedeckter Eiskanal weitete sich zu einem kleinen Gletscherkessel von mäßiger Neigung.

Der Hauptgipfel liegt am Südende der langen Kette und bildet den rechten Eckpfeiler des Rotmoosferners und zugleich mit den übrigen Randbergen, die sich zur Liebenerspitze aufschwingen, den Grenzkamm nach Italien. Darum war es nötig, das oberste Firnbecken in seiner ganzen Breite zu queren, um zu der mit Fels durchsetzten weißen Pyramide zu gelangen.

Vor uns, an der Nahtstelle zwischen dem obersten Firnboden und dem Eiskatarakt, gähnten mächtige Schluchten zwischen glitzernden Wänden, durch die wir unseren Weg nehmen mußten. Sie zogen von rechts schräg nach oben und verliefen sich in einem Gewirr von Spalten.

Es blieb keine große Wahl für die Anlage der Trasse. Unsere Gletscherterrasse führte zwangsläufig im schmäler werdenden Halbbogen nach links in einen dieser weit aufgerissenen Einschnitte. Nach oben sperrten schimmernde Wülste den Durchstieg, die untere Bregrenzung bildete Blockwerk von zerborstenem Eis, das sich bald ebenfalls zu einer Wand zusammenschloß. In dem Gletschertal durchschritten wir, genaugenommen, den Boden einer überdimensionalen Spalte. Die Eisflanken zu beiden Seiten traten eng und enger zusammen. Sie bedrängten die schmaler werdende Gasse, die zuletzt als Schlupf steil emporführte.

Jetzt, mit der steigenden Kraft der Sonne, kam Leben in den Sturz des Wasserfallferners. Immer wieder tönte der Hall eines berstenden Turmes durch die Morgenstille, weißer Rauch umwölkte die Aufschlagstelle. Eine kleine, steile Eiskante baute sich vor uns auf. Mit ein paar Schlägen meiner Pickelhaue fügte ich eine Stufenreihe in die blanke Schneide. Ich tauchte aus dem Schacht in das Sonnenlicht, vor mir öffnete sich das breite Firnbecken, der Ausstieg war erzwungen.

Das Spiel war für das Auge gewonnen. Doch ich wußte um die gefährlichste Zone einer Gletscherbegehung. Bis jetzt hatte der Ferner seine Trümpfe offen auf den Tisch gelegt. Hier, unmittelbar vor dem Abbruch in die Tiefe, wächst mit jedem Meter des Vorrückens die Spannung im Eis. Unter der Hülle des Firns reißt die Masse, verdeckt sind die tückischen Schründe.

Das kundige Auge tastete das Weiß nach kaum wahrnehmbaren Merkmalen ab. Es suchte links und rechts nach Stellen, wo ein dunkler Riß, oft nur hauchfein, die Schneedecke durchbrach. Sie konnten wertvolle Hilfen sein und Hinweise über den Lauf der Klüfte geben. Ein paar offene Schründe umgingen wir im weiten Bogen. Die Trasse lief kreuz und quer, wie der sondierende Pickel die Richtung wies — nervtötend, stets auf der Lauer vor dem drohenden Sturz. Endlich erreichten wir die sichere, sanft abgedachte Firnmulde, aus der sich unser Gipfel mit seinen schneebesetzten Graten aufschwang.

Was folgte, war ein Kinderspiel. Die Randkluft erwies sich als gutartig. Ohne weitere Probleme legten wir die Trittspur zum Sattel nördlich des Hinteren Seelenkogels. Fünf Stunden waren seit unserem Aufbruch von Schönwies vergangen. Wir hielten geruhsame Rast. Ein paar Schönwetterwolken schwammen im Blau des Himmels. Zu den Bergen um den Rotmoosferner gesellte sich die Schau über das Längental zur Hochwilde und die anschließenden Bergkämme.

Rucksäcke und Ski ließen wir in der Gratsenke zurück und stiegen über leichtes Blockwerk und Firn zum 3472 m hohen Gipfel. Uns lief die Zeit nicht davon. Darum verbummelten wir auf der lichten Höhe an diesem windstillen Morgen eine weitere halbe Stunde. Der Gipfelblick schloß zusätzlich das schöne Südtirol mit seinen Bergen und Tälern auf.

Warum wir mit der Zeit so verschwenderisch umgingen, obwohl im Anstieg zur Scharte der aufgeweichte Firn mit dicken Stollen die Zacken unserer Steigeisen verklebte? Die Antwort ist schnell gegeben. Der Wasserfallferner senkt sich nach Osten ab und bekommt als erster die Wärme zu spüren. Wir aber wollten die Abfahrt über den westlich gerichteten Seelenferner und den nordwärts abgedachten Längentaler Ferner nehmen. Jetzt, gegen elf Uhr, mußte genau die ideale Zeit der Firnschmiere gekommen sein, wenn wir mit Bedacht die Spur legen würden.

Raffiniert nutzten wir im oberen Teil des spaltenarmen Ferners die etwas nach Süden gerichteten Flanken der Mulde mit den besten Verhältnissen, damit wichen wir den noch etwas glasigen West- und Nordhängen aus. Weiter unten, wo sich der Gletscher verflachte und die Sonnenwärme spürbar wurde, lenkten wir die Bretter in die Mitte des Eisstromes. Annakogel und Hochwilde wuchsen in die Höhe, wir schwenkten in den Längentaler Ferner ein und glitten entlang des Schwärzekammes talaus.

Am Gurgler Ferner war fürs erste die Herrlichkeit zu Ende. Im steilen Zickzack führte der bereits apere Steig zur Karlsruher Hütte am Längentaler Eck empor. Dort verweilten wir für kurze Zeit. Ich zeigte der Kameradin die Stelle unter dem weißen Zelt des Schalfkogels, wo einst der Gurgler Ski- und Schullehrer Falkner dem Forscher Piccard zu Hilfe kam, als er mit seiner Stratosphärenkugel auf dem Gletscher landete.

Und noch etwas anderes gab es zu berichten, der Schauplatz des Geschehens lag direkt zu unseren Füßen. In vergangenen Zeiten, als die Gletscher noch mächtige Eisströme bildeten, brachten sie durch ihr Vorrücken viel Unheil in das Tal der Ötztaler Ache. Vor etwas mehr als einem

Jahrhundert dämmte bei einem Vorstoß der Gurgler Ferner das Längental ab. Es entstand ein großer Eissee, der das Tal bedrohte. Die Eisseen, die den sperrenden Riegel durchstießen, bereiteten seit eh und je viel Kummer. Die Chronik berichtet von einer Bittprozession im Jahre 1718 zum Steinernen Tisch. Dort wurde dann eine Messe gelesen, um den drohenden Ausbruch abzuwenden. An dieser Stelle errichtete man später das Hochwildehaus.

Wieder konnten wir die Ski anlegen, die Terrasse über die Gurgler Alm hinab nach Schönwies deckte noch Firn, die steile Flucht des Hangerers gab Sonnenschutz. Die letzten Schneeflecken, gemischt mit Rasenpolstern, lagen verstreut unter der Hohen Muth. Wir schwindelten uns dazwischen hinab, dann war das vergnügliche Spiel zu Ende. Im Schmelzwasser des nächsten Baches, der gurgelnd zwischen grobem Blockwerk sprudelte, wuschen wir die Firnkristalle und die Erdkrumen von den Brettern und wanderten talaus.

Wenn man es genau nimmt, hatten wir gar nicht die Absicht, dieser Fahrt zum Seelenkogel, die so hinreißend schön gewesen war, einen Ötztaler Zusatz anzuhängen. In ein paar Tagen würde der Doktor nach Pontresina kommen. Ich wollte eigentlich noch etwas Engadiner Talluft schnappen, bevor ich mit dem Bergkameraden, den ich als nimmermüden Dränger und Stürmer kannte, auf Gipfeljagd ging. Der Wasserfallferner war nur als Auftakt gedacht, um der Kameradin den Mund auf kommende Bergtage mit Sommerski wäßrig zu machen. Doch es ging ihr wie mit einem guten Glas Wein. Wenn erst einmal die Schmeckbecher der Zunge merken, daß der „Schwoaf" (auf deutsch: der Nachgeschmack) genau auf den eigenen Gusto abgestimmt ist, bekommt man erst den richtigen Durst.

Das letzte Argument, das ins Schwarze traf, lautete: „Wer weiß, wie lange noch das Schönwetter hält." Darum saß ich gedankenschwer in Zwieselstein vor unserem Zelt, während der Rauch aus meiner Pfeife die Stirn umwölkte.

Hintere Schwärze über den Marzellferner und als Dessert den Similaun — nicht schlecht. Oder von Sölden über die Hildesheimer Hütte zum Zuckerhütl — nein, der Hüttenschinder steht in keinem Verhältnis zur Bergfahrt. Wildspitze — das wäre genau die richtige Mischung, wenn man sie als Rundtour von Vent über die Vernagt- und Braunschweiger Hütte nach Sölden anlegt. Außerdem ist es ein Berg, mit dem man ein bisserl angeben kann und nebenbei eine Fahrt mit einmaligen landschaftlichen Eindrücken. Zusätzlich für die Sommerski ein gefundenes Fressen, hier kann man alle ihre Vorteile ausspielen.

Im Gasthof zur Post deponierten wir am nächsten Morgen die Fahrräder samt Zelt und den entbehrlichen Ausrüstungsstücken. Mit dem ersten Jeep fuhren wir, nur mit Sturmgepäck und Sommerski belastet, nach dem Bergsteigerdorf Vent.
Heiligkreuz mit seiner hübschen Kirche zog vorbei, dann, auf der gegenüberliegenden Seite, eng an den Berg gedrängt, Winterstall mit seinen drei Höfen. Es müssen Menschen von einem harten Schlag sein, die hier hausen. Für viele Wochen ist die Sonne von den Fenstern verbannt, links und rechts donnern die Lawinen durch die steilen Gräben. Das tief eingeschnittene V-Tal öffnete sich, die stimmungsvolle Kirche von Vent trat ins Blickfeld, dahinter die wuchtige Talleitspitze.

Im nebenan liegenden Widum residierte der Gletscherpfarrer Franz Senn. Eine schwarze Marmortafel mit Goldlettern gibt davon Kunde. Aber man findet noch mehr Hinweise auf diesen wohl eigenwilligsten und unermüdlichsten Kämpfer für die Belange des Alpenvereins, den er mit aus der Taufe hob. Seinen Namen trägt der Sennkogel, die höchste Spitze der Kreuzköpfe. Der Franz-Senn-Weg führt von Zwieselstein über Vent und das Hochjoch als wichtiger Saumpfad in das Schnalstal, und schließlich erinnert die Franz-Senn-Hütte im Stubai an seine letzten Tage, die er in Neustift verbrachte.
Man muß sich im Geiste in die Zeit um das Jahr 1860 zurückversetzen, um ein echtes Werturteil über die Tätigkeit des bergsteigenden geistlichen Herrn und seiner Ambitionen fällen zu können. Die schwer erreichbare Gipfelwelt um das abgeschiedene Bergdorf Vent war terra incognita. Es gab keine Karte, kein Schrifttum, keine zuverlässige Auskunft, viele der von zerschründeten Gletschern umkleideten Spitzen trugen keinen Namen. Die sogenannten Führer — brave, rechtschaffene Bauern — kannten meist nur die Jochübergänge, die in das benachbarte Südtirol führen. Auf diesen Wegen waren sie allerdings zu Hause, denn die Besiedlung des Inneröztales erfolgte von Süden durch das Schnalstal, die rege Verbindung blieb erhalten. Noch heute bestehen über die trennende Grenze hinweg Weiderechte, alljährlich werden Tausende von Schafen über das Rotmoos- und Hochjoch Richtung Obergurgl und Vent getrieben.
Franz Senn, der Längenfelder Bauernsohn, wußte um die Not der Menschen, die unter härtesten Bedingungen das karge Brot erarbeiteten. In schlechten Sommern oder bei einem der häufigen Ausbrüche der Eisseen wurden sie zusätzlich von der Natur hart bedrängt. Die Freude an der Schönheit der Berge führte ihn auf immer neuen Anstiegen zu den Gipfeln im weiten Rund. Seiner Zeit weit vorausblickend, erkannte er, daß

Pfarrer Franz Senn, ein Bauernsohn aus Längenfeld im Ötztal, zählt zu den großen Persönlichkeiten der Frühgeschichte des Alpinismus in den Ostalpen. Er beeinflußte maßgeblich die touristische Erschließung seiner Bergheimat, schuf ein vorbildliches Führerwesen und war einer der Gründer des Alpenvereins. Nach einer Zeichnung von Ernst Platz.

dies der Quell sein müßte, um die Existenz seiner kleinen Gemeinde auf eine breitere Grundlage zu stellen.
Vielerlei waren die Schritte, die er in nimmermüder Tätigkeit, stets von neuen Ideen getrieben, unternahm. Er gründete zunächst den Ötztaler Bergführerverein und sorgte, selbst ein hervorragender Gänger, für entsprechende Ausbildung. In seinem Widum nahm er die Gäste auf und bot ihnen Herberge, Atzung und Trank, da es seinerzeit in den fernen Bergtälern keine Gasthöfe gab. Der Erfolg blieb nicht aus, Vent wurde, den damaligen bescheidenen Verhältnissen entsprechend, zu einem beliebten Standplatz der Bergsteiger der Frühzeit.
Dadurch kam er mit vielen Leuten zusammen, die Idee der Gründung eines Alpenvereins schlug Wurzeln. Senn ergriff die Initiative, kein Theoretiker, sondern ein Mann der Tat. Energisch trieb er diesen Gedanken voran, bis er nach Jahren in zäher Kleinarbeit Erfüllung fand.
Seine eigene bergsteigerische Betätigung kam dabei nicht zu kurz. Beim Ausbau des Widums, das dem Zustrom der Gäste nicht mehr gewachsen war, lernte er den jungen Tischler Zyprian Granbichler aus Sölden kennen, einen groß gewachsenen und ungewöhnlich starken Burschen. Er fand an ihm Gefallen, nahm ihn als Begleiter auf seinen Gipfelfahrten mit und vermittelte ihm Trägerdienste bei den Bergsteigergruppen. Systematisch bildete er den lernbegierigen und begabten Zyprian aus, der zum Meisterführer des Ötztales reifte. Viele der kühnsten Unternehmungen des Gletscherpfarrers sind mit dem Namen Granbichler verbunden.
Im Spätherbst des Jahres 1868 trat ein Ereignis ein, das sein Leben tiefgreifend verändern sollte. So sehr sich Senn über den Zuspruch der Bergsteiger als Zeichen des Erfolges freute, noch mehr fühlte sich der sensible Mann durch den unvermeidlichen Wirbel seines Gastbetriebes belastet. Als endlich im Oktober die letzten Bergsteiger talaus wanderten, bestand er nur noch aus einem Bündel überreizter Nerven. Mit Zyprian nahm er den Weg über das Hochjoch und durch das Schnalstal nach Meran. Dort erlebten sie goldene Herbsttage.
Am 5. November 1868 traten sie den Rückweg an und übernachteten in dem kleinen Dorf Unsere Frau in Schnals. Von dort würden sie, wie üblich, über das Hochjoch in einem Tagesmarsch Vent erreichen.
Am nächsten Morgen brachen der Gletscherpfarrer und Zyprian zeitig auf, unterwegs trafen sie den Führer Klotz von den Rofenhöfen. Er brachte ihnen gute Kunde, es herrschten beste Wegverhältnisse, gestern wäre bei herrlichem Wetter der Ferner schneefrei gewesen. Später fiel etwas Nebel ein, die Gipfel steckten in Wolkenkappen.
Bei dünnem Nebel und etwas Rieselschnee erreichten Senn und Gran-

bichler um dreiviertel zwei Uhr das Hochjoch, auf der Südseite waren die Felsen und der Steig weiß angestaubt, das war alles. Schlagartig änderte sich das Bild, als sie bei trübem, unsichtigem Wetter den Ferner, der sich nach Norden absenkt, betraten. Hier, jenseits der Wetterscheide, trafen sie denkbar ungünstige Verhältnisse an. Ein scharfer Nordwind sprang ihnen entgegen, knöcheltief sanken sie im Schnee ein, mit jedem Schritt mehrte sich die Auflage.

Einviertel nach drei Uhr. Knietief wurde der Schnee, die Decke hatte der immer stärker aufkommende Wind gepreßt, jeder Schritt mußte erkämpft werden. Dabei war noch nicht ein Drittel des Weges geschafft! Zyprian, der vorausging und die Spur brach, blieb stehen. Sein Vorschlag: unverzüglich umkehren, die Schinderei zurück zum Hochjoch bleibt ihnen zwar nicht erspart, aber dort sind sie sicher und der Abstieg ins Schnalstal ist eine Spielerei.

Nur einen Moment zögerte Senn — er wurde in Vent erwartet, dringende Amtsgeschäfte riefen. Zyprian äußerte nochmals Bedenken. Sie seien zu leicht gekleidet und nicht für grobes Wetter gerüstet. Der Gletscherpfarrer beharrte auf seinem Willen. Wortlos fügte sich der Führer und stapfte durch die sich türmenden Schneemassen voraus.

Gegen sechs Uhr. Die Situation der Bergsteiger hatte sich in den knapp drei Stunden nicht gebessert, im Gegenteil. Der scharfe Wind steigerte sich zum Sturm und trieb den Schnee in dichten Wolken über das Weiß. Viel zu früh, bedingt durch das Schlechtwetter, brach die Dämmerung herein und nahm die letzte Sicht. Die Schneehöhe nahm rapid zu, der eigene Standpunkt war nicht mehr auszumachen. Nur nach dem Gefühl suchte Zyprian die Richtung zu halten.

Gegen acht Uhr. Die eingehende Kenntnis des Geländes kam ihnen zustatten. Irgendwo mußten hier in der Nähe die gefährlichen Randspalten sein. Zyprian war durch die übermäßige Spurarbeit erschöpft, der Pfarrer löste ihn für kurze Zeit ab. Der Tausch verlangsamte augenblicklich das ohnehin schleppende Tempo. Kurze Beratung: wir klettern den oberen Berg entlang, vielleicht haben wir das Glück, auf die Steinerne Stiege zu treffen. Dann ist das Spiel um das Leben halb gewonnen, ein Richtpunkt wäre geschaffen.

Zehn Uhr. Es geschah ein Wunder. Gespenstisch zeichnete sich im Dunkel der Nacht die Symmetrie einer Stufenreihe ab. Die Energien, die bereits zu erschlaffen begannen, die nur noch der Wille hochpeitschte, wurden neu belebt. Aber der Spuk war noch nicht gebannt. Auf allen vieren krochen und rutschten sie über Platten und Absätze dem Arzbödele zu.

Oberhalb desselben querten sie den Hochjochferner, um vielleicht auf

diese Weise in das Rofental zu gelangen. Das Eis war glatt und steil, nur mit äußerster Vorsicht konnten sie sich vorwärts bewegen. Fühlbar ließ die Konzentration nach, dem Körper wurde zuviel abverlangt. Zyprian, der praktisch die ganze Last dieses abenteuerlichen Abstieges getragen hatte, rutschte aus, im Sturz wurde er über eine Spalte geschleudert und landete im Moränenschutt, den tiefer Schnee deckte. Betäubt blieb er liegen, im Schüttelfrost schlugen ihm die Zähne.
So fand ihn Senn. Durch Reiben und Klopfen suchte er den Körper des Granbichler zu erwärmen. Der Sturz schien seine Moral gebrochen zu haben. Mit Mühe konnte er einen Schluck Wein zu sich nehmen, Wurst, Brot und Speck waren steinhart gefroren. Kostbare Zeit ging verloren, bis Senn endlich seinen Gefährten wieder auf die Beine brachte.
Es war ein Uhr nachts, vielleicht etwas später. Für die beiden stand die Uhr still, jedes Zeitgefühl war erloschen. Taumelnd, stürzend, sich wieder aufraffend, so setzten sie den Abstieg, der einem Martyrium glich, fort. Sie waren zum Umsinken müde. Nur das Bewußtsein, daß eine Rast im noch immer wütenden Schneesturm den sicheren Untergang bedeuten würde, hielt sie aufrecht. Mechanisch kämpften sie sich durch die Nacht.
Der Morgen graute. Wieder versuchten sie, einen Bissen hinunter zu würgen, vergeblich. Bei halbem Bewußtsein wühlten sie sich durch den Schnee, einmal links, dann wieder rechts, dem Spiel des Zufalls überlassen. Irgendwie machten sie den Vernagtferner aus, im beginnenden Taglicht querten sie ihn gegen die Zwerchwand.
Und wieder hatte der glückliche Zufall seine Hand im Spiel. Gegen sechs Uhr früh trafen sie auf den neuen Weg, der sich nur noch mit Konturen unter dem weißen Belag abzeichnete. Zyprian, der nach wie vor für seinen Herrn die Spur durch den Tiefschnee wühlte, hörte ein Krachen in der Wandflucht. Er warf sich zu Boden und spürte den Winddruck einer Staublawine.
Senn übernahm die Führung. Es war ein hoffnungsloses Beginnen. Nach kaum zwanzig Metern mußte der Gletscherpfarrer kapitulieren. Die Chronik berichtet von achseltiefem Schnee. Die Phantasie, noch unter dem Eindruck des Erlebten, mag bei dem Bericht Pate gestanden sein.
Selbst für einen Novembertag wurde es erst spät licht. Der Sturm hatte nachgelassen, es war bitter kalt. Granbichler war ausgelaugt und am Ende seiner Kräfte. „Bring deinen Herrn gut nach Hause" ist die selbstverständliche Pflicht eines Führers, hatte der Gletscherpfarrer seinen Leuten eingeschärft. Und ausgerechnet er soll diesem Gebot untreu werden? Wieder setzte Zyprian seinen mächtigen Körper ein, Stunden um Stunden. Er schöpfte das Letzte aus Lunge und Herz. Das Rofental war er-

reicht, die Gefahr endlich überwunden. Damit wich die Spannung, die kleine Flamme, die das Leben des Führers an das Dasein fesselte, flakkerte nur noch. Kurz vor dem Roten Bach sank er in den Schnee. „Ich kann nicht mehr“, flüsterte er gequält. Senn versuchte ihn zu schleppen, doch der schwere Körper entglitt seinen Händen. Es blieb nur die Möglichkeit, Hilfe im nahen Rofenhof zu holen.

Vier Uhr nachmittags alarmierte er die Brüder Klotz und gab ihnen genaue Anweisung, wie der Erschöpfte zu bergen sei. Er selbst eilte nach Vent, um seine Hausleute über sein Fernbleiben zu beruhigen. Volle vierunddreißig Stunden, angefüllt mit Kampf und härtester Bewährung, waren seit dem Aufbruch von „Unsere Frau“ vergangen. Seinen Freund Zyprian glaubte er in Rofen in guter Pflege. Es traf ihn wie einen Keulenschlag, als er erfuhr, daß sich der Kamerad seiner Bergfahrten für ihn geopfert hatte.

Der Gletscherpfarrer ging mit sich selbst hart ins Gericht, er fühlte sich schuld am Ableben seines treuen Gefährten. Gegen Zyprians Willen, der, in richtiger Einschätzung der drohenden Gefahr, zur Umkehr riet, hatte er auf der Fortsetzung des Abstiegs bestanden. Den ganzen Winter verbrachte er im dumpfen Dahindämmern.

Erst als im Mai der Frühling in das Hochtal stieg, vermochte sich der Pfarrer aus der Lethargie zu lösen. Wohl widmete er sich wieder den Zielen, die er sich gesteckt hatte, vollführte manche Ersteigung im alpinen Neuland, doch der begeisternde Schwung war gebrochen. Wenig später ließ er sich nach Nauders und dann in das Stubeital nach Neustift versetzen. Noch im September des Jahres 1870 wurde an der Brücke, die über den Roten Bach führt, eine Gedenktafel an Zyprian Granbichler angebracht, den hier das Geschick ereilte.

Die Mittagszeit war noch nicht eingeläutet, als Katrin und ich den Weg zu den Rofenhöfen nahmen. Frischgrüne Mähder säumten den Pfad, der Bergfrühling sprach mit Blüten und herzhaftem Erdgeruch zu den Sinnen. Links die über zweitausend Meter hoch gelegenen Rofenhöfe mit dem von der Sonne braun gebeizten Gebälk. Dies ist die höchst gelegene Dauersiedlung im Ostalpenraum, sie wurde bereits im Jahre 1280 urkundlich erwähnt und erfreute sich bis in die Mitte des vergangenen Jahrhunderts besonderer Privilegien.

Wir folgten dem breit angelegten Steig in das Talinnere und dann den Serpentinen, mit denen er sich zum Plattei schraubt. Hier biegt der Anstieg im scharfen Winkel nach rechts in den Kessel von Vernagt ab. An dem bevorzugten Blickpunkt nahmen wir die Rucksäcke mit den dar-

über geschnallten Sommerski ab, um in Ruhe die Schau zu genießen: Zur Linken leuchteten die Firne der Gipfelkette um die Fineilspitze, gegenüber der Zug der Guslarspitzen mit den anschließenden Bergen, die den Vernagtferner umsäumen. Die Adern des Vernagtbaches und der Rofenache funkelten aus der Tiefe der Talschluchten, die von den Gletschern bis in unsere Zeit aus dem Leib der Berge gefräst wurden.
Dieses friedliche Bild bot sich nicht immer den Blicken. Um das Jahr 1600 stieß die Zunge des Vernagtferners, vereinigt mit dem Guslarferner, bis weit in das Rofental vor und staute den rechts vom Hintereisferner kommenden Rofenbach zum Rofener Eissee.
Um von den Ausmaßen einen Begriff zu geben: die Länge betrug 1210 m, die größte Breite 260 m, die Tiefe erreichte 85 m. Oft brach der See durch die sperrende Eismauer, die dem Druck der Wassermassen nicht mehr standhalten konnte. Man kann sich vorstellen, wie der mit Eisblöcken durchsetzte reißende Strom das Ötztal in seiner ganzen Länge verwüstete. Wiederholungen der Katastrophe fielen jeweils mit einer Periode des Anschwellens der Gletscher zusammen, sie wurden in den Jahren 1678, 1773 und 1848, zuletzt also vor wenig mehr als hundert Jahren, verzeichnet. Mit dem Gletscherschwund der letzten Jahrzehnte hat sich der Vernagtferner weit hinauf bis 2800 m zurückgezogen.
Nach der Mittagsrast an diesem Luginsland, der die Schau über fünf Gletscherbecken frei gab, schlenderten wir gemütlich talein, querten den Bach und stiegen über einen kleinen Buckel zur 2755 m hoch gelegenen Vernagthütte auf. Hier war ich immer gerne zu Gast, eine Palette formschöner Berge lockt den Skifahrer, wie die Guslarspitzen, der Fluchtkogel, die rassige Hochvernagtspitze und die nach Süden gerichtete Steilflanke des Hinteren Brochkogels. Das Glanzstück ist die Rundfahrt von Vent nach Sölden, wobei der höchste Berg der Ötztaler Alpen, die 3772 m hohe Wildspitze, einbezogen wird.
Nur der letzte Besuch ließ einen kleinen Stachel in meiner Seele zurück, für den ich, wenn ich ehrlich sein will, nicht den Hüttenwirt, sondern die bierdurstigen Seelen meiner bajuwarischen Begleiter verantwortlich machen muß. Ausgedörrt wie getrocknete Zwetschgen kamen wir von einer Fahrt durch sonnenheiße Mulden zurück. Bier war die Losung.
Der Valentin, Ignaz oder Nicodemus — im Ötztal bevorzugen sie die absonderlichsten Vornamen aus dem Kalender — kratzte sich verlegen hinter dem Ohr. Toni, etwas massig gebaut, dem die Sucht nach dem edlen Gerstensaft zu den Augen heraushing, wurde ungeduldig.
„Was is, ham mir a Bier oder ham ma koans?“
„Ja“, gab der Wirt zögernd zur Antwort, „a paar Kisten voll san da,

mehr, wie ihr derpacken könnt. Wann sie 's wollen, die Herren, könnts es leicht haben. Aber es is halt a bisserl alt. Im vergangenen Sommer hab ich's auf die Hütten gsäumt. Mir scheint, als wenn's umgfallen wär, des Bier. Es ist nur, damit daß i hintnach keine Anständ hab."
Toni und seine Kameraden bekamen glänzende Augen.
„Mir ham an Saudurst, die Hauptsach, es schmeckt nach Bier."
Mich, als alten Weinbeißer, ließ der Disput kalt. Vergeblich blieb meine Mahnung nach dem Motto „Vorsicht ist die Mutter der Porzellankiste". Sie stürzten literweise die trübe Brühe durch die Kehlen, obwohl Toni nach dem ersten Schluck sachlich feststellte:
„Recht hat er, der Wirt, des Bier is umgfallen und ein elendiges Gsöff."
Die Nacht im Matratzenlager wurde reichlich unruhig, ständig war ein Pilgerzug zu einem gewissen stillen Örtchen unterwegs. Mit leicht käsigem Gesicht saßen die Kameraden beim Frühstück, selbst die Abfahrt nach Vent ging nur in Etappen vor sich und wurde genau markiert. Der Teufelstrank hatte es in sich, der Abschluß, die geplante Fahrt zur Hinteren Schwärze, fiel ihm zum Opfer.
Mit dem ersten Taglicht traten Katrin und ich aus der Hüttentüre und stiegen zum Brochkogeljoch an. Erst zierten nur ein paar vereinzelte Schneeflecken den aperen Steig, noch bevor wir unter der Hintergraslspitze den Ferner betraten, schlossen sie sich zu einem Samtteppich zusammen. Da und dort gab die Bodenwärme nicht genügend Halt, doch bald konnten wir mühelos über die hart gefrorene Decke schreiten. Wieder erlebten wir das Erwachen des Tages. Der weite Gletscherboden war von blauen Schatten umfangen, doch am First der 3530 m hohen Vernagtspitze entzündeten die ersten Sonnenstrahlen ihr Feuerwerk. Langsam wanderte der Lichtstreifen über Felsgrate, Schnee und Eiswülste hinab, bis er auch uns im steilen Aufstieg zum Brochkogeljoch erfaßte.
Sicher hätten wir es uns bequemer machen können, der kürzeste Anstieg von Vent führt nicht über die Vernagt-, sondern über die Breslauer Hütte. Der Gang von dort stellt, wenn man es so nennen will, die Vogelfluglinie von dem Bergdorf zur Wildspitze dar.
Das ist etwas für die eiligen Skifahrer und Bergsteiger, die einen Gipfel „machen" oder „mitnehmen" wollen und an der Vielzahl ihrer Ersteigungen den Urlaubserfolg messen. Sie gleichen den Pistenjägern, die jeden Abend die Abfahrtskilometer zusammenrechnen. Anschließend addieren sie den aufgewendeten Betrag für Lifte und Seilbahnen, um auf Heller und Pfennig herauszubekommen, was tausend Meter Höhendifferenz gekostet haben. Es sind die alpinen Krämerseelen, auf sie paßt der englische Slogan „Penny wise, Pound fool".

Gewiß lockt ein formenschöner Berg, beglückt nach der Meisterung der Schwierigkeiten die Schau über die Täler und das Gezack der Gipfel. Doch das ist nur ein Teil des Ganzen. Der Weg zum Berg bildet den echten Inhalt jeder Fahrt. Hier kristallisiert sich das wahre Erleben, sei es bei der Überwindung der Barren, die der Berg uns entgegenstellt, den stets wechselnden Eindrücken auf dem Pfad zur Höhe, den harten Mühen im Ringen um das Ziel und für den Skifahrer als besonderes der Rausch der Abfahrt.

Und diesem Weg zuliebe wählten wir den längeren Anstieg über den Vernagtferner und das Brochkogeljoch, über dessen Kante wir aus dem Becken des Vernagtferners zu dem flachen Boden wechselten, der von dem kleinen Firnmugel der 3484 m hohen Petersenspitze gekrönt ist.

Es gibt viele Blickpunkte in den Ötztaler Alpen, die faszinieren: über den Brüchen des Marzellferners baut sich die Silberpyramide des Similaun auf, die breit ausladende Weißkugel wirkt, von Norden gesehen, durch die Majestät ihrer Erscheinung, die Watzespitze steht wie ein gewaltiges Bollwerk zwischen den Bergen des Kaunergrates. Ich reiche die Krone der Schau von der Petersenspitze. Unmittelbar benachbart baut sich, gefühlsmäßig auf Steinwurfweite entfernt, die glitzernde Wand des Brochkogels, überdacht von einem Baldachin aus Eis, auf, links schließt das Felsdreieck des Hinteren Brunnenkogels das Rund. Dieser Kreis der Trabanten scheint nur geschaffen zu sein, um den Adel der Form zu unterstreichen, mit dem sich, den Raum beherrschend, der Doppelgipfel der 3772 m hohen Wildspitze aus den Firnböden und Eisstürzen des Taschachferners aufschwingt.

Für eine ganze Weile standen wir im Bann des einmaligen Bergbildes. Dann schlüpften wir in die Bindung unserer Sommerbretter und ließen sie den rauhen Hartfirn hinuntertanzen, der sich entlang der Steilflucht des Brochkogels in das Becken am Mitterkarjoch absenkt. Ratternd liefen sie zuletzt im Schuß aus, um dem flachen Boden einen möglichst großen Teil abzulisten.

Hoch überragte uns der Firndom der Wildspitze. In seinem Schatten stiegen wir, ein paar Spalten umgehend, zu einer kleinen Schulter an, wo wir Ski und Rucksäcke zurückließen. Wir legten die Steigeisen an, denn der Saum der Westflanke war kaum von den Kerben der Altspuren geprägt. Mühelos stiegen wir zum Gipfelkreuz des höchsten Berges der Ötztaler Alpen empor.

Alte Bekannte grüßten aus der Ferne, allen voran das Dreigestirn des Ortlers, das uns noch vor wenigen Wochen am Morgen den ersten Gruß durch das Fenster entbot. Das wilde Gezack der Brenta im Süden, die

Eisberge der Stubaier und Zillertaler, die Kette der Kalkalpen. Unsere besondere Reverenz galt dem Gipfelkranz um den Bernina. In wenigen Tagen werden unsere Bretter ihre Schlangenbogen in den Firn des Gletschermantels um Coaz- und Bovalhütte zeichnen.
Der Abstieg bot keine Probleme, die Randkluft zeichnete sich kaum kennbar ab. Wieder mit den Brettern verbunden, legten wir die Spur in beherrschter Fahrt zwischen die wenigen Spalten, bis wir die ausgeprägte Terrasse erreichten, die zum Gletscherboden unter dem Mittelbergjoch führt. Es ist wohl jener Teil der Rundtour auf dem langen Weg von Vent nach Sölden, der den stärksten Eindruck hinterläßt.
Zur Linken bricht der Taschachferner mit einem Sturz, der die ganze Breite des Gletschers durchreißt, in die Tiefe. Rechts beherrschen grün schimmernde Bastionen und weit vorgeschobene Wülste die Skibahn, die hin und wieder vom Trümmerwerk eines Eisschlages gezeichnet ist. Die Sonne hatte sich schon ein gutes Stück am Himmel emporgeschoben. Gerade zur rechten Zeit löste sie den Firn, um das Pendeln über den sich mäßig abdachenden Hang zum reinen Genuß werden zu lassen.
Steil bäumte sich vor uns der Hang zum Mittelbergjoch auf. Nach einem kurzen Imbiß nahmen wir ihn in Angriff. Eine Stufenleiter fügte ich mit hartem Tritt in die jäh emporschießende Flanke. Senkrecht führte die Spur zum 3166 m hohen Mittelbergjoch. Noch einmal schauten wir zur Wildspitze zurück, die mit ihren Fluchten aus dem Geklüft des Taschachferners zu wachsen schien, dann tauchten wir über den Mittelbergferner hinab.
In einem einzigen Wiegen und Gleiten durchmaßen wir den sich nach Norden absenkenden Gletscher. Zwar war die Mittagstunde schon überschritten, doch der Schutz der steilen Bergflanken in Verbindung mit der günstigen Hanglage bescherte uns idealen Butterfirn. Kein Hindernis störte den Fluß der Fahrt. Erst vor der Braunschweiger Hütte, die sich hoch über uns am Gegenhang abzeichnete, wichen wir nach rechts aus, um die Spalten zu vermeiden, mit denen der Ferner gegen das Pitztal abbricht.

Den Nachmittag verbummelten wir, nachdem auch der Magen zu seinem Recht gekommen war, vor der Hütte. Ich lag im Sonnenglast auf einer Felsplatte und schaute hinauf zum Wurf des Gletscherkleides, das uns

Für die Eis- und Kletterkurse der Akademischen Sektion Graz des ÖAV hält der Feutlbruch im Eisweg zur Watzespitze eine Fülle von reizvollen Aufgaben für den Gänger mit den Zwölfzackern bereit. Foto: Oskar Kühlken.

mit der Traumfahrt beschenkte. War es nicht die gleiche Platte, auf der ich damals im August an einem Sonntag nach Neuschneefall gesessen bin, nachdem ich mit meinen Leuten vom Skikurs Eisakrobatik getrieben hatte? War es nicht nahezu die gleiche Stunde, als ich einen Mann wankend und stürzend, sich wieder aufraffend, über den Gletscher heruntertaumeln sah?

Ja, es stimmte, hier, an dieser Stelle begann eines jener Abenteuer, die im Gedächtnis haftenbleiben. Ich beobachtete, wie dieser Mann, offenbar ungewöhnlich groß gewachsen, ab und zu etwas zu uns heraufrief, mit den Armen Zeichen gab und dann auf müden Beinen weiterwankte. Bis zur Moräne an der Gegensteigung kam er noch, dann sank er in sich zusammen und blieb liegen.

Ich machte einen Führer, der neben mir stand, auf den Vorgang aufmerksam. Es gab keinen Zweifel, irgend etwas war passiert. Wir verständigten uns schnell, ich holte meinen besten Mann als Seilgefährten, dem Führer schloß sich einer seiner Kameraden an. Nach wenigen Minuten sprangen wir, mit Rüstung und Rettungsmaterial versehen, über den Hüttenhang hinab und querten durch das Geschiebe zur Moräne.

Selten sah ich einen Menschen so völlig außer Fassung wie diesen Riesen, mit dem Herzen eines Hasen. Haltlos vor sich hinweinend, streckte er uns die Hände entgegen und rief immer wieder mit vor Schluchzen erstickter Stimme: „Rettet sie, um des Himmels Erbarmen, rettet sie."

Es dauerte eine ganze Weile, bis wir ihn zu einer vernünftigen, zusammenhängenden Antwort brachten.

„Auf der anderen Seite des Mittelbergjoches ist mir die Frau in eine Spalte gestürzt."

Reichlicher flossen die Tränen, von neuem hub er sein Lamento an. Einer der Führer wurde ungeduldig, rauh fuhr er ihn an:

„Hör auf mit deinem Geflenn. Je länger du umeinander druckst, desto später kemma mir zu Hilf. Also — was ist los?"

Das verfehlte nicht seine Wirkung.

„Bei der Querung vom Taschachferner ist eine Brücke gebrochen und die Frau, die vorausging, stürzte in die Spalte."

„Wart ihr denn net am Seil?" fragte der Führer.

„Das schon, ich hab auch versucht, sie herauszuziehen, aber es war unmöglich. Da hab ich ihr den Mantel und den Rucksack hinuntergeworfen und bin um Hilfe gelaufen."

Eine Kletterstelle im Ostgrat der 3533 m hohen Watzespitze, die mit ihrer massigen Gestalt die Berge des Kaunergrates beherrscht. Foto: Oskar Kühlken.

„Wie tief liegt die Frau denn drin? Ist sie verletzt?"

„So an die sechs Meter ist sie gestürzt. Es ist weiter nichts passiert, unten war glücklicherweise eine Brücke mit weichem Schnee."

„Und hast du das Seil gut am Pickel festgemacht, daß man die Spalten gschwind findet?" bohrte der Führer weiter.

„Ich habe nur einen Spazierstock gehabt", entschuldigte sich der andere. „Das Seil habe ich in meinem Schrecken mit hinuntergeworfen", fügte er schuldbewußt an.

„A solchener Lapp", murmelte wütend der Führer zwischen den Zähnen. „Auf, Mannder, packen mir's."

Während des Zwiegespräches hatten wir uns in die Seile gebunden. Wir hasteten durch den Firnsumpf bergauf, es ging gegen halb sechs Uhr — höchste Zeit, um noch bei Taglicht an die Unglücksstelle zu kommen. In einer knappen Stunde erreichten wir das Mittelbergjoch. Unser Blick faßte eine Dreierpartie neben dem dunklen Strich einer Spalte. Der Vordermann, anscheinend ein Führer, schürzte soeben eine Schlinge in das Seil, die für eine weitere Person bestimmt war. Das konnte nur die Hilfsbedürftige sein. Wir blieben am Joch sitzen und erwarteten den Trupp.

Die Verunglückte selbst, eine derbe, vierschrötige Frau, enthob uns der Fragen. Schon vom weitem begrüßte sie uns mit einem Juchzer. Die überstandene Gefahr und Nervenanspannung äußerte sich in einem Wortschwall, mit dem sie uns überflutete. Ihrem Dialekt nach mußte sie irgendwo aus dem Vorarlbergischen stammen.

„Seids ihr die Mannder, die mich aus der Spalten lupfen wollten? Ihr habts euch umsonst strapaziert. Fragts den Führer da, auch er hat mich net aus dem Loch klauben müssen. Ich bin vorausgangen, weil ich was von der Bergsteigerei versteh. A Schneebrücken is brochen und mich hat's nuntertuscht, so an die sechs Meter."

„Zuerst hat er versucht, der Toni, mich rauszuziehen, aber bei ihm hat des Schmalz net glangt, nach zwei Meter bin ich wieder im Schnee gsessen. Dann hat's der Scheißer mit der Angst kriegt, hat sich abgseilt und den Strick mit dem anderen Zeug zu mir runtergschmissen."

„A Zeitl bin ich gsessen und hab überlegt, was ich machen könnt. Es war eh spät am Tag, da holt dich keiner so gschwind mehr raus, hab ich mir dacht. Mußt halt selbst schaun, wie du aus der Spalten krallen kannst. Erst hab ich's mit die Finger probiert, um Löcher ins Eis zu kratzen. Da, schauts her, wann ihr mir's net glaubt" — und zeigte uns die blutverkrusteten Fingerspitzen mit den tief eingerissenen Nägeln.

„Gschwind bin ich draufkommen, daß mit dem Gspiel nix zu machen ist. Dann hab ich hin und her sinniert, was zu brauchen wär. Im Rucksack war nix, kein Feitel (Messer) und kein Löffel oder irgendein Stückerl aus Metall. Doch ich bin ein harter Brocken, der net leicht zu schrecken ist. Wie wär's mit den Gläsern von der Sonnenbrille — hab ich mir dacht. Net dumm, das könnt gehn. Ich hab s' rausbrochen und probiert. Prima ist's gangen, in null Komma nix hab ich vier noble Stufen, so weit ich hab langen können, aus dem Eis kratzt."

„Dann ist aber erst die Sauerei angangen, als ich weiter oben versucht hab, die nächsten Griff und Tritt ins Eis zu werkeln. Wie oft daß ich naufgstiegen und wieder runtergflogen bin, weiß ich nimmer. Aber ich hab nicht lucklassen, ich hab die Zähn zsammbissen und gsagt: Zenzi, du mußt des schaffen. So hab ich mich in die Höh gschunden, und akkurat, wie ich über die Kanten krochen bin, sind s' daherkommen, die Herrschaften. Stimmt's, Herr Führer?"

„Woll, woll, hat alles seine Richtigkeit", stimmte er zu, ein Ton der Bewunderung klang mit. „Wir haben keine schlechten Augen gmacht, als plötzlich ein einschichtiges Mensch aus der Spalten gschloffen ist. Und alle Ehr, sogar den Rucksack und den Mantel hat s' ins Seil gebunden, nix hat s' in der Kluft hint lassen."

Notfalls hätten wir bereits am Vortag die Querung nach Sölden durchführen können. Doch mehr als sonst gilt für den Sommerskifahrer der Spruch „Der eilige Mensch hat kein Glück." Auf unseren Fall übertragen: im tiefen Sulzschnee hätten wir uns durch das Rettenbachtal hinunterquälen müssen. Nach dem geruhsamen Frühstück stiegen wir zum etwas über dreitausend Meter hohen Pitztaler Jöchl auf. Nur der letzte Steilhang zur Gratsenke machte uns warm.

Unsere Rechnung ging auf, wir erwischten die Abfahrt genau zur richtigen Minute. Über den griffigen Firn des Rettenbachferners schwangen wir in den Talgrund hinab. Hoch über uns stand der formschöne Gipfel der Inneren Schwarzen Schneid, der bis heute auf dem Wunschzettel meiner Bergfahrten verzeichnet ist. Die Abfahrt bildete das würdige Finale unserer Wildspitz-Rundfahrt. Wir hielten uns an das rechtsseitige Ufer des Rettenbaches, der Bergschatten bescherte uns immer wieder ein Schneeband, um talaus gleiten zu können.

Die Wasser des Rettenbaches rauschten, links ein paar Almhütten mit dunklem Gebälk. Wir lagen zwischen einem Teppich von weißen und lila Krokusblüten und träumten den Bergtagen nach, die uns das Ötztal bescherte.

Was wird uns der Gipfelkranz um den Bernina bringen?

Durch den schütteren Bergwald wanderten wir nach Zwieselstein. Unsere

Räder prangten wieder im Schmuck unseres Rüstzeuges und surrten wenig später talaus. Die Dämmerung fiel ein, als wir die Innbrücke vor Roppen erreichten. Es blieb keine Zeit, einen Zeltplatz nach Maß zu finden, irgendwo an einem Waldrand ließen wir uns häuslich nieder.

Waschen und Frühstück fielen wegen des bestehenden Wassermangels aus, der junge Tag begann mit der sattsam bekannten Übung des Radschiebens. Das schmeckte uns wenig, dafür freuten wir uns doppelt über die Musik eines rauschenden Baches, der unseren Weg kreuzte. Eine kleine Gumpe mit kristallklarem, eiskaltem Bergwasser bauten wir zur Wanne aus. Was bedeutet schon ein Swimming-pool mit vorgewärmtem Inhalt gegen die Wonne eines Freibades mitten zwischen blühenden Wiesen nach langen Bergtagen, in denen das kostbare Naß gerade zum Zähneputzen reichte. Das Frühstück sparten wir uns auf, der Gedanke an knusprige Semmeln mit frischer Butter und duftender Marillenmarmelade ließ uns das Wasser im Mund zusammenlaufen.

Über den Scheitel eines Rückens führte das Straßenband hinab nach Imst. Wir schoben die Räder durch die Windungen einer Gasse, ein behäbiger, breit ausladender Gasthof mit schwerem Mauerwerk flößte Vertrauen ein. Ein Torbogen leitete zu einem kleinen Garten, eine verrostete Gittertüre gab kreischend dem Druck der Hand nach. Ein Hauch vergangener Romantik schlug uns entgegen. Eichendorff hätte für seine Novelle „Aus dem Leben eines Taugenichts" diesen Innenhof in seiner italienisch anmutenden Üppigkeit zum Vorbild nehmen können.

Es glühte in verschwenderischer Farbenpracht zwischen den Bosquetten. Die Buchsbaumfiguren hatten lange nicht die Schere des Gärtners verspürt und waren zu phantastischen Gebilden ausgewachsen. Verwilderte Hochstammrosen, leuchtend in Rot und Gold, umsäumten ein Wasserspiel. Sprühend quoll aus dem Maul eines dickbauchigen Steinfrosches eine kleine Fontäne, im grünalgigen Wasser tummelten sich ein paar Goldfische. Palmen ließen melancholisch ihre zerschlissenen Fächer über eine roh gefügte Mauer hängen.

Unter einem schattigen Laubdach, das einen Rundtisch mit ein paar Stühlen überwölbte, machten wir es uns gemütlich. Ein appetitlich anzuschauendes Dirndl, die Flechten um den Kopf gelegt, war nur nach einigem Widerstreben dazuzubringen, uns das Frühstück im Garten zu servieren. Dort sei's halt gar so viel schiach, in der Gaststube säße man fein kühl am gedeckten Tisch.

Ich setzte mein scharmantestes Lächeln ins Gesicht, das seine Wirkung nicht verfehlte.

Und alles wurde Wirklichkeit, was die Phantasie dem leeren Magen am

Morgen vorgegaugelt hatte — der Kaffee duftete verführerisch, die Semmeln waren ofenfrisch, Butter, Marmelade und Honig zierten den Tisch.
Mit Bedacht genossen wir die Köstlichkeiten, die man aufgetragen hatte. Wir atmeten den schweren Duft der Blüten und sahen, wie sich vom leichten Lufthauch die Falter zu den Blumenkelchen tragen ließen. Wieviel Zeit verrann? Ich weiß es nicht. Es war ein Tag, an dem wir nicht um Minuten und Stunden feilschten.
Lieblich — mit diesem Wort sind die Eindrücke unserer Fahrt durch das obere Inntal treffend wiedergegeben. Das änderte sich, nachdem wir Landeck erreicht hatten, mit einem Schlag. Eng schmiegt sich die Straße an die jäh aufstrebende Wand. Wo die Natur nicht genügend Raum ließ, halfen Dynamit, Bohrer und Meißel nach. Tief unten schäumten die grünen Wasser des Inn und nahmen tosend den Weg durch die Schlucht.
Geschickt nützten die Tiroler in ihrem Freiheitskampf die Hilfe der heimatlichen Berge. Erbittert wurde um diesen Riegel, der den Oberlauf des Inn gegen das Becken von Landeck abschirmt, gekämpft. Das Denkmal an der Brücke zu Pontlatz erinnert an das heldenmütige Ringen.
Nach dem Stausee traten die Steilfluchten zurück, es öffnete sich der Talkessel von Prutz mit der Burg, die einen Kegel krönt. Ja, und da war auch wieder der Gasthof mit seinem Symbol über der Tür, einem Hirschkopf mit weitausladendem Geweih. Wenn man die Sprossen zählt, kommt man auf einen Zwölfender. Warum eines Nachts ein Vierundzwanzigender daraus wurde, hatte einen besonderen Grund.

Hier, in Prutz, setzt das Kaunertal an, das in die westliche Gruppe der Ötztaler Alpen führt. Mit Franz und Reinhard war ich im August von Feuchten über die Verpeilhütte zu Fritz Rueff und seiner einzigartigen Kaunergrathütte gewandert.
Damals herrschte noch nicht die Ordnung und Sauberkeit, die heute die Hütte auszeichnet. Es war ein Junggesellenbetrieb bester Prägung, den die drei Brüder Rueff in Szene setzten. Die Küche glich ständig einem Heerlager von halb geleerten Konservendosen. Jeder Tisch oder Stuhl, jeder Winkel war von Gläsern mit Gurken, Kübeln mit Marmelade, Geschirr und allen nur erdenklichen Dingen belegt.
Mitten zwischen diesen Bergen von Blech, Glas und Porzellan stand der jüngste der drei, der kleine Walter. Mit voller Lunge blies er in das Herdfeuer, daß dicke Rauchwolken dem eisernen Ungetüm aus Ritzen und Fugen entströmten. Vom beißenden Qualm rannen ihm die Tränen über die braungebrannten und leicht rußgeschwärzten Wangen.

Wir saßen auf den Treppenstufen, die von der Küche in den Schlafraum führten, und sahen dem heroischen Kampf mit dem sonst so nützlichen Element zu. Mit dem Rauch unserer Tabakspfeifen versuchten wir den Herdqualm zurückzudrängen und weinten mit dem kleinen Hüttenkoch um die Wette. Kein Mensch hätte uns von dieser rauchigen und zugigen Sitzreihe wegzubringen vermocht. Es ließ sich gar so schön zwischen den zum Trocknen aufgehängten Seilen und den leicht dampfenden Socken und Stiefeln von allerlei Bergfahrten und Abenteuern erzählen.

Verirrte sich je einmal ein weibliches Wesen auf die abgelegene Hütte und schlug die Hände ob der Unordnung über dem Kopf zusammen, so betrachteten wir den entfesselten Putzteufel als einen höchst unwillkommenen Fremdkörper. Wir empfanden es nicht nur als Störung, sondern als einen lästigen Einbruch in unser Idyll. Mit Genugtuung stellten wir fest, daß nach dem Abzug der mehr oder minder holden Reinlichkeitsfee in kürzester Frist der Urzustand wiederhergestellt war.

Wir hatten einige Fahrten zu den Gipfeln rund um die Watzespitze unternommen. An diesem Tag kehrten wir erst bei anbrechender Dunkelheit zur Hütte zurück, der Zeitplan und der Ablauf der großzügig angelegten Begehung waren nicht auf einen Nenner zu bringen. Früh, fünf Uhr, stand ich wieder abmarschbereit. Reinhard war trotz aller aufmunternden Reden nicht aus seinen warmen Decken herauszubringen. Sein unverständliches Gemurmel beendete er mit einem Ruck, er wendete mir den Teil seines Körpers zu, der am oberen Ende mit dem Hinterkopf beginnt.

Nach dieser unmißverständlichen Ablehnung meiner Bemühungen traten wir ohne ihn die Fahrt zum Rostitzkogel, einer hübschen Schneepyramide, an. Die Ersteigung erfolgte bei herrlichem Wetter ohne jeden Zwischenfall. Wir schauten in die Gletscherwelt der Ötztaler Alpen, die wundervoll aufgeschlossen vor uns lag. Auf dem Rückweg begann sich der Himmel einzuschleiern, doch bevor das Gewölk das Sonnenlicht schluckte, kehrten wir zur Kaunergrathütte zurück.

Hier erzählte uns Fritz Rueff, Freund Reinhard sei endlich gegen acht Uhr auf der Bildfläche erschienen. Gelockt durch das wunderbare Wetter faßte er den Entschluß, im Alleingang die Ersteigung der Watzespitze über den Ostgrat in Angriff zu nehmen. Fritz schilderte ihm genau alle Einzelheiten der Begehung und warnte ihn vor allen Dingen davor, sich in die Nordflanke des Berges drängen zu lassen.

Von der Hütte aus hatte man beobachtet, wie der Kamerad schnell und sicher die schwierigste Stelle, die sogenannte Platte, meisterte. Später entschwand er den Blicken. Man hörte mehrfach Steinschläge in der

Nordwand niedergehen. Anscheinend hatte sich Reinhard, allen Warnungen zum Trotz, in dem schlecht gangbaren Fels verstiegen.
Es war gegen drei Uhr nachmittags, bei normaler Gehzeit hätte er schon längst wieder bei der Hütte sein müssen. Wir wurden etwas unruhig, aber eine später eintreffende Partie berichtete von einem Einzelgänger, den sie kurz vor drei Uhr auf dem Gipfel der Watzespitze gesichtet hatte. Kurz darauf war Nebel eingefallen. Der viel begangene Eisweg konnte bei den überall vorhandenen Trittspuren und dem Können meines Gefährten kein ernstliches Hindernis für den Abstieg bilden.
Es begann zu dunkeln, Reinhard war noch immer nicht eingetroffen, und wir begannen uns Sorgen zu machen. Der Nebel wurde bis zur Hütte heruntergedrückt, und aus dem Grau fielen träge einige Flocken. Aus der Dachluke steckten wir als Richtzeichen eine Laterne hinaus. All unser gespanntes Lauschen auf sich nähernde Tritte blieb vergebens.
So verrann Stunde um Stunde. Der Nebel verdichtete sich immer mehr. Mit einigen Bergsteigern, die sich bereit erklärten mitzugehen, entschloß ich mich, im Morgengrauen die Suche nach Reinhard aufzunehmen. Zwei Mutmaßungen blieben: entweder war er auf dem Eisweg in eine Spalte gestürzt oder hatte den wesentlich längeren, aber sicheren Südgrat für den Abstieg gewählt.
Der neue Tag war noch nicht angebrochen. In drei Zweierpartien standen wir für den Abmarsch bereit. Die Wetterlage hatte sich um nichts gebessert. Starker Wind blies uns entgegen, als wir vor die Hüttentür traten. Im Schein der Bergsteigerlaternen verfolgten wir die Trittspuren zum Plangeroßferner. In dumpfem Schweigen, das schwer mit der Ungewißheit der Aufgabe auf uns lastete, arbeiteten wir uns durch den sich mehr und mehr verstärkenden Schneefall vorwärts.
Reinhard konnte in der Zwischenzeit, vom Südgrat kommend, die Kaunergrathütte erreichen, diese Möglichkeit war nicht auszuschließen. Darum vereinbarten wir mit Fritz Rueff als Lautzeichen zwei Schüsse und als optisches Signal die Hissung der Fahne auf dem Dach, um uns die geglückte Rückkehr anzuzeigen.
Steiler stieg jetzt der Gletscher mit blankem Eis vor uns auf. Die Steigeisen verbissen sich in den terrassenförmig geschichteten Wülsten, ein paar Spalten stellten sich uns sperrend entgegen. Entweder konnten sie umgangen oder mit langem Spreizschritt überwunden werden. Von dem Vermißten war keine Spur zu entdecken. Bittere Kälte sprang uns an, der scharfe Wind wurde zum Sturm. Endlich, in unseren gesamten Wetterschutz gehüllt, erreichten wir schnee- und eisbedeckt die oberste Firnmulde des Eisweges.

Wir berieten, wie dieser mäßig große Kessel abzusuchen sei, um die zweifellos tief eingegrabenen Tritte des Freundes zu finden. Da hoben sich für Minuten die Nebel, in allen Einzelheiten sahen wir das ganze Rund vor uns gebreitet. Doch nirgends zeichnete sich eine neue Trasse im Firn ab, all unser Rufen blieb vergeblich, es kam keine Antwort. Grenzenlose Enttäuschung machte sich breit, die letzte Hoffnung war der Südgrat mit der inzwischen erfolgten Rückkehr zur Hütte. Wäre Reinhard noch in den oberen Teilen des Grates gewesen, hätte er unter allen Umständen unsere Signale hören müssen.

Dieser lichte Augenblick schien das letzte Atemholen für das folgende Unwetter bedeutet zu haben. Mit orkanartigen Böen brach es über uns herein, in waagrechten Strichen jagte der Sturm den Schnee vor sich her. Aus der Rettungsexpedition wurde durch das mangelhafte Können zweier Teilnehmer beinahe eine Gruppe, die selbst Hilfe nötig hatte.

Aus der zweiten Seilschaft flog plötzlich der Schlußmann als dunkler Schatten kopfüber an mir vorbei und verschwand im Rachen einer Spalte. Nur dem entschlossenen Zugriff seines Kameraden war es zu danken, daß dieser Sturz ohne schwerwiegende Folgen blieb. Einige Stimmen wurden laut, die über Kältegefühl und Nachlassen der Kräfte klagten. Es bedurfte rücksichtsloser Energie, um das sich ständig verschleppende Tempo voranzutreiben, um aus dem Gröbsten herauszukommen.

Und mitten in unsere Nöte klang deutlich ein dumpfer Hall — ein Schuß. Kein Zweifel, alle hatten ihn gehört, das Signal klang klar zu uns herauf. Zwar folgte trotz angestrengten Lauschens kein zweiter, er konnte aber ebensogut vor- oder nachher im Heulen des Sturmes untergegangen sein.

Das gab unserer Gruppe wieder frischen Mut — die vorher trostlose Stimmung schlug ins Gegenteil um —, der Kamerad ist wohlbehalten zur Hütte zurückgekehrt. Im Trab sprangen wir über den sich zurücklegenden Gletscher hinab, um Sicht auf das vereinbarte Zeichen zu bekommen. Wir sahen zwischen den ziehenden Nebeln zum Hüttendach hinunter.

„Da, siehst du — die Fahne auf dem Dach!“ rief aufgeregt Franz, mein Seilgefährte.

Wirklich, jeder von uns sechs Mann erblickte deutlich zwischen den Nebelschleiern das flatternde Tuch, wie es vom Wind hin- und hergetrieben wurde. Unser Jubel kannte keine Grenzen mehr, lachend stiegen wir die wenigen hundert Meter zur Hütte ab, alle Unbill war vergessen. Von unten hatte man offenbar unsere Rückkehr bemerkt und die Fahne wieder eingezogen.

Mit der Frage: „Wo ist Reinhard?“ kam ich in die Hütte gestürzt, als ich nicht sogleich den Freund unter den paar Bergsteigern erblicken konnte.
„Reinhard? Der ist nicht in die Hütte gekommen.“
„Aber ihr habt doch geschossen und die Fahne herausgesteckt!“ schrie ich los.
Alles erwies sich als eine Täuschung der überreizten Sinne. Der Schuß? Der dumpfe Hall einer Lawine, die durch eine Rinne der Nordwand der Watzespitze niederging und unmittelbar gegenüber der Hütte aufschlug. Die Fahne, die alle sechs Mann flattern sahen? Ein Produkt unserer Einbildung im Rauch der ziehenden Nebelschwaden.
Wir waren grenzenlos entmutigt, in unseren Gesichtern stand der Sturz aus allen Himmeln geschrieben. Niedergeschlagen und ohne Hoffnung saßen wir um den Tisch, kaum fähig, einen Schluck heißen Tee durch die wie zugeschnürte Kehle zu würgen.
Die Zeit verrann im dumpfen Warten, die Minuten dehnten sich zu Stunden. Das Auge drohte vom Starren in das wogende Grau vor dem Hüttenfenster blind zu werden. Ungebrochen heulte der Sturm, das Thermometer am Türrahmen fiel in kurzer Frist von zwei Grad Wärme auf sieben Grad Kälte. Jede, auch die geringste Hoffnung erlosch, dieser Temperatursturz mußte den Untergang bedeuten.
Um vier Uhr nachmittags sprang Franz nach Plangeroß ab, um pflichtgemäß die Rettungsstation zu alarmieren. Hugo, ein erstklassiger Wiener Gänger, und ich wollten, trotz aller Aussichtslosigkeit, bei der geringsten Aufhellung unser Glück am Südgrat versuchen.
Der Abend war hereingebrochen, Die Flamme einer Petroleumlampe blakte in ihrem zersprungenen Glaszylinder und beleuchtete die kleine Gruppe der Hütteninsassen, die sich nur im Flüsterton unterhielt. Alle hatte die lähmende Gewißheit erfaßt: der liebe Kamerad, der noch gestern tatenfroh unter uns weilte, wurde ein Opfer der Berge. Ich saß im Eck im Halbdunkel, in einem Zustand seelischer und körperlicher Erschlaffung.
Ein Rumpeln an der Tür riß mich hoch. Franz kam hereingestürzt, mit von Eis erstarrter Kleidung und weiß verschneit, aber vor Freude glänzenden Augen. In abgerissenen Sätzen erstattete er Bericht. Unglaublich aber wahr: Reinhard war nach abenteuerlicher Fahrt durch die bisher noch jungfräuliche Westwand des Berges mit der Bezwingung des gefährlichen Watzeferners nach Feuchten gelangt. Unverzüglich verständigte er Plangeroß von seinem glücklichen Eintreffen und gab Franz telefonisch Kunde von seiner kühnen Tat.

Mein treuer Seilgefährte brach sofort im noch tobenden Schlechtwetter auf, um uns die frohe Nachricht zu überbringen. Ein Alpdruck löste sich, überall freudiges Händeschütteln und glückliche Gesichter.
Am nächsten Tag kam wieder die Sonne heraus und überstrahlte die völlig in Weiß gekleidete winterliche Landschaft. Uns hielt es nicht länger, wir verließen die Kaunergrathütte, in der wir tags zuvor mutlos und ohne den Schimmer einer Hoffnung gesessen waren. Eiligst stiegen wir über das Madatschjoch nach Feuchten ab. Ein Stück Wegs kam uns Reinhard entgegen. Wir fielen einander in die Arme, wir hatten einen Freund verloren geglaubt und ihn wiedergefunden.
Dann aber ging es ans Erzählen. Zuerst stieg Reinhard am Ostgrat flott voran, bis er die richtige Route verlor. In stundenlangem, hartem Kampf arbeitete er sich durch die Nordflanke zum Gipfel. Nebel fiel ein, bevor er sich orientieren konnte, und nahm ihm das Gefühl, wohin er sich wenden mußte. Er verwechselte links und rechts und kam damit in die Westwand des Berges. Das dicke Ende folgte, in zäher, schwerster Eisarbeit kämpfte er sich über den Watzeferner hinab. Der Nebel verdichtete sich zu leichtem Schneegestöber, es begann zu dunkeln.
Reinhard wurde bewußt, den richtigen Weg verfehlt zu haben. Der Einbruch der Nacht und das Schlechtwetter zwangen ihn, vor allem danach zu trachten, sicheren Boden zu erreichen. Es muß eine wilde Geschichte gewesen sein, wie sich der Freund in völliger Dunkelheit über ein paar Wandstufen abseilte. Die wunden Stellen an den Beinen gaben beredtes Zeugnis. Den Rest der Nacht verbrachte er, ständig hin und her gehend, um im Sturm und Schneetreiben nicht einzuschlafen, zwischen den Felsen des Watzekars.
Als der Morgen graute, versuchte er zur gleichen Zeit, da wir von der Kaunergrathütte aufbrachen, auf die andere Bergseite zu gelangen. Der orkanartige Schneesturm, der uns am Eisweg überraschte, zwang ihn zur Umkehr, zwischen leichten Felsen stieg er nach Feuchten ab.
Gemeinsam wanderten wir am Nachmittag durch das Kaunertal nach Prutz und nahmen im Hirschen Quartier. In der stimmungsvollen Weinklause wurde das Wiedersehen entsprechend gefeiert. Wir schwangen viel schöne und herzliche Reden und vergaßen nicht, dem Becher fleißig zuzusprechen. Darum ist es nicht weiter verwunderlich, daß sich der Hirsch über der Eingangstür plötzlich von einem Zwölf- in einen Vierundzwanzigender verwandelte.

Ich warf noch einen Blick auf das Wirtshausschild, dann folgten die Räder wieder innaufwärts dem Straßenband. Ein kurzer Aufschwung, schäumend durchbrausen die Wasser eine Schlucht, darüber auf einem Felssockel die Reste einer von Schlingpflanzen überwucherten Kirchenmauer mit Spitzbogenfenstern.

Vor uns rollte eine Kette von Planwagen, Pferde trabten am lose geknüpften Halfter hinterdrein. Ein Zigeuner mit schwarzen Haaren und braunem Gesicht, goldenen Ohrringen, die Zigarette schräg im Mundwinkel haltend, ließ lässig die Peitsche über den Rücken des letzten Gespannes spielen. In seinem Kauderwelsch rief er ein paar Worte in den Wagen, ein Tuch wurde zurückgeschlagen. Für einen Augenblick erschien im Spalt das Gesicht eines bildhübschen Weibes, das uns aus nachtdunklen Augen erstaunt musterte.

Ein Gefährt um das andere überholten wir. Hier klang Gesang, dort balgte sich zwischen buntkarierten Betten ein Rudel halbnackter Kinder. Im nächsten kauerte mit untergeschlagenen Beinen eine grauhaarige Hexe auf dem Kutschbock, genüßlich eine qualmende Stummelpfeife zwischen den Zähnen haltend. Ein schnauzbärtiger Mann, dem Silbertaler und Miniaturpferde auf der Weste klirrten, sprach mich um Feuer an. Im Nu umringte uns ein Haufen johlender Halbwüchsiger, überall hatten sie die Finger an unserem Zeug. Mit Mühe erwehrten wir uns der Bande. Die Alte kam geschwind vom Wagen geglitten und sprach zudringlich auf Katrin ein, ihr die Handlinien zu deuten. Jetzt wurde uns das Spiel zu bunt. Wir machten kurzen Prozeß und traten hart an. Schimpfend stob die Meute auseinander.

Mit der sinkenden Sonne kamen wir nach Pfunds, deren scheidendes Licht gerade noch ausreichte, um die Schönheit dieses Dorfes mit den alten, trutzigen Bauten zu offenbaren. Die Begegnung mit den Zigeunern hatte eine gewisse romantische Stimmung in uns ausgelöst. Hier fand sie ihre unmittelbare Fortsetzung. Wir glaubten uns im grauesten Mittelalter und wären gar nicht weiter erstaunt gewesen, wenn aus dem Schatten eines Torbogens ein Reisiger im bunten Wams, mit blinkender Hellebarde, getreten wäre.

Ein vergnügliches Spiel mit Gegensätzen. Heute verzichteten wir auf unser Wigwam aus Segeltuch und suchten im ältesten Gasthaus Unterschlupf. In der mit Zirbenholz getäfelten Stube saßen wir am wuchtigen Rundtisch, den ein Viertel Roter zierte. Aus der Küche strömten balsamische Düfte, der Geruch des Schmarrns stieg uns in die Nase. Die Vorfreude auf kommende Genüsse ließ uns das Wasser im Munde zusammenlaufen.

Hufgeklapper und Wagenrollen drangen an unser Ohr, die Zigeuner hatten das Dorf erreicht und nahmen mit Gejohle und Geschrei von ihm

Besitz. Bis spät in die Nacht kamen die Wagen über das holprige Pflaster gerattert. Auf einer nicht weit von unserem Haus gelegenen Wiese hatte sich die Bande niedergelassen.
Der ungewisse Schein des Lagerfeuers umflackerte geschäftig durcheinandereilende Menschen, scharrende Pferde und den sich schwach abzeichnenden Schattenriß von ein paar Planwagen. Mandolinengeklimper und die abgerissenen Laute eines Liedes klangen auf. Sie wiegten uns in den Schlaf, als es schon längst Mitternacht geschlagen hatte.

Bernina

Die Sonne sandte schon ihre Strahlen durch das Zimmerfenster, als ich aus langem, traumlosem Schlummer erwachte. Mit einem Satz sprang ich aus dem Bett und mußte feststellen, daß sich der glühende Ball schon hoch am Himmel emporgeschoben hatte. Die neunzig Kilometer nach Pontresina plus eintausend Meter Höhendifferenz bereiteten uns nicht viel Kopfzerbrechen. Die wollten wir leicht an diesem Tage schaffen und, wenn auch zu später Stunde, heute abend bei Mutter Hauser Wiedersehen feiern.

Wenig später rollten die aufgeschirrten Räder an dem Zigeunerlager vorbei, eifrig wurde mit einigen Bauern um ein paar Pferde gefeilscht. Im sich ständig verengenden Tal ging es aufwärts, links zweigte die Straße nach Südtirol, zum Reschenpaß ab. Ihre Serpentinen am gegenüberliegenden Berghang gaben uns noch für einige Zeit das Geleit, bis das Band nach Nauders ausschwenkte. Vor uns Schalkhof, die Zollstation, die Pässe, ein paar Fragen — wir betraten das Land der freien Schweiz.

Über steile Kehren und durch die Galerien der Lawinenschutzbauten wand sich die Straße empor. Am Scheitelpunkt lehnten wir die Räder gegen die Böschung und schauten hinab zum Inn, wie seine grünen Wasser brodelnd und schäumend im tief eingeschnittenen Bett ihren Weg talaus nahmen. Gegenüber Finstermünz — in die Schlucht drohten Bastionen mit schmalen Schlitzen, die massigen Festungsbauten verbanden sich mit den sperrenden Felswänden zu einem einzigen Riegel.

Noch immer bildet die schmale, filigranhaft gebaute Brücke die Grenze zwischen der Schweiz und Österreich, die einstige Bedeutung als sorgsam gehütete Pforte ging verloren. Symbolhaft mag die Verlegung der Straße aus der „finsteren Münze“ in die Höhe des Sonnenhanges als Ende einer grauen Vergangenheit erscheinen, da die kaiserlichen Truppen mehr als einmal waffenklirrend in das Engadin drangen. Noch heute feiern die Ladiner das Gedenken der Calvenschlacht.

Der harte Trennungsstrich, den die Natur mit dem schmalen Durchlaß schuf, wurde bestimmend für die Gestaltung zweier, sich verschieden-

artig entwickelnder Lebensräume an den Wassern des Inn. Über die Pässe des Bernina besiedelten die von Süden kommenden Romanen das Hochtal, die Sprache und Kulturgut über alle Strudel der wirtschaftlichen und politischen Ereignisse erfolgreich zu behaupten wußten.
Bereits in Martinsbruck klingt im melodischen Ladinisch der Gruß „Dieus allegra" — Gott erfreue Dich. Wuchtig ragen die Engadiner Häuser, den „Solèr", die heimelige Wohnstube, mit den Schätzen bäuerlicher Kunstfertigkeit aus der Vergangenheit angefüllt, in die Dorfgassen.
Noch immer hing mein Blick an der Brücke mit dem gemauerten Pfeiler in der Form eines viereckigen Wachtturmes, am balkenschweren Schutzgeländer mit seiner eigenartigen Linienführung — wo hatte ich das Bild nur gesehen? Plötzlich sprang die Erinnerung auf — richtig — im Trenkerfilm „Der Rebell", Tiroler und Franzosen kämpften heiß um den Flußübergang. Andere Ausschnitte aus Pfunds und seinen Winkeln gesellten sich hinzu — darum schien mir alles so vertraut. Hat keinen schlechten Blick, der Herr Trenker. Die Kulissen sind echt, und mit Fingerspitzengefühl verstand er, dem Inhalt den zeitnahen Rahmen zu geben.
Heute sind die Straßenverhältnisse ganz anders geartet als zu jener Zeit, da wir als Bergzigeuner mit dem Stahlroß die Gegend unsicher machten. Damals musterten wir nach dem Überschreiten der Grenze mit mißtrauischen Blicken den Straßenbelag. Tiefe Geleise, nur ab und zu schamhaft unter einer Lage groben Schotters verborgen, furchten die Decke. Mir schwante nichts Gutes, das knirschte und bockte im scharfkantigen Splitt auf der Talfahrt nach Martinsbruck, das mußte schiefgehen.
Richtig, auf halbem Wege hauchte der Schlauch des Hinterrades mit hörbarem Seufzer seine Seele aus. Noch einige Meter das fatale Klappern der Felgen auf dem Schotter, dann brachte ich den Alpenkönig zum Stehen. Zunächst erleichterte ich das bedrängte Gemüt durch einige Kernsprüche, deren Mehrzahl der eidgenössischen Straßenbaukommission galt.
Rucksack, Zelt, Pickel und Ski abschirren, das Radl auf den Kopf stellen, die aufregende Jagd nach dem Loch konnte beginnen. Erst das Bachwasser in meinem Berghut erbrachte die Lösung der Fleißaufgabe: eine geheimnisvoll verborgene Öffnung, bestehend aus einem Korn im Gummi.
Über eine Stunde Zeitverlust!
Mein ins Wanken geratener Seelenzustand rutschte völlig aus dem Gleichgewicht, als ich nach kaum dreihundert Meter Talfahrt wieder auf den Felgen saß. Ich steckte mir eine Beruhigungspfeife an, während Katrin

half, die Riemen vom Zeug zu lösen. Wieder rollte der Film, wie kurz zuvor, ab, Loch suchen, flicken und den Plunder wieder aufladen.
Endlich erreichten wir Martinsbruck, Mittag war längst vorüber, auf das Essen hatten wir im Drange der Ereignisse glatt vergessen. Ein Polykrates brachte freiwillig den Erinnyen sein Opfer, das die Schicksalsgöttinnen postwendend an den Absender mit einem Sonderboten retournierten. Uns blieb die Genugtuung, den Tribut sozusagen auf höheren Befehl geleistet zu haben. Es kann nichts mehr geschehen, der Becher des Leidens ist geleert.
Ein naher Verwandter eines bestimmten Kobolds mit Ringelschweif muß an jenem Tag unter dem Sattel des Alpenkönigs gesessen sein. Er ließ uns einige Zeit im Gefühl der Überwindung der Mißlichkeiten schwelgen. Gerade an der schönen Ruine Serviezel zwischen Strada und Remüs machte er — schwupp — einen kleinen Hupfer auf Katrins Rad und kitzelte das Hinterrad der Alpenkönigin, bis es seine Seele aushauchte. Wir nahmen es von der humorvollen Seite, was dem König recht ist, ist der Königin billig, und erzählten uns etwas von der Gleichberechtigung der Geschlechter.
Das nachsichtige Lächeln erstarb auf den Lippen, als mitten in Remüs die Alpenkönigin diesmal in die Vorderknie sank. Und zwar gleich neben dem Brunnen, damit die Wasserpantscherei mit dem Berghut unterbleiben konnte. Das Gepäck half ich noch mit abladen, dann heuchelte ich Kunstinteresse an der berühmten Wallfahrtskirche St. Florin und überließ es Katrin, von der interessierten Dorfjugend unterstützt, den Schaden zu beheben.
Fertig gerüstet, erwartete mich Katrin. Dank der Mithilfe der Kinderschar war es schnell gegangen.
„Acht Kilometer bis Schuls“, rief sie mir tröstend entgegen, „ich habe mich erkundigt. Du wirst sehen, bis Süs schaffen es wir noch leicht.“
Der Teufel kicherte höhnisch und wartete, bis wir ein gutes Stück Weg hinter uns gebracht hatten. Die letzten Schatten verflüchtigten sich, eitel Sonne herrschte. Darauf schien er gewartet zu haben. Dieses Mal nahm er zur Abwechslung das Hinterrad der Alpenkönigin aufs Korn. Es war ein Meisterschuß mit hauchfeinem Schrot. Wie Sekt perlte die Luft in feinsten Blasen im Bachwasser aus dem Gummi. Hier war alle Flickkunst vergebliche Liebesmühe. Wo es am Gröbsten fehlte, legten wir einige tüchtige Streifen auf, den Rest mußten wir dem Geschick überlassen.
Ein Wettlauf zwischen Reifen und Luftpumpe hub an. Immer kleiner wurden die Abstände, um dem Schlauch wieder Form zu geben — ein

hoffnungsloses Beginnen —, er blies den letzten Atem aus und sank in sich zusammen. Bis auf vier Kilometer hatten wir uns an Schuls herangearbeitet. Die Sonne verschwand hinter dem Horizont, ihr Licht überstrahlte nur noch die höchsten Bergspitzen.

Den Schluß der Tragödie vermochte ich nicht mehr mit anzusehen, der nichtvorhandene Kragen war schon längst geplatzt, und der Ingrimm saß wie ein Knödel am Adamsapfel. Ich schwang mich auf das Rad, um in Schuls nach einem Mechaniker und einem Zeltplatz Umschau zu halten.

Am Straßenrand sitzend erwartete ich das Kommen der Kameradin. Im Dämmerlicht zeichnete sich ihre Figur ab, als sie um eine Ecke bog. Riesengroß baute sich die Last mit Rucksack und Ski um das Rad, das sie neben sich herschob. Der Schlauch des Hinterrades hatte sich unter dem Mantel selbständig gemacht und wand sich wie eine Boa constrictor in unzähligen Windungen um Nabe und Speichen.

Ich vermochte nur ergeben das schwer geprüfte Haupt zu schütteln. Mit dem Messer operierten wir den Gummi vom Gestänge. Ich opferte in der Reparaturwerkstatt ein Fünffrankenstück auf dem Altar des Molochs „unerwartete Schicksalsschläge" und sah mit wehem Gefühl in der Brust das Geldstück im Hosensack des Mechanikers verschwinden. In stillem Grimm verlief das Abendessen.

Der liebe Gott hat den Ablauf des Lebens weise eingerichtet. „Die Abschlagszahlung auf den Tod" lautet die Formel mancher Philosophen für den Schlaf — ist er nicht vielmehr die tägliche Wiedergeburt zum neuen Leben? Er schafft Abstand von den Dingen, nicht umsonst soll man etwas „überschlafen", um nicht, durch die Stimmung des Augenblicks beeinträchtigt, eine vorschnelle Entscheidung zu treffen.

Ein glitzernder Perlenteppich aus Tautropfen breitete sich um uns, als wir aus dem Zelt krochen. Wie eine Glocke, geformt aus edlem Aquamarin, wölbte sich der Himmel über die vom weißen Nebelschaum umflossenen Bergspitzen. Rot leuchteten die Dächer von Schuls-Tarasp aus dem Talgrund, da und dort kringelte blauer Rauch aus einem Kamin. Beschämt gedachte ich der durch nichts begründeten Unduldsamkeit des Vortages. Wie kann man sich von dem Ärger an kleinen Dingen so aus dem Gleichgewicht werfen lassen! Wo blieb die mühsam zusammengezimmerte Lebensphilosophie, wenn sie sich nicht an bedeutungslosen Mißlichkeiten bewährte?

In steilen Kehren schraubten wir uns auf die nächste Innterrasse. Völlig unerwartet schälte sich eine schneeweiße, wie vom Zuckerbäcker gegossene Burg auf spitzem Bergkegel aus dem Wolkenschaum, Schloß Tarasp.

„Kitschig schön" — dieser Ausdruck gibt am besten die Empfindung wieder, die der Anblick auslöste. Wohlverstanden — nicht die Herabminderung, die in dem Begriff liegt, verband sich mit der Vorstellung, sondern das Unwirkliche der Erscheinung, die durch den schwelenden Dunst der Erde entrückt schien.

Ftan — Ardez — Guarda — über weißem Mauerwerk die Begonien im brennenden Rot, die herbe Schönheit der Engadinerinnen mit ihrem braungoldenen Hautton, wie sie am Dorfbrunnen Wasser schöpften und im melodischen Ladinisch ihren Schwatz hielten.

Die Straße senkte sich in den Talboden, der sich bei Zernez zum breiten Becken, von der Gefällstrecke des Oberengadins begrenzt, weitet. Am jenseitigen Berghang hielten wir Mittagsrast, unter uns die Häusergruppen mit verfallenen Wachttürmen und Burgruinen. Ab und zu schoß ein Auto aus dem Gassengewinkel und fraß sich über die Krümmungen der gegenüberliegenden Bergstraße zum Schweizer Nationalpark am Ofenpaß empor.

„Gibt es auch Bären in dem Naturschutzpark?" wollte Katrin wissen.

„Wenn ich mich recht erinnere, wurde der Letzte seines Stammes in diesem Bereich um das Jahr 1904 erlegt. Mit etwas Glück hätte er sich in die neue Zeit hinüberretten können, um Vater der Naturschutzbären zu werden. Nachdem ich dir keinen Meister Petz in Freiheit dressiert vorführen kann, werde ich dich dafür mit einem interessanten Bericht eines Zernezer Patriziers schadlos halten."

„Zu Lebzeiten seiner Eltern wohnte hier ein rauher Geselle namens Peter Urs, gewachsen wie ein Baum. Dieser absonderliche Bursche schätzte als Delikatesse Schlangen, die er säuberlich häutete, ausnahm und in Scheiben geschnitten mit Pfeffer und Salz verzehrte. Eines Tages ging er in den Wald, um Holz zu fällen. Mitten in der Arbeit vernahm der Urs hinter sich ein Brummen. Zu seinem Schrecken sah er einen hoch aufgerichteten Bären mit zum Schlag erhobenen Pranken und tückisch blitzenden Augen hinter sich stehen. Blitzschnell zuckte die Axt durch die Luft. Sie traf genau zwischen die funkelnden Lichter, worauf er, nämlich der Bär, halb bewußtlos über den Hang hinabrollte und schrecklich wütete und brüllte."

„Meister Petz nahm den Nasenstüber nicht von der humoristischen Seite. Er ging urplötzlich mit solcher Schnelligkeit zum Angriff über, daß Urs keine Gelegenheit bekam, sich mit der Axt zur Wehr zu setzen. Da er andererseits keine Lust verspürte, den Bärentatzen als Watschenbaum zu dienen, schlüpfte er unter den Pranken durch und umfaßte den Gegner mit den Armen, um außer Griffweite zu kommen. Fest umschlungen kugelten die beiden in eine Bodenwelle, der Ringkampf drohte mit der Niederlage des Urs zu enden. In seiner Not umklammerte er den Unterleib des Bären. Eine Hand wurde frei, er zog sein Sackmesser und stieß es dem Untier so lange zwischen die Rippen, bis dieses das Zeitliche segnete."

„So eine Niedertracht", rief Katrin und wollte sich vor Lachen biegen, „und der arme Bär hat nicht auch sein Messer gezogen?"

„Da gibt es gar nichts zu lachen", verteidigte ich meinen Gewährsmann, „das hat alles seine Richtigkeit. Der Peter Urs mußte sich hernach geschwind zur Ader lassen und lag für zwei Wochen zu Bett. Den Bären brachte man im Triumph nach Zernez, hing ihn vierundzwanzig Stunden zur allgemeinen Ergötzung am Dorfplatz auf, anschließend verteilte der wackere Kämpe das Bärenfleisch mit dem Ersuchen, es im Gedenken an seine glückliche Errettung zu verspeisen. Auch die Eltern des Berichters haben mit Genuß ihr Stück verzehrt, womit hoffentlich deine letzten Zweifel schwinden."

Die kurze Steilstufe zwischen Zernez und Cinuskel versetzte uns aus dem Unter- in das Oberengadin. Was wir als Vorahnung des Stimmungsgehaltes der Engadiner Landschaft an der Bergterrasse zwischen Ftan und Ardez erfühlten, wurde Wirklichkeit. Die herbe Weite des Hochtales mit den sich sanft abdachenden Bergrücken und die Harmonie der Farben wuchsen zum unvergleichlichen Zusammenklang ineinander.

Das ebene Band der Straße — Scanfs — Zuoz — Madulain. Der Tag war am Verglimmen, vor uns lagen die Hotelpaläste von Samedan. Über die linksseitige Berglehne schob sich völlig überraschend eine Eismauer, leuchtend, himmelsnah. Drei Strebepfeiler wuchteten zu dem First, als sollten sie das kühne Gebäude des Silberschlosses im Felssockel verankern. Die Palü. Lange saßen wir an der moorigen Wiese im Anblick des Berges versunken, allmählich ging das Licht in rötliche Töne über. Der Strahlensaum wanderte über Grate und Eiswülste, bis die Farben erloschen. Die Räder rollten der Lichterschnur von Pontresina zu.

Mutter Hauser, gepriesen seien deine Schnitzel, die du unter knusprigen Backhendeln verstecktest, um solcherart die doppelte Portion vor den neidischen Augen der Mitbürger zu verbergen. Gepriesen sei dein gut bayrisches Gemüt, das schuhplattelnde durstige Seelen mit einem Doppelliter Veltliner lohnte. Was haben wir hier für Feste gefeiert, wenn wir nach harten Bergwochen im Eis der Bernina oder von rauher Beiwacht unter den Kletterfelsen der Viola kamen! Die Dielen ächzten und stöhnten unter den wuchtigen Tritten, und die Röcke der Maitschis wirbelten

im Tanz. Lustige Berggesänge klangen auf, und in schauerlicher Blechtopfrüstung erschien der blutrünstige Ritter Hadubrand oder der berühmte Saharascheich mit den weissagenden Mäusen.
All diese Erinnerungen wurden lebendig, als wir vor der freudestrahlenden, etwas rundlicher gewordenen Mutter Hauser standen. Auch Vater Hauser, immer e biz knurrig, verzog sein Gesicht in tausend Falten und Fältchen, und dazwischen blond und blauäugig Anni, das Töchterlein, das gar nicht schnell genug nach den Berggefährten vergangener Tage fragen konnte. Dabei wurden fleißig die Hände gerührt, um für solch illustre Gäste mit hörbar knurrendem Magen ein würdiges Mahl zu bereiten.
Zwei Tage darauf traf verabredungsgemäß der Doktor ein. Unter der alpinen Spielart des Homo sapiens ist er in die Gruppe der „Gipfelfresser" einzureihen. Gleich tüchtig in Fels, Eis und auf Ski, versprach seine Teilnahme eine Auslese „besserer Sachen". Wir stellten eine gute Speisekarte zusammen — um den Appetit anzuregen, die Sellagruppe mit der entzückenden Coazhütte als Stützpunkt. Dort erwarteten uns Sommerskifahrten zu den formenschönen Bergen um den Glüschaint. Als Hauptgericht gedachten wir uns den Bumillergrat des Piz Palü einzuverleiben, als weitere Garnierung den Biancograt und die Hochroute der Umrahmung des Bovalkessels. Als Dessert merkten wir uns ein paar Kletterberge im Bergell oder in der Violagruppe vor.
Es fällt schwer zu entscheiden, wem die Krone gebührt, dem Gletscherkessel des Morteratsch mit den dreigipfeligen Palü, dem kühnen Felsdorn der Crast'Agüzza und dem abschließenden Bernina mit dem weißen Saum des Biancogrates, alles ist weiträumig und auf die Dimension der Größe abgestimmt. Ganz anders bietet sich das Rosegtal dem Beschauer dar, hier prallen die Kontraste aufeinander. Der wuchtige Roseg schiebt sich weit nach Nordwesten gegen das Tal vor und splittert es in zwei Gletscherkessel auf. In nahezu erschreckender Wildheit stürzen die Fluchten von Roseg, Scersen und Bernina in das düstere, von zerschründetem Eis erfüllte Becken von Tschierva. Daneben, die sanft abgeschrägten Gletscher des Roseg und der Sella umrahmend, die filigranhaft anmutenden Gipfel mit ihren wohlklingendem Namen Dschimels (Zwillinge), La Muongia (die Nonne), Il Chapütschin (der Mönch) und Il Glüschaint (der Glänzende).
Noch am gleichen Tage wanderten wir, den stimmungsvollen Taiswald durchschreitend, durch das Rosegtal zur 2383 m hoch gelegenen Coazhütte. Am Wege, mitten zwischen den Arven, lag ein kleiner, verlassener Bau, die Acla Colani. Von hier zog der zwielichtige „König der Ber-

nina", Gian Marchet Colani, zu seinen unzähligen Jagdzügen aus. Seine Taten wurden zur Legende, in der Zeitschrift des Schweizer Alpenclubs „Die Alpen" erschien eine Abhandlung unter dem Titel „Der räthische Jägerfürst G. M. Colani, der König der Bernina". Es ist fein säuberlich verzeichnet, was er in den dreiunddreißig Jahren seines Jägerlebens zur Strecke brachte: 2700 (in Worten Zweitausendsiebenhundert) Gemsen, 2 Hirsche, 2 Bären und 2 Wölfe. Auch der Zeitraum soll festgehalten sein: er hauste hier in den Jahren von 1772 bis 1837.

In einigen steilen Kehren, vorbei an mächtigen Zirben, schlängelte sich der schmale Pfad zur Alpe Ota. Jetzt schloß sich voll der Tschiervakessel auf, düstere Wände wuchsen aus dem zerklüfteten Eis. Das Rund um Sella- und Rosegfirn war zum Greifen nahe gerückt, anmutig und graziös wirkte der Gipfelrahmen über den sich vielfach überschneidenden Spaltensystemen, die scheinbar ein Kunstschmied zu seltsam geformten Arabesken ziselierte.

Ein wenig später zeigte sich der Roseg, der in blitzender Eisrüstung das Tal als Wächter hütet, aus neuem Blickwinkel. Zum ersten Mal, wenn auch in der Perspektive etwas verschoben, schaute ich seine Westflanke, die uns damals mit einem Erlebnis überraschte, das lange in uns nachklang. Unwillkürlich verhielt ich den Schritt. Katrin deutete mein Zögern richtig, doch mit ein paar Worten war das damalige turbulente Geschehen nicht abgetan. Ich vertröstete sie, sicher würde es irgendwann am Hüttenfeuer zu einem gemütlichen Plausch kommen. In der Abenddämmerung erreichten wir die Coazhütte, in Pontresina blitzten die ersten Lichter auf.

Wir verzichteten auf ein behutsames Vortasten im neuen Gebiet, der Doktor wäre für eine solche Taktik auch nicht der richtige Mann gewesen. Außerdem wollten wir die Gunst der Schönwetterlage nützen. Um drei Uhr war am nächsten Morgen Tagwacht. Über die Fuorcla Surley stiegen wir zum 3451 m hohen Corvatsch auf. Zu dem am Vortag gewonnenen Eindruck, nunmehr aus der Vogelperspektive gesehen, gesellte sich noch der Tiefblick zu der Engadiner Seenplatte mit dem gegenüberliegenden Bergrücken hinzu.

Schon immer bildete der weiße Schneerücken des Corvatsch ein beliebtes Ziel der Skifahrer, bereits im Jahre 1898 stieg der erste Brettljünger mit seinen Norweger Latten zum Gipfel. Heute sind es Tausende und Abertausende, die, den Mühen des Anstiegs enthoben, von Seilbahn und Liften auf das Gletscherdach gehievt werden. Die Begeisterung um diesen Skigipfel par excellence würde die in modischen Farben prangenden Pistenakrobaten auch nicht beeinträchtigen, wenn sie wüßten, daß der

so wohlklingende Name ihres Berges bedauerlicherweise mit „Wüster Rabe“ übersetzt werden muß.
Wir fanden diesen Vogel in keiner Weise häßlich, obwohl wir noch nicht die Segnungen moderner Technik genießen konnten. Das nach Osten sich absenkende Dach des Corvatsch hatte in der Morgensonne die rechte Firnschmiere erhalten. Genau zur richtigen Stunde schwangen wir durch die rauschenden Kristalle herunter. An der Fuorcla Surley wandten wir uns nach Süden. Die weiten Schneefelder verengten sich nach einiger Zeit zu schmäler werdenden Zungen. Ein gutes Stück schwindelten wir uns über das weiße Band eines Grabens hinab, dann war es mit der Herrlichkeit zu Ende.
Um elf Uhr lehnten wir die nassen Ski gegen die Hüttenwand zum Trocknen. Nach einem reichlichen Mahl aus Katrins Händen lagen wir faul auf den warmen Felsplatten in der Sonne und ließen uns von den Murmeltieren unterhalten.
Zwischen dem Moränenkamm und einem steilen Fels auf der Corvatschseite hatte sich ein kleiner Boden gebildet. Ihn deckte samtweiches Rasenpolster. Ein paar verstreut liegende Felsblöcke und da und dort wucherndes Zwerggestrüpp vervollständigten den Eindruck einer Miniatur-Parklandschaft. Wie aus den Rängen eines Amphitheaters schauten wir vom Scheitel des Rückens, bäuchlings auf den Felsplatten liegend, in das kleine Becken. Es dauerte nie lange, bis am gegenüberliegenden Hang ein Murmeltier die Nase zum Bau herausstreckte, um zu sehen, ob die Luft rein sei. Kaum hatte der Bär seinen Auslug bezogen, kamen schon die Familien mit Kind und Kegel in das Eiland gehoppelt.
Nicht umsonst gelten die Mankeis, wie sie im berglerischen Sprachgebrauch heißen, als die Clowns der alpinen Fauna. Wie immer, schossen dabei die Jüngsten mit ihren tolpatschigen Bewegungen, ihrem Wurlen und überstürztem Eifer den Vogel ab. Die Alten aber schauten voll Elternstolz dem Getriebe zu, es fehlte zum Idyll nur noch der Strickstrumpf in den Pfoten der wohlbeleibten Mamas. Wehe aber, wenn der schrille Pfiff des Wächters, durch eine unbedachte Bewegung von uns veranlaßt, von den Wänden widerhallte. In wilder Hast, die Kleinen im Laufen sich überschlagend, strebten sie den Löchern zu — wie durch einen Zauberschlag verschwand der vergnügliche Spuk.
Am Nachmittag schalteten wir im Hinblick auf den kommenden Fahrtentag eine reichlich bemessene Schlummerstunde ein und dezimierten anschließend den mühsam heraufgeschleppten Proviant. Jetzt saßen wir Pfeifen rauchend um den Herd, draußen konnte man in der Dämmerung gerade noch das Zeichen für das „Häusl“ erspähen, einem handgreif-

lichen Beweis für den praktischen Sinn der Schwyzer. Das verschwiegene Örtchen liegt an die hundert Meter von der Hütte entfernt. Den Deckel verbindet ein Draht mit dem vor der Hütte angebrachten Zeiger. Wird er hochgeklappt, schnellt der Pfeil auf „Besetzt", um beim Niederdrücken wieder auf „Frei" einzuschwenken. Ein Blick durch das Fenster erspart unnötige Promenaden.

„Oka, du bist uns noch die Geschichte vom Roseg schuldig", bohrte Katrin mit der den Frauen angeborenen Geschicklichkeit, uneingelöste Versprechen einzutreiben.

Ich ergab mich in mein Schicksal, der Doktor warf noch ein mächtiges Scheit Holz in den Ofen, daß die Funken stoben, um für die nächste halbe Stunde die Unterhaltung nicht unterbrechen zu müssen. Bedächtig stopfte ich meine Pfeife, entzündete einen Span am Herdfeuer, um den Tabak in Brand zu bringen, und begann den Bericht.

Es war zu jener Zeit, als ich mir die ersten Sporen im großen Eis der Westalpen verdienen wollte. Walther, von seinen Freunden ‚Häuptling' genannt, war der Lehrmeister. Pläne schmiedend saß ich mit ihm auf der Tschiervahütte, die zwei anderen Kameraden, Reinhard und Theodor, sollten nachkommen.

„Gehen wir auf den Umur, dort haben wir die Berge mit ihren Anstiegen vor uns", schlug er vor. „Wenn wir ihn über die Stirnseite erklettern, eröffnen wir einen neuen Weg und erwischen zwei Fliegen mit einer Klappe."

Dieser Umur, genaugenommen kein selbständiger Berg, bildet die Fortsetzung des Nordgrates des Scersen, der vom Hängegletscher, der berüchtigten ‚Eisnase', mit schroffer Klippe in das Herz des Tschiervagletschers vorstößt. Als spitzer, markanter Felsturm stellt sich dieser Aussichtspavillon im Eis von der Hütte dar. Rittlings saßen wir nach der lustigen Kletterei im griffigen Urgestein auf dem First des Gipfels. Der unmittelbar gegenüberliegende Abbruch der Eisnase hielt gleich einem Sog unsere Augen gefesselt. Da hinauf — das wäre keine schlechte Aufgabe, als Fortsetzung die zerrissene Traverse zum Bernina — „und als Krönung dieser Mammuttour den Bianco im Abstieg", schloß Walther mit dem Zungenschlag des Feinschmeckers die Betrachtung ab.

Doch wenden wir uns dem Roseg zu, der kann auch mit allerhand aufwarten. Links die Eiswand zum Güssfeldtsattel und der Südgrat zum Gipfel, an der rechten Begrenzung das Felsbollwerk, das sich unter dem Namen Eselsgrat eines guten Klanges erfreut. Ich glaube, das wäre das Richtige, um mit den Berninabergen in Tuchfühlung zu kommen. Was

weiter wird, wollen wir dem Schicksal und dem Wettergott überlassen.
Der Anstieg über den Eselsgrat wurde für unsere Dreierseilschaft zu keinem Problem. Theodor, unser vierter Mann, war mit reparaturbedürftigen Zähnen nach Samedan abgestiegen, da die Höhenluft sein Gebiß in Aufruhr brachte. Bänder und Risse gliederten den Aufschwung besser, als die Aufsicht vom Umur beurteilen ließ. Nur eine Verschneidung vermochte das flüssige Vordringen für eine kurze Weile ins Stocken zu bringen. Damit war der Ausstieg auf die Schneeschulter erzwungen, gemächlich bummelten wir zur runden Kuppe des Nordgipfels. Der Berg hielt eine Überraschung für uns bereit — aus wächtenbesetzter Scharte stieß mit messerscharfer, unberührter Schneekante der 3939 m hohe Hauptgipfel in das Blau des Firmaments.
„Nun, Ihr Westalpensäuglinge", fragte der Häuptling, während belustigt die Augen aus dem gemütlichen Schwabengesicht funkelten, „hat es euch die Rede verschlagen? Den ‚Wolkensteg' habe ich den Grat benannt, ihr werdet Gelegenheit bekommen, euch zu überzeugen, ob meine Wortprägung ins Schwarze traf."
Walther gilt nicht umsonst als ein begnadeter Künder, als ein Dichter der Schönheit der Berge. Auch uns wurde der Grat zu einem Steg über den Wolken zur lichtumflossenen Zinne des Roseg. Sein Pickel riß schmale Kerben in den noch harten Firn, in die wir die Steigeisen setzten. Der Blick stürzte an die tausend Meter in die Becken von Tschierva und Sella, ziehende Schleier umspielten die Spalten im Gletschereis. Über dem Nebelschaum schwamm gleich einem riesenhaften Schiff der Monte della Disgrazia, der Berg des Unheils, aber auch Monte Bello, der schöne Berg geheißen. Er beeindruckte mich tief durch den Adel seiner Form. Seinen Namen vermerkte ich auf meinem Wunschzettel mit einem Ausrufezeichen.
Nach einem kurzen Imbiß kauerten wir zwischen den Gipfelfelsen und sahen aus schläfrigen Augen gewaltige Gewittertürme im Westen aufwachsen. Schwüle lastete und legte sich schwer in die Glieder, unversehens fielen uns die Lider zu. Ein fernes Grollen schreckte mich aus dem Dämmerzustand, der Kopf brummte. Neben mir die schlafenden Kameraden, ich riß sie aus dem Schlummer.
Zu einer dunklen Wand hatten sich die einzelnen Wolkenpilze vereinigt. Gewaltsam streiften wir die Lethargie ab und gingen unverzüglich die Schneide an. Wie hatte sie sich in den zwei Stunden verändert! Wo vordem der Hartschnee den Eisen Griff gab, rann jetzt mit jedem Schritt die Firnschmiere davon, verklebte die Zacken mit tückischem Klump.

Und nur diese steile, messerscharfe Rampe, die kaum dem tastenden Fuß Raum gab — sonst nichts als Luft! Jeder Tritt mußte im glitschigen Zeug sitzen, die Nervenanspannung machte uns hellwach. Endlich standen wir in der Scharte. Die leichte Westflanke des Normalweges kann uns keine Rätsel mehr aufgeben, lange Felder führen zum Aguagliouls und über seinen Rücken zum Tschiervagletscher.

Im lustigen Rutsch über das Dach des Nordgipfels gewannen wir den Ansatz der Westflanke. Die kleine Rinne, die im Schneehang mündet, zeigte Blankeis. Wir wichen über eine Felsrippe aus und querten ohne Schwierigkeiten in das Firnfeld. Tief unten, am Knick des Steilhanges, gähnte die Randkluft. Ich war dafür, abzufahren, als geübte Skifahrer konnten wir vor der Spalte abschwingen. Walther zögerte, tiefe Furchen im Weiß zeugten von „Glissaden" anderer Partien.

„Also gut — aber Vorsicht, das Seil bleibt", entschied Walther.

Zuerst versuchten wir stehend in Fahrt zu kommen — ausgeschlossen, die Schuhe versanken im tiefen Firnbrei. Nach Zuruf setzten wir uns nieder, der Eisbruch zur Linken glitt vorbei. Es ging prächtig, irgend etwas Lustiges hörte ich den Häuptling vor mir rufen. Ich erfaßte nicht mehr den Sinn, an mein Ohr klang ein Rauschen, das seit dem Lizum unvergessen blieb — der Boden begann sich zu wellen — Lawine! Im gleichen Augenblick sprang sie mich mit gewaltigem Satz an und tauchte mich kopfüber in die weiße Flut. Im tollen Wirbel ging es den Hang hinab, verbissen vergrub ich den Pickel in die haltlosen Massen — nutzlos die Gegenwehr. Doch jetzt — jetzt hatte ich Stand —, ein schwarzer Körper schoß an mir vorüber, der Seilruck riß mich von den Beinen und schnellte mich hoch im Bogen durch die Luft. Aufs neue wurde ich von der Firnwoge hinabgespült. Die Randkluft — fuhr es mir durch den Sinn. Ich sah ihr weit aufgerissenes Maul, sie muß uns zum Grab werden.

Plötzlich verstummte das Rauschen. Das Ende? Ich versuchte den Kopf zu heben. Unfaßbar — ich lag still —, über mir der blaue Himmel, hoch oben der Abbruch des Hängegletschers. Das Gesicht fiel kraftlos in den Schnee, der keuchende Atem drohte die Brust zu sprengen. Mit geballter Energie riß ich mich zusammen und versuchte auf weichen Knien zum Stehen zu kommen. Durch einen Schleier sah ich Walther, bemüht, sich aufzurichten. Regungslos lag Reinhard zwischen uns im Schnee. Ich haspelte den Rucksack los, den mir der Sturz über den Kopf geschlagen hatte. Blut rieselte aus den Löchern, mit denen die Zacken der Steigeisen ihr Signum in Arm und Brust hinterließen. Zu Reinhard stieg ich empor, der noch immer kein Zeichen des Lebens gab, von oben kam Walther. Endlich regten sich die Glieder, taumelnd kam er auf die

Beine, glasig war der Ausdruck seiner unnatürlich weit aufgerissenen Augen. Wieder sank er zusammen. Wir stützten von links und rechts den Freund, dem wie im Frost Arme und Beine schlugen. Das Gesicht war grau und verfallen, stoßweise erzählte er mit klappernden Zähnen, ein Stein habe ihn am Kreuz getroffen.

An die fünfzig Meter höher zeichnete sich die Randkluft ab, über die uns die Lawine hinübergetragen hatte, darüber glitzerte drohend der Hängegletscher mit seinen Eisschlägen. Mit gutem Zuspruch und sanfter Gewalt brachten wir Reinhard endlich auf die Beine, von beiden Seiten gestützt schleppte er sich zu einem geschützten Grasrücken. Wir zogen ihm Schuhe und Strümpfe aus und massierten die erstarrten Gliedmaßen, während ein Schauer nach dem anderen den Freund durchschüttelte.

Unser sorgenvoller Blick streifte die Wolkenwand, mit fahlem Aufleuchten zeigte sich ein Hochwetter an. Das fehlte noch zu unserem Glück!

Mit bewunderungswürdiger Energie suchte Reinhard den Folgen des Schocks Herr zu werden.

Schließlich standen wir zum Aufbruch bereit. Einen langen Blick warfen wir zum Lawinenzug, dann setzten wir uns in Bewegung. Während ich den Verletzten am straffen, kurzen Seil gesichert hielt, setzte ihm Walther die Füße in die Tritte und führte seine zitternden Hände zu den Griffen. Eine nervenaufreibende Arbeit, in der uns die Zeit durch die Finger rann. Zentimeterweise schoben wir uns durch das leicht kletterbare Gelände. Die Wolkenkappe drückte herab, der Tag neigte sich, und noch immer steckten wir in der Westflanke des Bergriesen. Nebel umflatterten die Grate, es folgten ein paar Regenspritzer, der Himmel meinte es gnädig, das Unwetter zog talaus.

Reinhard biß sich tapfer durch, die Glieder gehorchten wieder dem Willen. Am Sattel des Aguagliouls, den wir mit einfallender Dämmerung erreichten, vermochte er den Weg selbständig fortzusetzen. Der Gegenanstieg über den Rücken kostete Zeit, der Häuptling glaubte, in der Flanke den Schatten der Nacht entwischen zu können. Nach gutem Beginn häuften sich die Schwierigkeiten, eine böse Eisrinne war nur mit Stufen zu meistern, daneben eine steile Schneewand, die von einer unangenehmen Plattenleiste abgelöst wurde. Walther ließ eine Serie bester schwäbischer Flüche vom Stapel. Wir blieben geschlagen. Inmitten der schwierigen Quergänge holte uns die Dunkelheit ein.

Ein Licht irrte über den Gletscher, Rufe klangen zu uns herauf, wir gaben Antwort. Theodor hatte sich gesorgt und war mit einigen Bergsteigern gekommen. Endlich erreichten wir den Boden und schlürften das köstliche Fleisch einer Melone, die er vorsorglich mitgebracht hatte. Zwanzig Stunden nach unserem Aufbruch sahen wir die Tschiervahütte vor uns auftauchen.

Ich schwieg, das niedergebrannte Feuer überzog die Züge des Doktors, der sich vorbeugte, um seine Pfeife auszuklopfen, mit rotem Schein.

„Daß so ein alter Bergfuchs wie Walther an keine Lawine dachte, besagt genug, und schließlich sind Sie auch kein heuriger Hase", meinte er nachdenklich.

„Bei mir ist der Verstand erst später gekommen", bekannte ich schmunzelnd. „Walther zögerte aus instinktmäßiger Regung einen Augenblick, über den Hang abzufahren. Ich glaube, es berichtet zu haben. Die anomale Hitze schuf Vorbedingungen, die niemand in Rechnung stellen konnte. Ich erinnere mich an einen Aufsatz von Henry Hoek über verschiedene Lawinenerlebnisse. Jedes einzelne endete mit dem Schlußsatz: ‚Von dem Vorhandensein einer Lawinengefahr hat keiner der Beteiligten etwas geahnt.' So wie hier, wird es den meisten Berggängern einmal ergehen, es gibt kein erschöpfendes Wissen um die weiße Gefahr."

Mit Bedacht hatte ich den Corvatsch an den Beginn unserer Fahrtenfolge um die Coazhütte gestellt. Er bot eine problemlose Ersteigung und gab außerdem die Möglichkeit, den Sella- und den Roseggletscher auf die Anordnung ihrer Spaltenkomplexe hin zu studieren, wo sich Gassen knüpfen ließen, um ein Durchkommen zu erzwingen. Bis auf den Glüschaint boten die Gipfelaufbauten keine Schwierigkeiten. Das Schwergewicht lag in der Führung der Trasse durch die beiden stark zerschründeten Eisströme. Nur an der linken Begrenzung unter dem Roseg schwang sich eine Firngasse zur Fuorcla de la Sella, die einigermaßen geschlossen schien.

Wieder saßen wir zu nächtlicher Stunde kurz nach drei Uhr um den Frühstückstisch. Heute würde uns das Seilfahren nicht erspart bleiben. Es ist schon schwierig für eine Zweiermannschaft, die Abfahrt einigermaßen flüssig zu gestalten, zu dritt ist es meist ein aussichtsloses Unterfangen. Der arme Mittelmann bekommt den Schwarzen Peter in die Hand gedrückt, er hat die Folgen der Fehler seiner Seilkameraden auszubaden. Katrin wollten wir Erfahrungen dieser Art ersparen. Sie fügte sich in das Unvermeidliche, rollte sich auf die andere Seite und ließ uns von dannen ziehen.

Sternklar wölbte sich über uns der Himmel, im Osten kündete heller Schein den kommenden Tag, als wir vor die Hütte traten. Im Licht der Laternen suchten wir den Steigspuren zu folgen, die erst zwischen Blockwerk und dann durch steilen Moränenschutt zur aperen Zunge des Gletschers hinunterführten. Es kam, wie es kommen mußte, der Doktor kam in dem haltlosen Zeug ins Stolpern, Steine fuhren polternd in die Tiefe, seine Laterne hauchte ihre Seele aus. Der reiche Schatz seiner Kernsprüche, die er freigebig verteilte, bildete den akustischen Wegweiser zum Ort seiner Bauchlandung. Außer ein paar kleineren Blessuren war nichts weiter geschehen. Die schnelle Art der Beförderung hatte uns zusätzlich an den Gletscherrand gebracht.

Die gipfelhungrige Seele des Doktors sollte heute reich geatzt werden. Gleich fünf amtlich kotierte und in den Karten eingezeichnete Berge mit den klangvollen Namen Piz Sella, Il Dschimels und die kecken Felshörner der La Sella, sämtlich über 3500 m hoch, würde er seiner Sammlung einverleiben können.

Wir nahmen den Weg, den ich vom Corvatsch her gut ausmachen konnte, über die spaltenarme Bucht unter dem Roseg zur Fuorcla. Mit dem Betreten des Eisstromes hatten wir das Seil angelegt, nach der Querung zum Roseg stellte sich pünktlich das Tageslicht ein, mühelos gewannen wir die Höhe der Scharte. Von dort erstiegen wir den Firndom des Piz Sella und, dem Gratverlauf folgend, den hübschen Doppelgipfel der Dschimels. Auch die Felsköpfe der La Sella gaben sich freundlich, beinahe zu früh für die Abfahrt standen wir in dem Sattel zwischen den Felshörnern.

Wir vertrödelten eine halbe Stunde mit einem kleinen Schwatz und protzten noch eine gute Weile mit Sommerski-Akrobatik, dann war es endlich so weit. Kaum merkbar hatte hier oben die Sonne den Hartschnee angegriffen, doch weiter unten, im Gletscherboden, würde er genau die richtige Konsistenz für ideales Gleiten besitzen.

Für mich begann eigentlich erst hier die Tour. Es galt, nach dem ersten Steilhang, der sich zum Sockel des Gipfelaufbaues absenkt, jene Folge von kleinen Gassen aufzuspüren, die uns durch die sich überschneidenden Schründe führen sollten. Wie eine Fotografie zeichnete sich in meinem Geiste das Bild ab, das ich mir bei der Abfahrt vom Corvatsch eingeprägt hatte. Es wurde zu dem erwarteten vorsichtigen Lavieren zwischen den Klüften, die uns von allen Seiten bedrohten. Peinlich genau mußte an den brenzligen Stellen sondiert werden, sichernd glitt das Seil durch die Hände des Doktors, wenn eine locker gebaute Brücke nur fragwürdigen Halt gab. Endlich war das nervkitzelnde Spiel zu Ende. Wir gewannen ein kleines Gletschertal, freier wurde der Fluß der Fahrt, die Bretter liefen auf der Gletscherzunge aus.

Mit starker Ballung von Haufenwolken bahnte sich am Nachmittag spürbar der Wetterumschwung an.
Am nächsten Tag konnten wir Il Chapütschin über den Piz Ley Alv ersteigen, die Abfahrt war von ziehenden Wolken überschattet. Kürzer wurde die Frist, da uns die Sonne leuchtete. Sie reichte bei La Muongia, der Nonne, gerade noch bis zum Scheitel des langgezogenen Gipfels, die Abfahrt am Seil wurde bereits zur Waschküchenrutscherei — zwischen den Spalten des Vadret da Roseg ein mehr als zweifelhaftes Vergnügen. Die Kenntnis des Gletschers von den Vortagen kam uns dabei zu Hilfe.
Am nächsten Morgen, dem vierten Tourentag mit Sommerski im Bereich der Coazhütte, befanden wir uns, bevor der Tag graute, auf dem Weg zum Glüschaint, dem höchsten Berg der Gruppe. Rot flammte der Himmel auf, als die Sonne ihre ersten Pfeile sandte, Zirren zogen über die blaue Bahn. Den Schlechtwetterboten folgte dichtes Gewölk. In Nebel und Sturm kämpften wir uns zum Gipfel unseres Berges empor und mußten froh sein, daß uns für die Abfahrt noch einiges Licht blieb. Dann strömte der Regen ohne Unterlaß, naß wie die Katzen wanderten wir am nächsten Tag talaus, den eingeplanten Roseg strichen wir.
Der erwartete Wettersturz hielt uns bei Mutter Hauser zwei Tage gefangen, endlich zeigten sich ein paar blaue Flecken zwischen den Wolkenfetzen.
„Den Tribut haben wir gezollt“, meinte der Doktor, „ab morgen geht es auf große Fahrt nach Boval.“
Der Kamerad schien recht zu behalten, keine Wolke trübte den Himmel, als wir, schlau die Franken sparend, Katrin mit den schweren Bündeln in den ersten Zug nach Morteratsch verfrachteten. Wir selbst wanderten, mit dem Pickel unter dem Arm, durch den Taiswald zur Station, wo uns Katrin erwartete.
Bedächtigen Schrittes, mit schwerer Bürde beladen, folgten wir dem schmalen Steig, der sich in einigen Kehren durch den Arvenwald zur Felsterrasse der Chünetta, der Wiege, windet. Wir setzten die Säcke ab und schauten schweigend zu den Palü. Warum strahlt ein Berg, wie dieses „Silberschloß“ — eine treffende Wortprägung von Walther Flaig —, eine Faszination aus, der sich kaum ein Beschauer zu entziehen vermag? Warum geht von der daneben sich aufbauenden Bellavista, ähnlich edel gestaltet, nicht das gleiche Fluidum aus? Ein Philosoph der Berge mag erklären, wie der Zusammenklang von Höhe, Tiefe und Weite den Eindruck formt.
Im letzten Taglicht erreichten wir die Bovalhütte. Die Doppeltüre war leicht zu öffnen, wir gingen in die rückwärts gelegene Stube für Selbst-

versorger, die übrigen Räume waren versperrt. Der Doktor ließ seine Taschenlampe aufblitzen. Der Schein entlockte Katrin einen leichten Schrei des Entsetzens, was sie sah, erschütterte ihre hausfrauliche Seele. Auch mir abgebrühtem Gesellen lief eine gelinde Gänsehaut auf, während der Doktor seinen Leibspruch „Solch häßliche Vögel" in den dünnen Bergbart murmelte.

Er meinte damit unsere Vorgänger, die das „Bergsteigerheim" in einem Zustand hinterlassen hatten, daß es viel mehr dem Koben eines vierbeinigen Tieres glich, dessen rückwärtige Partien sich geräuchert hoher Wertschätzung erfreuen. Einen Saustall in des Wortes vollster Bedeutung trafen wir an. Halb geleerte Teller, daneben Besteck mit dicker Rostschicht, der Tisch garniert mit Speiseresten — einfach schauerlich.

Katrin wollte unverzüglich mit einem Vernichtungskrieg gegen den Wust an Unsauberkeit beginnen, doch wir Mannsbilder streikten. Lieber auf ein paar Hockern zusammenrücken und über den Daumen essen, als uns die Gemütlichkeit aus diesem Dreckloch durch konzentriertes Arbeiten hinaustragen zu lassen. Dafür durfte der „alpine Sonnenschein" uns nach der Rückkunft von der morgigen Bergfahrt mit einer blitzblanken Hüttenstube überraschen. Wenn schon ein weibliches Wesen mit von der Partie ist, soll man ihm die Gelegenheit nicht rauben, von seinen Tugenden ausgiebigen Gebrauch zu machen.

Wie ein edles Rennpferd, das mit zitternden Flanken den Startschuß erwartet, fieberte der Doktor der ersten Großfahrt im Bovalkessel entgegen. Ein paarmal sah ich in der Nacht seine Silhouette im Fensterrahmen gegen das sternflimmernde Firmament. Um zwei Uhr rasselte der Taschenwecker — Tagwacht für die Umrahmung des Morteratschkessels. Die Überschreitung von den Palü bis zum Argient spukte in unseren Köpfen, eine Nacht auf der Marco-e-Rosa-Hütte für Bernina und Crast'Agüzza und anschließend Rückfahrt mit den Sommerbretteln durch das Labyrinth nach Boval.

Doch es kam wieder einmal ganz anders. Während wir am Frühstückstisch Kalorien aufluden, begann, von uns nicht beachtet, der Wind zum Tanz aufzuspielen. Im vollen Rüstzeug und bereits angeseilt stießen wir die Türe auf, dichter Nebel, mit Flocken untermischt, braute um die Hütte. Der Doktor knallte wütend die Bretter ins Eck, wortlos haspelte er die Schuhe los und kroch unter die Decken.

Mit aufgekrempelten Hemdsärmeln, bewaffnet mit Scheuertuch und dampfendem Wassereimer, empfing uns Katrin zum zweiten Frühstück. Wir Mannsbilder nahmen Reißaus, mißmutig zogen wir durch Nebel und Flockenwirbel die Spur zum Chalchagn, 3155 m hoch. Nur ein paar

Sonnenflecken auf einem Schneehang begleiteten uns bei dieser Waschküchen-Skifahrt.
Mit vor Eifer geröteten Wangen trafen wir Katrin am Spätnachmittag in der Behausung an, in der alles funkelte. Dann erlebte unsere Hüttenfee ihren ganz großen Auftritt — sie führte den neuesten Bewohner der alpinen Herberge vor —, eine richtiggehende, lebendige Hauskatze von leicht verwilderter Wesensart, das zerzauste Fell hübsch gelb und weiß gezeichnet. Reste von Dosenmilch aus ihrem Bart schleckend, umstrich sie mit betont freundlichen Gebärden die Beine der Hausfrau. Die innige Freundschaft kam nicht von ungefähr, die Grundlage beruhte auf einer halb geleerten Milchbüchse, die auf dem Tisch stand.
Den Doktor freute der Zuwachs wenig. Nach dem verheißungsvollen Beginn sah er sich für den Rest der Woche zu schwarzem Kaffee verurteilt, einer Befürchtung, die sich nicht als unbegründet erwies. Vom Viehzeug halte er wenig, gab er zu verstehen, nur die Vögel wären hievon ausgenommen, wenn sie gebraten aus der Pfanne kämen und hübsch mit Salaten garniert seien.
Der Bärenhunger, den wir mitbrachten, ließ die Katze und ihre Belange in den Hintergrund treten. Nach dem Essen herrschte jene friedliche Ruhe, die alle Menschen nach der nützlichen und angenehmen Beschäftigung auszeichnet. Wir rauchten behaglich beim Kerzenschimmer unsere Pfeifen, das Schnurren der vor dem Ofen zusammengerollten Katze gab der Hüttenstube alle Zeichen eines häuslichen Idylls.
„Ich kann mir nicht helfen“, unterbrach ich nachdenklich die Stille, „aber so ein Katzentier, das auf 2400 Meter Höhe in Nebel und Schneetreiben zur Hüttentüre hereinspaziert, als wäre es die alltäglichste Sache der Welt, kommt mir unheimlich vor.“
„Die romantische Seele des Oka beginnt zu wallen“, warf sarkastisch der Doktor ein.
„Es war zur Zeit der Erschließung der Bernina“, fuhr ich fort, ohne auf die Bemerkung einzugehen, „mit beiden Beinen stand man mitten im Experimentieren. Ein besonders schlauer Kopf in Zürich stellte die These auf: der Mensch verträgt noch die Dünnluft eines Viertausenders, weniger widerstandsfähige Geschöpfe müßten zugrunde gehen. Man machte die Probe auf das Exempel. Der Bergführer Peter Inäbnit bekam eine Katze in den Rucksack gesteckt, glücklich erreichte er den Berninagipfel. Alle Berechnungen des wackeren Zürichers beendete das Kätzlein beim Öffnen des Rucksacks durch einen Sprung ins Freie und ward nicht mehr gesehen.“
„Stein und Bein möchte ich wetten, jene Katze, die ich vor ein paar

Jahren auf der Tschiervahütte sah, glich aufs Haar jenem Geschöpf vor uns, das soeben unsere kostbare Dosenmilch verdaut. Dieselbe Zeichnung und Färbung, die gleichen glühenden Augen. Auch sie stolzierte an einem Schlechtwettertag zur Hütte herein, niemand wußte, woher sie kam.
Zuerst versuchte sie ihre zweifelhafte Freundschaft dem bisherigen Alleinherrscher des Hauses, einem krummbeinigen Hund unbestimmbarer Abstammung, anzutragen. Der wies den unerwünschten Eindringling zähnefletschend und knurrend ab. Die offene Fehde endete mit seiner blutenden Nase.
Der Teufel in Katzengestalt fand Ersatz. Ein Methusalem von einem Murmeltier, das an Faulheit und Fett den Hundemischling noch in den Schatten stellte, hatte unmittelbar neben der Hütte sein Wigwam aufgeschlagen. Das Problem ‚Mensch' existierte nicht für ihn, doch mit dem Erscheinen der Katze war es mit der beschaulichen Ruhe vorbei. Drückte sich das zerrupfte Fell um die Ecke, stürzte sich das Mankei kopfüber in den Bau. Ein köstliches Spiel begann. Lauernd kauerte die Katze vor der Öffnung, bis in die auf und nieder tanzende Schwanzspitze von Erregung durchglüht. Plötzlich schoß das Murmeltier aus dem Loch, ein Wirbel der Körper, blitzschnelle Prankenschläge, bis der Bär wieder schutzsuchend im Bau verschwand."
„Ich mache einen Vorschlag", lachte der Doktor. „Taufen Sie das unschuldige Kätzlein auf den klangvollen Namen Berninakatze und hauchen ihr eine unsterbliche Seele ein. Sie können eine hübsche Geschichte vom Sprung aus dem Rucksack auf dem Gipfel des Bernina über die Tschiervaerlebnisse bis zum heutigen Bovalabenteuer zusammenreimen. Die Möglichkeiten sind unbegrenzt: Katzenjaulen in Gletscherspalten, Fauchen im Schneesturm, schillernde grüne Augen beim nächtlichen Gang durch den Eisbruch. Das Honorar legen Sie in Dosenmilch an, um Ihrem Fabeltier das ewige Leben zu sichern."
Unser Optimismus war bewunderungswürdig, noch immer glaubten wir an eine plötzliche Umgestaltung des Wetters. Vor dem Tagesgrauen riß uns der Wecker aus dem Schlaf, wiederum stand als graue Mauer der Nebel vor den Fenstern, fiel der Schnee. Der Doktor murmelte irgend etwas, was nicht nach Segenswünschen klang. Wir legten uns auf die andere Seite, für den Hüttenmugel, den Piz Boval, blieb später genügend Zeit.
In nicht gerade rosigster Laune saßen wir um den Frühstückstisch. Sie erfuhr keine Besserung, als Katrin hold lächelnd ihrem Pflegling wiederum eine Schale der mit Schweiß und Mühe heraufgeschleppten Dosenmilch vorsetzte. Der Doktor legte seine Stirne in einige Unmutsfalten,

verrührte aber gottergeben den Zucker in der schwarzen Brühe. Wenn der Kamerad feige seine Gefühle in der Brust verschloß, konnte man von mir schon gar nicht erwarten, die Fahne der Tapferkeit zu schwingen.

Wir holten die Sommerbretter und pickten die Felle auf. Katrin, im weisen Verzicht auf Skifahrten in der Nebelsuppe, beschäftigte sich angelegentlich mit einem Halsband für unser alpines Haustier, das sie aus den verschiedenfarbigen Bändern der Schokoladetafeln drehte.

Am Nachmittag krochen wir, um die spärlichen Franken für die bereitgestellten Holzbündel zu sparen, unter die Decken. Der Wind durchkältete den Raum, handhoch lag der Schnee auf dem Fenstersims.

„Wenn wir schon von den Bergen nichts sehen, soll uns der Oka wenigstens etwas davon erzählen", schlug der Doktor vor. „Habt ihr damals im Anschluß an die Ersteigung des Roseg die große Fahrt über die Scersen-Eisnase zum Bernina unternommen?"

„Ja, es wurde daraus eine ziemlich abenteuerliche Geschichte. Wie uns der Bumillergrat der Palü als Höhepunkt der Tourenwoche vorschwebt, so hofften und bangten auch wir für diese wohl großzügigste Überschreitung in der gesamten Berninagruppe. Die Teilstücke, Scersen-Eisnase, die Traverse zum Bernina und der Biancograt, waren bekannt. Ihre Verbindung zur Begehung in einem einzigen Zuge mußte bei den hohen Anforderungen an das technische Können und die Ausdauer ein harter Prüfstein für unser alpines Gesellenstück werden."

„Es ist vielleicht ganz interessant, vor der Schilderung unserer Bergfahrt die einzelnen Brennpunkte des geplanten Unternehmens unter die Lupe zu nehmen."

„Fangen wir beim Scersen und seiner Eisnase an. Dieser 3971 m hohe Gipfel gilt als der rassigste und schwierigste, vor allem aber auch als der einsamste unter den ‚Großen' der Berninagruppe. Kein einfacher Weg führt zur Krone des Berges, wird man in den oberen Teilen vom Schlechtwetter überrascht und zur Umkehr gezwungen, muß man sich auf Biegen und Brechen durchkämpfen. Nach Osten verbindet der Felsgrat der Traverse den Gipfel mit dem Bernina, der Westgrat führt über die Schneekoppe zur Eiswand des Güssfeldtsattels und zum anschließen-

Diese Farbaufnahme von Hans Steiner, St. Moritz, zeigt in allen Einzelheiten die geschilderte Bergfahrt. Im rechten Bildteil leitet über den Felszahn des Umur die Eisnase auf das Gletscherdach des 3971 m hohen Scersen. Von hier schwingt sich der Fels- und Eisgrat der „Traverse" zum Hauptberg der Gruppe, dem 4052 m hohen Piz Bernina. Der weiße Saum des Biancogrates senkt sich zur Fuorcla Prievlusa, der „gefährlichen Scharte" ab. Foto: Hans Steiner.

den Roseg. Nach Norden senkt sich ein Gletscherdach ab, das sich zu einem spitzen Keil formt, der an seinem äußersten Ende mit der Eisnase gegen den Tschiervakessel abbricht."

„Um diese Gletscherkante zu erreichen, muß man im Anstieg von der Tschiervahütte den Felsgrat des Umur gewinnen, der, sich steil aufrichtend, in einen Blankeishang mündet, aus dem die Wand der Eisnase wächst. Der Eisstrom, der sich im ständigen Fluß nach unten schiebt, bestreicht mit seinen Eislawinen die Felswände zur Rechten, Linken und an der Stirnseite."

„Dies ist der Grund, warum die Eisnase — genaugenommen ein Hängegletscher — ständig ihre Form ändert. Das eine Mal ist sie gutartig und legt sich etwas zurück, dann wieder ist sie aufgesplittert, daß man gezwungen ist, in den Flanken eine schwache Stelle zu finden, oft bildet sie eine glatte Wand. Vom Umur hatten wir festgestellt, daß es zu einem heißen Ringen kommen wird. Die ungefähr dreißig Meter hohe Eismauer baute sich senkrecht auf und war von wulstartigen Überhängen durchzogen. Die Zeiten der Bezwingung klaffen, durch die jeweiligen Verhältnisse bedingt, extrem auseinander, sie schwanken zwischen dreißig Minuten und fünf Stunden."

„Problem Nummer zwei: die berüchtigte Traverse. Sie schwingt sich gleich einem First vom Scersen zum Bernina, von Zacken und Türmen gekrönt und mit Firnschneiden durchsetzt, an die sturzbereite Wächten geheftet sind. Sie gehört zu den schönsten, abwechslungsreichsten, aber auch schwierigsten Graten im Bereich der Bernina. Eine langwährende Schlechtwetterperiode war soeben erst zu Ende gegangen. Mit der beträchtlichen Schneeauflage erwartete uns erhöhter Widerstand. Bei einigermaßen normalen Verhältnissen konnten wir damit rechnen, am ersten Tag bis zum Bernina und damit zur Marco-e-Rosa-Hütte zu gelangen. An der Traverse mußte es sich entscheiden, ob wir vielleicht zu einer Beiwacht mitten zwischen ihrem Gezack gezwungen sind."

„Es bleibt noch der Biancograt, von dem viel zu berichten wäre, doch ihr habt euch selbst von der großartigen Linienführung der vielleicht herrlichsten Firnschneide im Alpenraum ein Bild machen können. Diesen Grat im Abstieg nach der kräftezehrenden Bezwingung von Eisnase und Traverse anzugehen, bedurfte ungewöhnlicher Kondition. Seine Tücken würden wir zu spüren bekommen, wenn der Gang zu später

Der Scersen schiebt als Fortsetzung der Eisnase einen Felskeil in das Becken von Tschierva vor, den Umur. Der Nordgrat bietet anregende Kletterei im Urgestein mit keck aufgesetzten Türmen. Foto: Oskar Kühlken.

Stunde erfolgt und die Sonne den Firn in tiefen Sulzschnee verwandelte."

„Reinhard fühlte sich wieder voll auf der Höhe. Theodor, bereits gut im Training, stieß ebenfalls zur Gruppe. Ein Probegalopp im Eisbruch mit schwierigsten Aufgaben stellte den Häuptling zufrieden."

„Am Abend glitzerten die Sterne, doch als wir um Mitternacht vor die Hütte traten, lasteten schwere Wolken über den Bergen. Drückende Schwüle umfing uns, die Schmelzwasser gurgelten. Im schwanken Licht der Laternen folgten wir der Pfadspur durch das Blockwerk der Moräne und gewannen das Eis des Tschiervagletschers. Durch die Schründe des Blankeises wanden wir uns um den Nordfuß des Umur in den zwischen Roseg und Scersen eingelagerten Gletscherarm."

„Ein paar Stunden verstrichen, wir befanden uns am Einstieg zum Nordgrat des Scersen. Graues Licht füllte den Kessel, tief säumte die Wolkenwand die Flanke des gegenüberliegenden Roseg. Jetzt mußten wir uns entscheiden — Abbruch oder Fortsetzung der Fahrt. Der Himmel selbst enthob uns der Antwort. Der Wind frischte auf, riß und zerrte an den Nebelkappen, daß bald die eine, bald die andere Bergspitze, fahl im Morgenlicht schimmernd, aus den Schleiern trat. Da gab es für uns kein Halten, aus dem Eis wechselten wir in den Fels und kletterten zur Gratschneide empor."

„Der Berg setzte uns den ersten Widerstand entgegen, um jeden Meter der Kante mußten wir kämpfen. Walther, der mit Reinhard die erste Seilschaft bildete, ließ vom Scheitel eines Turmes einen Juchzer erklingen. Triumphierend schwang er ein englisches Seidenseil als willkommenes Beutegut, eine abgeschlagene Partie mußte es hängen gelassen haben. Wie mag es wohl seinerzeit bei der Gruppe ausgesehen haben? Sicher wurde sie von Sturm und Wetter hart bedrängt. Ohne bittere Not gibt niemand mitten auf dem Berg ein Ausrüstungsstück auf."

„Über uns stand der senkrechte Abbruch — die Eisnase. Ein steiler Eishang führte in zunehmender Neigung zu dem Bollwerk mit seinen weitausladenden Überhängen. Das prüfende Auge fand zwei Möglichkeiten der Bezwingung: an der dem Roseg zugewendeten Seite war die Nase geborsten und in zahlreiche Risse, durchsetzt von Eisplatten, aufgespalten, eine frische Bruchstelle zeugte von einer kürzlich niedergegangenen Eislawine. Direkt über uns durchschnitt ein senkrechter Kamin in Form einer flachen Muschel die Folge der Wülste."

„Der Häuptling entschied sich für den technisch schwierigeren Anstieg über die Stirnseite, das leichter gangbare lockere Gefüge der vielschichtigen Eisplatten an der Flanke drohte jeden Augenblick zusammenzu-

Die Federzeichnung wurde nach einer Aufnahme von Walther Flaig, die er gelegentlich der beschriebenen Bergfahrt machte, gefertigt. Die Stufenreihe führt zum Ansatz der Eisnase, deutlich zeichnen sich die wulstartigen Überhänge der senkrecht abbrechenden Eiswand ab. Im Hintergrund die Nordostwand des Roseg.

stürzen. Mit den Steigeisen krallten wir empor, die ersten Eisstücke, mit schnellem Schlag der Pickelhaue gelöst, flogen uns um die Köpfe. Eine kurze Stufenschlange — wir befanden uns unmittelbar unter dem Abbruch, der gefühlsmäßig mit der Wucht seines hinausgedrängten Eiskörpers auf uns lastete."

„Walther verschwand im Kamin. Wir hörten das Klirren seines Pickels, sahen das Eis aus dem Schacht spritzen und surrend in die Tiefe springen. Von den Problemen unseres Berges gefesselt, war uns die Wandlung des Wetters zum Guten entgangen. Jetzt erst schaute ich bewußt die greifbar nahe, von der Sonne überflutete Riesenwand des Roseg, das Geäder der Spalten in der Gletscherbucht. Mit donnerndem Hall brach ein Turm von der rechtsseitigen Begrenzung der Nase, schlug auf die Felsen und zerbarst wie funkelndes Glas. Der kalte Hauch des Eisstaubes strich über uns hinweg und überzog das Berggewand mit einer feinen, weißen Schicht. Immer noch ruckte das Seil zentimeterweise durch Reinhards Hände — jetzt lief es schneller —, hell klang der Ruf: ‚Nachkommen.‘ “

„Reinhard trat den Gang zur Höhe an, ich wechselte in die Sicherungsstufe und konnte gerade noch erspähen, wie sich der Freund in der senkrechten Stufenleiter zu dem kleinen Himmelsausschnitt hinaufwand. Er schwang sich über die Kante.“

„Nun schlüpfte ich in den Kamin. Walthers große Kunst kam in diesem schwersten Eis voll zur Geltung. Da waren neben den Trittstufen solide Griffe geschlagen, wo sie fehlten, konnte die gestreckte Hand tief in einen Riß fahren und, zur Faust geballt, dem Körper sicheren Halt geben. Den hatte man dringend nötig, die Verlagerung des Körpergewichts beim Wechsel in die nächste Stufe wurde zu einem peinlichen Balancierakt. Mit weitem Spreizschritt querte ich aus der senkrechten Eismuschel auf das Gletscherdach.“

„Der Seelenzustand von Freund Theodor erfuhr in den letzten Stunden eine auffallende Wandlung. Das nimmermüde Mundwerk kam mit einem Ruck zum Stehen, seine etwas lässige Pose beim Klettern und Eisgehen fiel in sich zusammen. Dafür aß er Preßkohle in rauhen Mengen, um, wie er sich ausdrückte, ‚seine Kameraden vor seinem reichen Innenleben zu schützen‘. Schon an den Kletterstellen am Grat mußte ich ihm Seilhilfe geben, der überwältigende Eindruck der Eisnase gab ihm den Rest.“

„Wie ein Häufchen Unglück stand er in der Stufe und ließ mit dem Ausdruck gänzlicher Hoffnungslosigkeit den Regen der Eissplitter über sich ergehen. An Technik gebrach es ihm nicht, das hatte er mehrfach gezeigt, doch die Basis fehlte — der Mut. Weder sich selbst noch uns erwies er mit der Teilnahme an der großangelegten Bergfahrt einen Gefallen, es gab späterhin noch manch bittere Nuß zu knacken.“

„Schade, der sonst so liebe Bergkamerad hatte seine Fähigkeiten überschätzt.“

„Es kam für uns deshalb nicht überraschend, daß nach allerhand schweren Seufzern und Stöhnen, die wie das Jammern gequälter Seelen durch den Eisschacht klangen, der Ruf ‚ziehen‘ erscholl. Wir befolgten nachdrücklich die Aufforderung, wie ein Fisch aus dem Wasser kam der Herr Studiosus der Rechte über den Kaminrand geschnellt."

„Nur eine kurze Frühstücksrast folgte, die drei Seillängen der Nase hatten zwei kostbare Stunden geschluckt. Der mäßig geneigte Firnrücken führte zur Randkluft, die leicht gebaute Brücke verlangte zarte Behandlung. Das Blockwerk des Nordostgrates brachte uns zum 3971 hohen Gipfel des Scersen. Die feine Zeichnung unserer Spur im Weiß mündete, scheinbar aus dem Nichts kommend, in den Felsen zu unseren Füßen. Links der Roseg mit seinen Hängegletschern, die gleich Baumschwämmen aus dem Eis wuchsen. Rechts die Felszinne des Bernina, die ein Grat von abschreckender Wildheit, die phantastischen Formen vom wallenden Nebel unterstrichen, mit unserem Berg verband — unser Weg. Von Süden brandete das Wolkenmeer gegen diese Sperrmauer, die den Einbruch des grauen Geflocks in die Gletscherkessel der Bernina verwehrte."

„Um zwei Uhr nachmittags banden wir uns wieder in das Seil und nahmen die Schneide in Angriff. Mit dem ersten Schritt ließ der kohlenkauende Studiosus die Ohrwascheln hängen."

„Den ersten leichteren Kletterfelsen folgte eine längere Firnschneide, schnell steigerten sich die Schwierigkeiten. Immer heikler wurde die Überschreitung der messerscharfen Schneekanten, verschärfte sich das Ringen um die Bezwingung der keck aufgesetzten Türme. Mir blieb keine Zeit, viel darüber nachzudenken, die Sorge um den Kameraden hielt mich voll in Atem. Über jedes Felswandl mußte ich ihn emporhieven, jede selbständige Bewegung ging mit tödlicher Langsamkeit vor sich, er war physisch und noch mehr moralisch erledigt. Der Abstand zur ersten Seilschaft vergrößerte sich ständig, nur gelegentlich sah ich sie fern im Nebel einen Felszahn überklettern."

„Die tief stehende Sonne zeichnete unsere Schatten, ins Riesenhafte vergrößert, auf den unter uns wallenden Wolkenschaum ab. Die Köpfe waren von einem Heiligenschein in den klar abgezeichneten Regenbogenfarben umrandet, ein unheimliches Bild. Das Brockengespenst folgte jeder Bewegung, die wir an der Gratkante vollführten, ein Tupfer mehr im Zuge unserer abenteuerlichen Begehung. Damals wurde mir die Belastung der Nerven durch die Erscheinung bewußt, diesem Spiel von Sonnenlicht und Wasserdampf, die bei der Erstersteigung des Matterhorns die Männer um Whymper bis in die letzte Faser erschütterte."

„Walther und Reinhard erwarteten uns am Abbruch des großen Turmes, der sich auch von der Tschiervahütte recht wuchtig ausnimmt. Hier vermuteten wir die Schlüsselstelle. Das Problem löste sich von selbst, die

Südseite brachte uns im leicht kletterbaren Gelände zu einem idealen Abseilblock. Starr, wie ein Stück Holz, lief das vereiste Seil durch die klammen Hände."

„Der Tag ging zur Neige. Wieder eine schwierige Querung auf der Schweizer Seite an nahezu senkrechter Schneewand, gerade, daß die vordersten Steigeisenzacken Halt fanden, zwischen den Schuhen fiel der Blick ins Bodenlose. Fernab turnte Walther um einen ausgeprägten Turm, sein Versuch in der Ostflanke schlug fehl, er kehrte zum Ausgangspunkt zurück. Dämmerung umfing uns, hoch ragte der düstere Leib des Bernina gegen den noch etwas aufgelichteten Himmel."

„Die Frage nach dem Biwakplatz wurde brennend. Nach ein paar Worten der Verständigung wand sich der Häuptling um die rechte, mauerglatte Kante des Turmes. Unmittelbar darauf sein Jubelruf: ‚Feinen Lagerplatz gefunden!' Überraschend erwies sich die Flanke gut kletterbar. Walther winkte uns von einem Sockel zu, aus dem die Wand zum Scheitel des Turmes wuchs. Die Terrasse gliederte sich in zwei Stufen. Die obere, größere war dick mit Eis verkleistert, die tiefer gelegene besaß kaum Tischgröße. So sah der ‚feine Lagerplatz' aus: zwei Schwalbennester am senkrecht abstürzenden Fels. Auf dem langen Weg vom Scersen die erste Stelle, die jeweils zwei Menschen nebeneinander Raum gab."

„Mit dem letzten Taglicht bauten wir den Biwakplatz aus, dann summten die Kocher, die Laternen flammten auf. Nach herzhaftem Abendessen hüllten wir uns in die Zdarskysäcke. Walther holte sein ‚Mulörgele' aus dem Sack und trug mit den Klängen ein Stück Gemütlichkeit in unsere Beiwacht in 3800 m Höhe. Die Töne mischten sich in das Rauschen des Windes, der am Grat zu orgeln begann und feinen Rieselschnee über die Zelte stäubte. Wir wünschten uns eine geruhsame Nacht."

„Neben mir, auf dem breiteren Teil des Felsbandes, lag Theodor und schlief mit tiefen, ruhigen Atemzügen. Mit dem Rücken gegen die Felswand gelehnt, kauerte ich mit angezogenen Knien, einen Block als Widerhalt benützend, auf schmaler Leiste. Der Mond schob sich in immer heller werdenden Ringen aus dem Wolkenschaum. Mit kurzen Böen wirbelte der Sturm die Nebelfetzen durcheinander, dazwischen blitzte von der Berninakante ein Licht auf — Marco e Rosa. Langsam fielen auch mir die Augen zu."

„Eine Hand rüttelte mich aus den Träumen. Theodor, vor Kälte mit den Zähnen klappernd, wollte Tee kochen. Dichter Nebel braute um unser Felsennest, am Grat heulte der Sturm in wilden Stößen und warf Bruchstücke von Harschplatten und eine Wolke von Schnee in den geschützten Winkel. Im Wechsel von Schlafen und Wachen verstrichen die Stunden bis zum Morgengrauen."

„Wortkarg kauerten wir um die Kocher. Der Sturm war zum Orkan angewachsen und überfiel uns mit eisigem Luftstrom. Trotz der Sturmkleidung durchschüttelte uns die Kälte bis ins Mark, jede Bewegung mit den steif gewordenen Gliedern erforderte einen inneren Anlauf. Mißmutig gossen wir einen Schluck der lauwarmen Teebrühe hinunter. Die beinhart gefrorenen Schuhe machten wir über der Flamme etwas geschmeidig, um hineinschlüpfen zu können, und banden uns in das Seil, das bocksteif vom Felsen abstand."

„Eine Seillänge kletterten wir im Windschatten der Felsbastion — doch dann hinaus auf die messerscharfe Gratkante — mitten in das Toben des Sturmes. Das zerrte und riß, donnerte und toste, das Wüten der entfesselten Elemente verlangte ganzen Einsatz, ein Gang hart auf hart. Die nächsten Felszacken wuchsen im fahlen Grau ins Riesenhafte, die Spur schien sich im Raum zu verlieren."

„Theodor brach völlig zusammen, um Stunden blieben wir gegenüber der ersten Seilschaft zurück. Als ihr Ruf vom Spallagrat des Bernina klang, schlugen wir uns noch immer mit den Fährlichkeiten der Traverse herum. Die Kraft des Lichtes brach die Gewalt des Sturmes, die Nebel lösten sich, im blanken Sonnenschein durchstiegen wir endlich die enge Schneegasse zum Westgrat. ‚Leicht kochend', wie später der Häuptling meinte, erreichte ich um zwei Uhr mit meinem menschlichen Ballast den 4052 m hohen Gipfel."

„Der Herr Studiosus trat am Seil einer Partie den Rückweg über die Normalroute an, wir turnten über die Felsen des Biancograteszur Berninascharte, die einst Güssfeldts weiterem Vordringen ein Ende setzte. Das von Süden brandende Wolkenmeer hob die Traverse mit ihrer Felsenkrone, den Firnschneiden und Abbrüchen wirkungsvoll aus dem übrigen Bergrahmen. Klar zeichneten sich die Abseilstelle am großen Turm und die spitze Nadel, in deren Schutz wir die Nacht verbrachten, gegen die Nebelmauer ab."

„Ein kleiner Grat führte zum Piz Bianco. Im Sturmschritt ging es den breiten Schneerücken hinab, der sich zu einem kaum fußbreiten First verjüngte. Die tiefstehende Sonne hatte den Firn gelöst, die Zeit drängte — vorsichtig sichernd mußten wir uns im Schneckentempo über das durchweichte Schneeband schieben. Endlich der ehrliche Fels, der Prievlus wuchs in den Himmel, wir näherten uns der tief abgesetzten Fuorcla. Wieder neue Verzögerungen. Streifen von schlecht geschichtetem

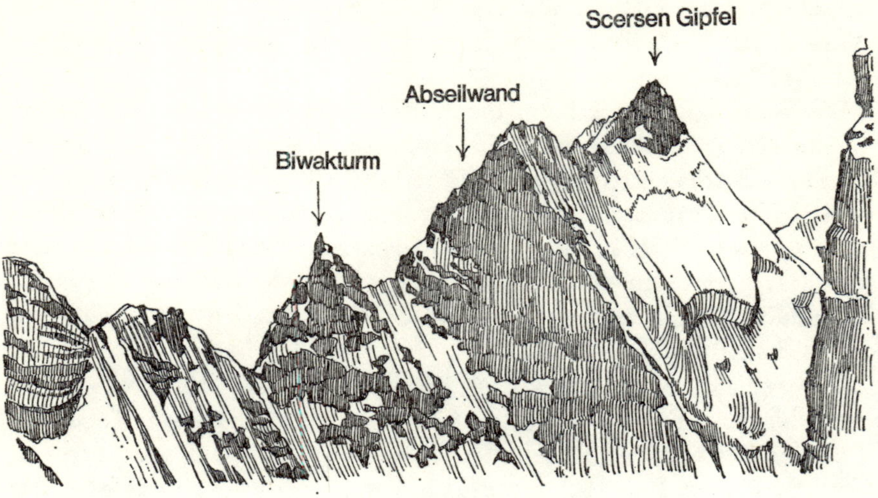

Scersen-Bernina-Traverse

Gestein erforderten sorgfältiges Klettern, ein paar Platten im Sonnenschatten deckte eine brüchige Eiskruste.“

„Sechs Uhr. Fuorcla Prievlusa, die ‚gefährliche Scharte‘. Diesen Namen trug sie an diesem Spätnachmittag mit vollem Recht. Über dem Blankeis des Steilhanges triefender Salzschnee. Ein harter, versuchender Tritt — rauschend schoß die Schmiere, eine breite Bahn reißend, in die Tiefe und ergoß sich in das Maul der Randkluft. Und wieder mußten wir zusehen, wie unaufhaltsam der Uhrzeiger rückte. Mit dem bis zur Haue eingerammten Pickel sichernd, arbeiteten wir uns Schritt um Schritt durch den Brei. Reinhard spürte noch immer das Kreuz, und meine Steigeisenmale glühten rot auf Brust und Arm — die Erinnerung an den Roseg begleitete uns auf dem Gang, bei dem die Gefahr zum Greifen nahe lag.“

„Vor uns eine sechs bis acht Meter breite Blankeisrinne. ‚Oka, versuch, ob du es mit den Nagelschuhen schaffst, Stufen kosten Zeit. Drüben hast du Sicherungsstand, da kann ruhig einer pendeln.‘ “

„Ich nützte einen schmalen Riß, der sich nach ein paar Schritten verlor. Trotzdem vermeinte ich den Raum mit flüchtig gesetztem Fuß im Sprung meistern zu können, schon hing ich im Seil. Also doch Stufen! Endlich griffen die Eisen in den zuverlässigen Firn des jenseitigen Hanges, kriechend wanden wir uns über die faule Brücke der Kluft.“

„Halb acht Uhr. Der Abstieg wurde zum Wettlauf mit der Nacht, bald überschattete die Dämmerung das Gletscherbecken. Eine Altspur führte uns mitten in den Irrgarten eines Spaltenlabyrinths, ein peinliches La-

Im Blick vom Biancograt zeigte sich noch einmal die rassige, vom Nebelschaum umwallte „Traverse“. Über die Plattenwand, die dem Gipfel folgt, führte die Abseilstelle. Unmittelbar unter den auffällig auf den Grat gesetzten Felsdorn war die abgesprengte Platte eingelagert — der Biwakplatz der vergangenen Nacht. Foto: Oskar Kühlken.

vieren über triefende Schwebebögen, auf schmalen Blankeisrippen. Dann war das Gröbste überstanden, im Trab ging es um ein paar Schründe — die Nacht holte uns ein, bevor wir die Pfadspur auf der Moräne erreichten, das Rennen war verloren. Es kam zu dem Leidensweg, den wir wie die Pest gefürchtet hatten."

„In pechschwarzer Nacht tasteten wir uns durch den Trümmerschutt, taumelten, stürzten und stolperten im haltlosen Blockwerk. Die letzten Reserven, die Eisnase, Traverse und Biancograt samt Beiwacht nicht hatten ausschöpfen können, wurden von dem elenden Zeug aus dem Körper gesogen. Reinhard warf sich der Länge nach zwischen die Steine, keuchend stieß er hervor: ‚Wir sind Rindviecher — uns so abzuschinden — der Mond muß gleich kommen — dann ist es eine Spielerei.' Der Häuptling schlug sich gegen die Stirne: ‚Recht hast du, daß ich auch nicht daran gedacht habe.' "

„Wartend saßen wir auf ein paar Platten. Fahler Schein begann den Himmel hinter dem Scersen aufzulichten. Mehr und mehr verstärkte sich seine Kraft. Der nebelumwallte Berg, der sich zuvor mit kaum wahrnehmbarer Silhouette gegen das Firmament abzeichnete, erwachte zum Leben. Ein feiner Silberrand umsäumte die Grate, immer mächtiger durchfluteten die Lichtkegel den Wolkenschaum, bis zuletzt ein weißglühender Flammenkranz aus dem dunklen Körper zu lodern schien. Wir waren von dem Schauspiel zutiefst erschüttert, das uns der Scersen als versöhnenden Ausklang bescherte. Erst als sich der Mond mit blanker Scheibe über seinen First schob und uns mit mattem Schimmer überglänzte, löste sich der Bann."

„ ‚Aus etwas Wasserdampf und ein paar Lichtstrahlen zaubert Mutter Natur ein Wunder, daß alles rundum versinkt', klang die Stimme des Häuptlings durch die Stille."

„Elf Uhr. Aus dem Rahmen der Hüttentüre löste sich eine Gestalt, Mutter Rauch, die Wirtin. Mit beiden Händen umfaßte sie Walthers Rechte, tiefe Bewegung schwang in den Worten mit. ‚Gott sei Dank, daß ihr wieder da seids. Ich habe mich gesorgt.' Das rührte noch mehr an das Herz als das unfaßbare Bild des Berges."

Packende Bilder von Eisbrüchen vermitteln viele Anstiege zum First des Piz Bernina. Diese Aufnahme gelang im Labyrinth des „Über die Buuch" (Über den Bauch) — der Name spricht für sich. Foto: Klee/Kühlken.

Mit bewundernswerter Beharrlichkeit gingen wir, nachdem uns die kleineren Gipfel ausgegangen waren, bei gleich trostlosen Wetterverhältnissen den Palü-Ostgipfel über den Normalweg mit Sommerski an. Die Pläne um unsere Bergfahrten wurden stillschweigend zu Grabe getragen. Trotzdem stellte die Schinderei durch den Wust an Neuschneemassen alles bis dahin Erlebte in den Schatten. Katrin verzichtete wohlweislich, ihr ging es nicht, wie unserem Doktor, um die Bereicherung der Gipfelsammlung um jeden Preis.

Die Woche neigte sich dem Ende zu. Eine Kerze blakte auf dem Küchentisch, der Freund verschanzte sich hinter einer Wolke von Tabaksrauch, um den Ärger, der ihm aus dem Gesicht sprang, zu verbergen — der erste Viertausender seiner alpinen Laufbahn drohte ihm zu entgehen. In all den Tagen hatten wir den Bernina nicht ein einziges Mal zu Gesicht bekommen, nur der Schall der in der Nordwand niedergehenden Lawinen drang gelegentlich durch den Nebel zur Hütte.

Einen kleinen Hoffnungsschimmer löste das Steigen meines Höhenmessers aus, doch die freundliche Regung erwies sich von kurzer Dauer. Acht Stunden Schneestampfen hatte trotz der Verwendung der Sommerski die Besteigung des Palü-Ostgipfels gekostet, demnach mußten wir für den Bernina zwei Tage ansetzen. Die Marco-e-Rosa-Hütte ist eine gefährliche Mausefalle, die Führer von Pontresina wissen von den Befreiungsaktionen ein Lied zu singen.

Kurz nach Mitternacht trieb uns der Wecker aus den warmen Decken. Sternklar das Firmament über den im Neuschneekleid prangenden Bergen! Der Doktor, gestern noch verzweifelt ob seiner Pechsträhne, strahlte über das ganze Gesicht — der Wettergott meint es gnädig, als Abschiedsgeschenk reicht er den Bernina zu freundlichem Gedenken.

Zwei Anstiegswege führen von Boval zum Bernina. Man gewinnt den Gipfelaufbau entweder durch das „Labyrinth" mit seinen kreuz und quer laufenden Spalten oder durch das „Loch". Letzteres, eine Einschnürung unter den Bellavista, stellt die Verbindung zur Gletscherterrasse her, die sich von den Palü bis zum Herrscher der Gruppe zieht. Wir entschieden uns, zur Sicherung des Rückzuges bei neuerlichem Schlechtwettereinfall, für diese Führe.

Im Laternenschein querten wir das breite Gletscherbecken und stiegen neben der Bastion der Fortezza zu einer kleinen flachen Mulde, dem „Schnapsbödeli", an. Mit jedem Meter, den wir mit unseren Sommerski gewannen, wuchs der Schnee, das Bild der vergangenen Tage. Die Dämmerung wich, das erste Mal, seitdem wir hier Spuren zogen, zeigten sich die Berninaberge im vollen Glanz. Die Zinne des Hauptgipfels begann zu glühen, der Boden lag noch im Schatten. Feine Zirren stießen schnell zwischen Morteratsch und Prievlus empor. Vom Schein der aufgehenden Sonne überstrahlt, tauchten sie das Firmament in ein Flammenmeer. Die Schau ließ uns nicht froh werden, sie kündigte Schlechtwetter.

Zwischen Trümmern von Eisschlägen stiegen wir zum Ansatz des Loches. Steiler bäumte sich der Gletscher auf, tiefer wurde der mehlige Pulver, der den Brettern keinen Halt mehr bot. Es blieb nichts anderes übrig, als die Bindung zu lösen, um die Gurgel zwischen den Hängegletschern zu Fuß zu überwinden. Die leuchtenden Farben, die Himmel und Berge belebten, erstarben, einförmiges Grau lastete. Die hauchfeinen Schleier verdichteten sich, hinter der Prievlusscharte stand drohend eine Wolkenmauer. Die Luft war drückend, die Wühlarbeit, bei der ich bis über die Schenkel im Schnee steckte und mit Armen, Knien und zuletzt mit den Füßen eine Stufenreihe baute, trieb mir den Schweiß in kleinen Bächen über das Gesicht. Über zwei Stunden kosteten uns diese 150 Meter Höhendifferenz. In einigen Kehren schraubten wir uns durch den Mündungstrichter auf die Bellavistaterrasse.

Das schwerste Stück Arbeit war geschafft, doch wie hatte sich das Wetter verändert! Über den Gipfeln hingen grauschwarze Wolkenkappen, träge krochen die Schwaden über die Grateinsenkungen in den Morteratschkessel. Der Bernina muß gestrichen werden! Der Doktor bockte, der herrliche Morgen hatte seine Wünsche genährt, er vermochte die Enttäuschung nicht zu überwinden. Vergeblich suchte ich ihn von der Nutzlosigkeit des Risikos zu überzeugen, er hatte den Viertausenderkoller.

Ich nahm Richtung auf den vom Nebel umbrauten Bellavista, um ein kleines Pflaster auf die Wunde zu legen. Bockig wie ein kleines Kind, dem man sein Lieblingsspielzeug nahm, zog er hinter mir drein. Selbst als uns am Gipfel der Sturm mit harten Stößen ansprang, hing der Ärger wie ein Schatten über dem Gesicht.

Wir fuhren zur Bellavistaterrasse ab, mit jedem Meter, den wir an Höhe verloren, fiel der Wind zurück. Zu Fuß stiegen wir durch das Loch ab, ich wollte zu den Erlebnissen mit Lawinen keine neue Erfahrung hinzufügen. Am Schnapsbödeli wurde es windstill, bleich schien die Sonne durch den Nebel, es herrschte eine wahre Treibhausluft.

Die kurzen Steilhänge, die wir nacheinander zu durchfahren hatten, waren durch den nassen Neuschnee, der auf glasiger Unterlage ruhte, im höchsten Grade lawinengefährdet. Da gab es nur ein Mittel gegen diese einen halben Meter tiefe Schmiere — die Lawinen abfahren. Vor einiger Zeit kam ich unter dem Zwang der Verhältnisse auf den Dreh.

Nach starkem Neuschneefall erstieg ich mit einer Gruppe von zehn Skifahrern den Gamskogel in der Reichenspitzgruppe, am Eingang zum Wimbachtal gelegen. Es war Ende März, ich wußte um die Gefahr des trichterförmigen Südhanges, wenn wir nicht vor dem Sonneneinfall zu früher Stunde abfahren konnten. Das sagte ich auch unverblümt vor Fahrtbeginn — heute müssen die Beine in die Hand genommen werden, um jedes Risiko auszuschalten. Es gab Aufenthalte, die nicht im Zeitplan eingerechnet waren — hier rissen die Felle, ein anderer hatte mit der Bindung Schwierigkeiten, mehr und mehr verschleppte sich das Tempo.

Endlich standen wir auf dem Gipfel, zwei Stunden nach der geschätzten Zeit. Nach der Rast trieb ich meine Schäflein zusammen, im Naßschnee des mäßig geneigten Gipfelhanges fuhren wir zum Ansatz des Trichters ab. An der Kante machte ich halt und erklärte mit ein paar Worten die Sachlage. Ich würde hoch oben in den Halbbogen der Mulde hineinfahren, mit dem Druck meiner Ski den Schnee in Bewegung bringen und dann auf einen kleinen Sockel an der gegenüberliegenden Begrenzung hinausschießen.

Es ging genau nach Zeichnung. Als ich spürte, wie der Schnee unter meinen Ski nachgab, fuhr ich im Schuß zu dem angegebenen Punkt. Rückblickend sah ich, wie der Hang in Bewegung kam und die weiße Masse gleich einem mächtigen Wasserfall über die Trichtermündung, einem kleinen Felsriegel, in die Tiefe sprang. Lautes Krachen erscholl, das Tosen verstärkte sich, die Lawine durchriß den ganzen Berghang bis hinunter in den Talboden.

Nun war die Abfahrt sicher, mein ermunternder Ruf, nachzukommen, fand keine Resonanz. Ich war gezwungen, tatsächlich wieder zu der Gruppe hinaufzusteigen. Männlein und Weiblein standen, zum Teil etwas käsig angehaucht, im Banne des Erlebten. Nach einigem guten Zureden folgten sie, zum Teil mit weichen Knien, meiner Spur. Die gleiche Methode habe ich später noch ein paarmal angewendet, vor allem bei einer Rettungsexpedition nach einer Bergung von der Schlieferspitze. Sie bot die einzige Möglichkeit, um den Trupp mit dem Akja und dem Verletzten sicher ins Tal zu bringen.

Nur selten wird die Ersteigung der Bellavista als selbständige Bergfahrt unternommen. Der Blick aus dem Arvenwald von Morteratsch zeigt das Ebenmaß der Gliederung. Sie steht an Schönheit wenig ihrem unmittelbaren Nachbarn, den Palü, nach. Meist wird die Bellavista nur nebenher „mitgenommen", wenn eine Partie den Weg durch das „Loch" und über die Bellavistaterrasse zur Marco-e-Rosa-Hütte unter dem Spallagrat des Piz Bernina wählte. Foto: Oskar Kühlken.

Zwischen Argient und Bernina entragt überraschend ein Felszahn dem Gletscher, die Crast' Agüzza, das „Matterhorn" der Berninagruppe. Foto: Oskar Kühlken.

Das Klettern im eisenharten Bergellgranit wird zu reinem Genuß, ob man am Hüttenmugl des Piz Päl, an der kühnen Ago di Sciora, der schlanken Nadel der Kleopatra oder am Plattenpanzer des Badile seine Fertigkeit erprobt. Foto: Oskar Kühlken.

Das alles klingt etwas nach Münchhausen, so ungefähr wie jene Geschichte, als sich der Lügenbaron an seinem eigenen Zopf aus dem Sumpf zog. Natürlich verlangt eine solche Aktion kaltes Blut, Standfestgkeit, Beherrschung der Ski und vor allem die richtige Beurteilung der gegebenen Verhältnisse. Sonst soll man sich vor diesen Experimenten hüten, sie können Kopf und Kragen kosten.

Wir legten das Seil ab, ich ließ den Doktor an der Kante des ersten Steilhanges warten und praktizierte mein Spezialverfahren. Vier- oder fünfmal kamen die Hänge ins Rutschen, bis wir endlich auf dem flachen Boden des Morteratschgletschers standen. Durch das Zwischenspiel vergaßen wir, auf die Wetterzeichen zu achten. Der fahle Sonnenschein war erloschen. Gleich einem schwarzen Wurm kroch der Nebel zwischen Biancograt und Prievlus in den Morteratschkessel. Wir spürten die ersten kalten Sturmstöße, als wir über die Pfadspur zur Hütte aufstiegen.
Wenig später wallte dicker Nebel um unsere Behausung, Flocken strichen am Fenster vorbei, die Quecksilbersäule des Thermometers sank schnell unter null. Kälte durchdrang den Raum, in Decken gehüllt saßen wir um den Tisch und schlürften nach dem Abendessen unseren Tee.
„Na, Doktor, was sagen Sie jetzt — wenn wir versucht hätten, uns auf Marco e Rosa durchzubeißen?“
„Nun“, antwortete er leichthin, „Sie haben mit dem Abbruch der Tour recht behalten. Schließlich lag die Verantwortung bei Ihnen und Sie verstehen mehr von den Dingen.“
Damit war der Fall für ihn erledigt. Die ganze Nacht hörten wir die Windsbraut an den Fensterläden rütteln. Am Morgen deckte fußhoch der Schnee die Tische und Bänke der Bovalhütte, Eiszapfen zierten das Dach. Dichter Flockenwirbel begleitete uns hinab zur Berninastraße, selbst die Wiesen um Pontresina hatten ein dünnes weißes Kleid übergeworfen. Der Doktor fand das Gleichgewicht seiner Seele wieder.

Einst wucherten Inseln von Wollgras im Sandbecken unter dem Albingiagletscher. Heute leuchtet dort der Spiegel eines Stausees, die Energiewirtschaft veränderte das Landschaftsbild. Foto: Oskar Kühlken.

Bergell

Florian erwartete uns nach den Kampftagen in der Bernina bei Mutter Hauser. Der Doktor: tatenhungrig, in Fels und Eis ein ungewöhnlich guter Gänger und ausgezeichneter Skifahrer, aber sprunghaft in seiner Laune. Freund Florian das Gegenteil: etwas behäbig, von unerschütterlicher Ruhe, technisch zwar keine Kanone, aber durch jene gleichbleibende Zuverlässigkeit ausgezeichnet, die man besonders beim zweiten Mann am Seil schätzt. Seine Stimmung war nie Schwankungen unterworfen, mochte die Sonne wochenlang vom Himmel scheinen oder Sturm und Schnee um die Hütte toben. Nur wenn nach ein paar Bergtagen irgendwo edler Gerstensaft in greifbare Nähe rückte, geriet sein Blut in Wallung. Den Begriff der „Bierruhe" müssen die Preußen erfunden haben.

So trafen wir denn auch unseren Freund Florian in der Wirtsstube bei Mutter Hauser hinter einem Glas Celerina-Bier. Nach ein paar Worten herzlicher Begrüßung ritt er sofort in rauhen Tönen eine Attacke gegen die Engadiner Brauer. In einer chemischen Fabrik oder in einem Apothekerladen wären sie noch zur Not zu gebrauchen, von Hopfen und Malz sollten sie die Hände lassen. Worauf er sich die nächste Flasche bestellte.

Um nun den Beratungen über die weiteren Bergpläne die nötige Grundlage zu geben, hielten wir das übliche Festmahl, das nach der schmalen Hüttenwoche mengen- und wertmäßig „ganz groß und bedeutend" ausfiel, wie der Doktor mit dem Ton innerster Befriedigung feststellte.

Wir saßen über die Karte gebeugt und stellten Überlegungen an. In der ersten Berninawoche verschlechterte sich das Wetter immer mehr, um in den letzten Tagen mit einem Schneefall bis ins Tal seinen Höhepunkt zu erreichen. Damit muß das Tief überstanden sein, der Rheumatismus in Vater Hausers Bein hat zu zwicken aufgehört und die Kurve an der Wettertafel zeigt steigende Tendenz. Wir verlegen zusätzlich den Schauplatz der Handlung in das Schönwetterland Bergell. Diese Berggruppe nimmt — nur um einen groben Vergleich zu geben — die gleiche Stellung

unter den Urgesteinsformationen wie die Dolomiten unter den Kalkgebirgen ein.
Das Bergell ist der Bernina südwestlich vorgelagert, die von Sondrio nach Maloja führende Talfurche mit dem von Schmugglern sehr geschätzten Murettopaß zieht den Trennungsstrich zwischen den verschieden gearteten Gebirgszügen. Ungeheure Granitplatten wachsen aus dem Sockel, der in Tälern mit üppig südlicher Vegetation fußt. Pittoresk wirkende Nadeln und Türme vereinen sich mit massigen Urgesteinsblöcken und steilen Gletscherarmen zu fesselnden Bergbildern. Badile, Ago di Sciora, Punta Rasica und die Torrone sind Namen, die sich hohen alpinen Kurswertes erfreuen.
An den steilen Klippen löst sich schnell der Schneebehang, endlich kommen wir zu den ersehnten Sommer-Bergfahrten, alle Trümpfe sind in unserer Hand. Katrin und ich gedachten über die Engadiner Seenplatte und Maloja nach Cassaccia, dem Talstützpunkt der Albingiahütte, zu radeln. Der Doktor und Florian wollten auf der gegenüberliegenden Talseite in das Bergell wandern.
Die ernsten Erwägungen schoben wir beiseite, das Grammophon dudelte, Katrin, Anni und all die Schwyzerinnen, die gerade bei der Hand waren, wurden im Kreise gedreht, daß sich die Gläser auf den Tischen am lustigen Tanz beteiligten. Mutter Hauser erhielt auch ihren obligaten Schuhplattler serviert, worauf eine bauchige Flasche Veltliner für die nötige Bettschwere sorgte.
Im strahlenden Morgen radelten wir durch die Wiesen, die in der Sonnenwärme dampften, der Dunst hing schwebend über dem Blumenteppich. Im Schutze einer Bodenwelle oder Waldparzelle lagen ein paar Schneereste verstreut, die ihrer Auflösung entgegengingen. Seltsam, die zwei Wochen Skifahrten in Sturm und Nebel verschoben das Zeitgefühl, uns schien nach langen Wintermonaten die Natur soeben neu erwacht, so jugendfrisch sprach die im taufrischen Glanz prangende Landschaft unsere Sinne an. Und zwischen dem Leuchten das ehrwürdige Gemäuer eines halb verfallenen Kirchturmes, Buschen von rot blühendem Semper-vivum lohten über der roh zusammengefügten Einfriedung. Kunstvoll geschmiedete eiserne Gitter, wuchtige Grabmale zwischen leise rauschenden Arven — San Gian — die stille Insel der Toten inmitten des sprühendes Leben kündenden Hochtales.
Eine halbe Stunde schoben wir die Räder über eine Steilstufe, dann sahen wir St. Moritz vor uns liegen. Kulmhotel — schiefer Kirchturm — Confiserie Hanselmann, zwischen den Hotelpalästen ein Tiefblick zum See. Ein riesiger Buick schob sich langsam an einer Viehherde vorbei, die

gemächlich durch die Straße trottete. Das Steuer des Ungetüms führte eine Dame in Weiß mit Kupferhaar, lässig eine Zigarette zwischen blutrot bemalten Lippen haltend. Wir Landstraßenpilger wurden von der Übermacht im wahren Sinn des Wortes an die Wand gedrückt und rissen Mund und Augen auf. Auf solche Erscheinungen hatten wir ganz vergessen.

Segantini, der geniale Künder der Engadiner Landschaft, vermochte wie kein anderer die eigenartige Atmosphäre, die alle Farben in Pastelltöne moduliert, in seine Bilder zu bannen. Zu seinem Lieblingsplatz, wo er auch mitten aus dem Schaffen gerissen wurde, erwählte er Muottas Muragl. Von dem Rücken schließt sich die Seenplatte zwischen St. Moritz und Maloja voll auf.

Im Gleißen des Schönwettertages erlebten wir dieses Engadiner Kleinod. Ein Seespiegel löste den anderen ab, die üppige Parklandschaft von St. Moritz wechselte über das behäbige Sils in die kärglichen Bergweiden von Maloja mit ein paar verkrüppelten Föhren und Latschen. Ein schloßartiges Hotel mit einem Golfrink, in bedrückendem Gegensatz hiezu ein paar armselige Bauernhütten, eng um eine kleine, rundkuppige Kirche gedrängt. Das Schönste: der Tiefblick in das Tal der Maira. In der Erinnerung blieb die Bezeichnung „Sturz ins Bergell" haften. Als der Blick von der Schwelle gefühlsmäßig senkrecht in den grünen Grund, durchbraust von gischtenden Wassern, fiel, wurde mir eines bewußt — es gibt keinen anderen Ausdruck für diesen unerwarteten Abbruch der Seenplatte.

Vor nicht allzulanger Zeit (mit den Begriffen der Geologen gerechnet) flossen die Wasseradern um den Piz Duana und den Felsentälern des Bergell nicht dem Po, sondern dem Inn zu. Die Berggeister rumorten in dem jungen Gebirge, Stück um Stück spalteten sie ab, und die Wasserstürze aus den Gletscherbecken um Sciora, Albingia und Forno vollendeten das Werk. Auf Schritt und Tritt konnten wir das Wirken der Kräfte bis in die heutigen Tage verfolgen. Vor einigen Jahrzehnten brach erneut der Albingiabach aus und suchte mit Fluten und Geröllströmen die Orte Cassaccia, Stampa und Vicosoprano heim. Wie Kartenspiele fielen die meterdicken Mauern der Bündner Häuser in sich zusammen.

Und das Geschick von Plurs? Das Gold des Rothorns floß in die Stadt, der Handelsweg über den Septimer füllte die Säckel. Am Berg Conto

Der Blick vom Passo Cacciabello di Dentro gegen den Badile mit seiner jäh aufstrebenden Kante. Die weiß verbrämten Felsen zeugen von dem reichen Schneesegen der letzten Wochen. Foto: Oskar Kühlken.

wurde der wertvolle Lavezstein zur Fertigung feuerfester Geschirre gewonnen. Die Arbeiter, die das Gefüge des Berges untergruben, hausten im Dorf Schilano, daneben prangten zwischen Weinbergen und Maulbeergärten die Paläste der mächtigen Herren von Plurs. Sie überspannten die Decken und Wände ihrer Zimmer mit Seide, in den Kaminen glühten Scheite aus Zimmetholz, die Schüsseln aus schwerem Gold bargen Früchte und erlesene Gerichte aus fernen Ländern. Eine einzige Nacht des Grauens genügte, um der Herrlichkeit ein jähes Ende zu bereiten. Am 4. September des Jahres 1618 brach nach wochenlangem Regen die ihres Fundaments beraubte Bergflanke des Conto in sich zusammen und begrub den Ort mit Mann und Maus.

Die Goldquelle am Rothorn versiegte, und so viel man auch mit Hacke und Spaten, mit Wünschelrutengängern und Brunnenmachern danach suchte, sie blieb für immer verschwunden. Einhundertfünfzig Jahre später, als man wieder nach den Schätzen forschte, fand man die große Kirchenglocke. Heute hängt sie in dem Turm von San Abondio und ruft die Gläubigen zum Gebet.

Wohl hat man mit Sperrmauern die Gletscher abgeriegelt, um den Wasserausbrüchen zu steuern, doch unentwegt regt es sich weiter in den Bergen. Man bekommt es zu spüren, ob man in der Albingiahütte durch den Donner der Felsstürze zwischen den Wänden des Balzetto aus dem Schlaf geschreckt wird oder in Soglio im Schloß der Salis das dumpfe Rumpeln der fallenden Böcke vernimmt, die durch eine tief geschürfte Rinne den Weg zu Tal nehmen. Spricht man mit einem Einheimischen darüber, so zuckt er mit den Achseln und sagt höchstens: „Der Berg ist faul!"

Vorsichtig durchmaßen wir die steilen Kehren, die sich in den Fels des Abbruches in das „Val Bregaglia" schmiegen. Mehr als einmal saßen wir wartend am Straßenrand, um die durch den harten Druck heiß gelaufenen Bremsen auskühlen zu lassen. Nichts trieb uns an diesem Tag. Mit Behagen genossen wir die Wärme und den Duft der Blüten, Dinge, die wir so lange entbehrt hatten. Im flachen Boden gaben wir den Rädern freien Lauf.

Der Hochwald trat zurück, über üppigen Wiesen ein verfallener Wachtturm aus der Römerzeit, weiter unten die Häuser von Cassaccia. In der „Post" stiegen wir ab und erwarteten die Freunde. Im Veltlinerstübli, wo wir unseren Dreier schlürften, fielen uns die reich geschnitzten Stühle

Der Abschluß des Fornotales im Bergell: das Felshorn der Torrone, daneben die zierliche Nadel der Kleopatra. Foto: Oskar Kühlken.

um den mit Intarsien gezierten Tisch auf. Jeder einzelne war mit großer Sorgfalt und Kunstfertigkeit gearbeitet, sie trugen Jahreszahlen und Initialen, angefangen vom 15. Jahrhundert bis zum heutigen Tag. Die originelle Familienchronik der Stampa.

Der Doktor hatte kaum den Kopf zur Tür hereingesteckt, als er vorschlug, noch in der einfallenden Dämmerung zur Albingiahütte aufzusteigen. In Florian fand er einen gleichwertigen Antipoden. Der lachte nur gemütlich und streckte seine Beine noch länger unter den Tisch. Diesmal hatte er Bier aus Chur vor sich stehen. Er nahm einen tiefen Schluck und erklärte mit unerschütterlicher Festigkeit:

„Ich bin net narrisch, die sieben Stunden Fußmarsch waren zum Einlaufen mehr als genug. Im übrigen habe ich einen Saudurst."

Dieser klaren Begründung mußte sich selbst der Doktor fügen.

Mit schwerem Bündel stiegen wir am nächsten Morgen über den Pfad, der sich steil bergan durch das Dickicht eines Bergwaldes windet, zur Hütte auf. Neben uns donnerte der Albingiabach in die Tiefe, durch das grüne Gezweig strich der Silberschleier des Wasserstaubes. Von der Kante der jäh sich aufbäumenden Bergflanke öffnete sich überraschend der Blick über einen weiten, von Moränen umschlossenen Talkessel. Den Rahmen bildete ein eindrucksvolles Bergrund — Balzetto und Punta Albingia, Cantone und Castello, die Sciora und die zierliche Monte di Zocca, in ihrer Mitte das Silberband des Albingiagletschers, der einst bis in den Boden herunterstieß. Heute füllt dieses flache Becken ein Stausee, die Fallhöhe ins Tal zur Energiegewinnung nützend.

Nach einem prächtigen Sonnentag am Bacone, an dem wir mit dem Schnee einige Mühe hatten, rasselte in unserem kleinen Heim, der Albingiahütte, um vier Uhr der Wecker. Die geübte Hand entfachte schnell das Feuer im Ofen, erst dann sah ich, mehr aus Gewohnheit als dem Gefühl einer Notwendigkeit, nach dem Wetter. Nicht einmal, zweimal rieb ich mir die Augen, als die Hüttentür nur den Blick auf träge wallende Nebelmassen freigab. Dabei glaubten wir, nach dem Wetterpech in der Bernina, eine Folge von Sonnentagen verdient zu haben. Der Doktor, der sich soeben aus den Decken schälte, vergaß die Anwesenheit der holden Maid Katrin und machte seiner bedrängten Seele durch einen Kernspruch Luft, daß selbst den hartgesottenen Florian eine Gänsehaut überlief.

Der Höhenmesser fiel stark zurück und kündete neuerlichen Wettersturz. Mißmutig krochen wir wieder auf die Lager. Das dünne Geriesel verdichtete sich zum Regen, der einförmig auf das Blechdach trommelte. Unter seiner Melodie schliefen wir ein, und sein Gleichklang mischte sich noch einige Stunden später in das Summen des Teekessels.

Was folgte, stellte alles in der Bernina Erlebte in den Schatten. Nach zwei Tagen war noch immer nichts von einer Besserung zu spüren. Bis auf kurze Pausen blieben ununterbrochen die Schleusen des Himmels geöffnet. Der scharfe Wind steigerte sich allmählich zum Sturm und pfiff spürbar durch den leichten Hüttenbau.
Wir begannen uns auf geistige Genüsse zu werfen, es mußte schlimm um uns stehen. Am dritten Tag kannten wir den Bestand der Hüttenbibliothek, ein paar Bände aus der Folge von Engelhorns Romanen, auswendig. Der Regen ging in Schneetreiben über, vom Hüttendach hingen lange Eiszapfen, die weißen Polster wuchsen von Stunde zu Stunde.
Mit Sturm, Nebel und Schneetreiben war der vierte Tag heraufgekommen. In dumpfem Warten starrten wir in das Gewoge vor den Fenstern, deren Gitterstäbe den Eindruck eines alpinen Gefängnisses noch sinnvoller werden ließen.
Zu einem großen Ereignis wurde der Gang zu einem gewissen stillen Ort, der, fünfzig Meter von der Hütte entfernt, tief unter Schnee vergraben lag. Mit feierlicher Ansprache wurde dem „Streiter in der Not" Bussole, Höhenmesser, ein Stück Spagat als Lawinenschnur und die höchst notwendige Schaufel zum Ausgraben der Tür überreicht, bevor er den Leidensweg durch den Schneesturm antrat.
Der fünfte Tag. Womöglich noch schlimmer als bisher orgelte und donnerte der Sturm mit einem orkanartigen Tosen. Eisblumen zierten die Scheiben, hinter denen als eine weiße Wolke der waagrecht gepeitschte Schnee vorüberstrich.
Schlafen und Essen wurden für uns zum Mittelpunkt des Daseins, uns bewegten nur noch animalische Regungen. Nach dem Essen krochen wir wieder unter die Decken, Florian schnarchte nach wenigen Minuten, auch mir fielen bald die Augen zu, nur der Doktor war mit einer Leichenbittermiene am Herd sitzen geblieben. Er haderte mit dem Geschick, ihn hatte Freund Petrus persönlich beleidigt.
In meinen Träumen schwelgte ich im herrlichsten Pulverschnee, die Sonne leuchtete über einem zauberhaften Bergrund — eine Faust riß mich mit derben Stößen aus dem Skihimmel.
„'raus, Oka, draußen kommt durch den Nebel ganz heller Schein!"
Mit einer unmißverständlichen Antwort drehte ich mich auf die andere Seite, denn diesen „hellen Schein" oder „durchbrechende Sonne" setzte mir der Doktor ein dutzendmal am Tag vor, wenn seine lebhafte Phantasie bei seinen Wünschen Pate stand. Doch mir half kein Brummen, er ließ nicht locker, bis ich wirklich unter den warmen Decken hervorkroch.

Einen Blick warf ich durch die Eisblumen des Fensters — es durchfuhr mich selbst wie ein elektrischer Schlag. Das wogte und wallte im lichten Grau, dazwischen funkelte für einen Augenblick ein verschneiter Grat des Balzetto auf, der in leuchtende Sonne getaucht war. Wir sprangen zu den Schuhen, um nach fünf Tagen Gefangenschaft wieder die köstliche Freiheit zu genießen und das immer neue Wunder des Kampfes der Sonne mit dem Gewölk zu erleben.

Trotz der späten Stunde wühlten wir uns zum Gipfel des Spazzacaldera, gruben die Griffe und Tritte frei, um uns über Platten und Türme emporzuwinden. Beglückt sahen wir, wie sich eine Zinne um die andere aus dem Schaum schälte. Als silberner Dreizack standen hoch über uns die Largo. Die steilen Plattenfluchten des Balzetto hatten schon die Schneelast abgestreift, in den Flanken lugte durch den weißen Behang der Bergellgranit hervor.

Das Sonnenlicht begann sich rötlich zu färben, die Berggeister schienen auf diesen Augenblick gewartet zu haben. Mit einem Ruck zogen sie den lichten Nebelvorhang vom Castello, der gleich einer rotgoldenen Glocke das wilde Gezack überragte. Dunkler färbte sich die Kuppel, langsam versank das Rund um den Berg in bläuliche Schatten. Allein die Firne des Castello spiegelten noch den Sonnenball, bis auch den höchsten Berg des Bergell die Dämmerung umfing.

Regungslos waren wir dem Schauspiel gefolgt, auch als der letzte Gipfel im Grau lag, vermochten wir nicht, die Stille durch ein Wort zu lösen. Erst als wir uns endlich zum Gehen wandten, meinte der Doktor:

„Für morgen gibt es nur einen Berg, den Castello!"

Er hatte uns allen aus dem Herzen gesprochen.

Es war uns vollkommen klar, die Ersteigung des 3392 Meter hohen Berges verlangte nach dem schweren Wettersturz eine besondere Kraftleistung. Nur den Sommerbretteln würden wir, wie in den vergangenen Berninatagen, es zu danken haben, wenn wir diesen Tourentag auf der Habenseite verbuchen konnten. Nach der vielen Wühlarbeit um Palü und den anderen Gipfeln um Boval konnte uns nicht leicht etwas aus der Fassung bringen.

Noch im letzten Dunkel einer kalten und sternklaren Nacht stiegen wir zum weiten Kessel des Albingiagletschers auf. Die Schneeauflage der mächtigen Stirnmoräne war gut durchfroren. Sie gab uns die Möglichkeit, zu Fuß mit den auf die Rucksäcke geschnallten Skiern schnell zur Zunge zu gelangen. Hier bekamen wir die ersten Bitternisse des kommenden langen Anstiegs zu kosten. Harsch deckte den auf dem Eis ruhenden Pulverschnee. Auch mit dem fellbewehrten Ski hatten wir ge-

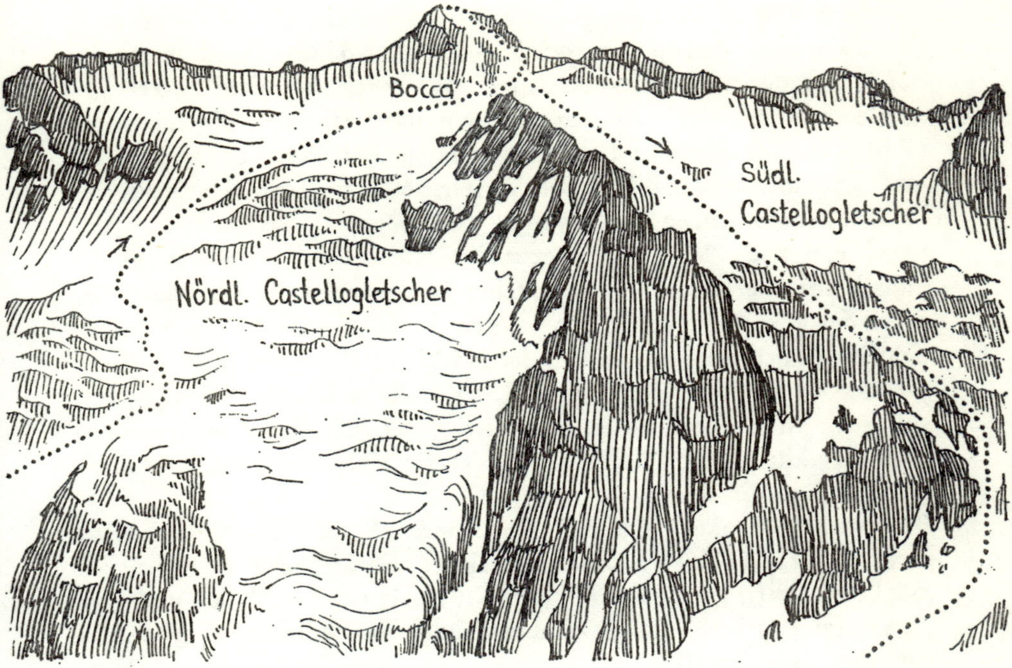

Die Cima di Castello, 3392 m, der höchste Gipfel des Bergell. Der Anstieg erfolgte, das nördliche Vedretta di Castello querend, zur Bocca, die Trasse führte über die Südflanke zum Scheitel des Berges. Für die Abfahrt wurde das spaltenarme südliche Vedretta di Castello zum Albingiagletscher gewählt.

nügend Mühe, die harte Auflage mit stampfendem Schritt zu durchstoßen.

An dem steilen Aufschwung, mit dem sich der Gletscherarm in das weite Becken zwischen Castello und Cantone hinaufzieht, dem Vadret dal Castello Nord, begann erst die wirkliche Schinderei. Nach dem Brechen der Kruste glitten bei jedem Schritt die Bretter im darunter befindlichen tiefen Mehlschnee auf der glasigen, schräg geneigten Unterlage ab. Die harte Arbeit trieb uns den Schweiß aus allen Poren.

Die vor uns liegende, leicht gewellte Fläche mit ein paar scheinbar harmlosen, schwarzen Löchern nahm unsere ganze Aufmerksamkeit in Anspruch. Der tiefe Neuschnee verbarg eine ganze Serie sich überkreuzender, gefährlichster Spalten. Es bedurfte aller Erfahrung, um die sicheren Brücken auszumachen.

Bei dieser Anspannung aller Sinne hatten wir keine Zeit gehabt, auf Florians verdrossenes Gemurmel zu achten. Sein schweißüberströmtes

Gesicht glühte vor Anstrengung, schnaufend wie eine Kleinbahnlokomotive meinte er, es sei spinnet, sich hier heraufzuschinden. Und überhaupt könne ihm der ganze Alpinismus mit solch einer narrischen Fexerei gestohlen werden. Doch als sich nach ein paar Schritten die reinweiße Glocke des Castello über den Brüchen emporschob, hatte er seinen Groll und den sichtlich dahinfließenden Winterspeck vergessen. Gleich uns fieberte er dem lockenden Ziel entgegen.

Durch eine flache Mulde, der Bocca di Castello, wechselten wir auf die Südseite des Berges. Über einen Steilhang gewannen wir den Grat, der gegen das Fornotal abbricht. Ein paar dunkle Wolkenbänke lagerten über den Felstürmen der Torrone und der Nadel der Kleopatra, die mit ihren pittoresken Gestalten den Abschluß des Gletscherkessels bilden. Es bot sich keine Möglichkeit mehr, den Anstieg mit den Skiern fortzusetzen. Es blieb nichts anderes übrig, als die letzten einhundertfünfzig Höhenmeter zu Fuß zurückzulegen.

Bis über die Schenkel brach ich in den Schnee ein, dieses letzte Stück wird in eine saure Wühlarbeit ausarten. Als gewiegter Techniker sparte ich möglichst Kraft, ging mehr mit den Knien als mit den Füßen und verlagerte im Rhythmus das Gewicht. Die harte Spurarbeit verringerte sich entgegen allen Erwartungen schon nach den ersten dreißig Metern Höhe, zuletzt mußte ich mit den Schuhen in den hart werdenden Hang Tritte ritzen.

Ich war mißtraurisch. Der Sturm der vergangenen Tage — die frisch gefallenen Neuschneemassen — die Bildung eines Schneebrettes war nach den bisherigen Beobachtungen nicht gerade wahrscheinlich, aber möglich. Prüfend stieß ich meinen Pickel in den Schnee, deutlich spürte ich am wechselnden Widerstand drei oder vier Schichten verschiedenen Alters. Wir brauchten uns nicht zu sorgen. Die Erklärung für den Wandel der Schneeauflage war einleuchtend: der Sturm hatte den Gipfel blank gefegt.

Der Grat ging in ein mäßig geneigtes Firnfeld über, das uns im sanften Bogen in mühelosem Anstieg zum Scheitel des Berges bringen mußte.

Es gibt bei einem alten Bergfuchs instinktmäßige Regungen, die allen Gesetzen der Vernunft widersprechen und sich begrifflich in keiner Weise erklären lassen. Der Verstand sträubt sich gegen den Instinkt, doch immer folge ich bedingungslos dieser Stimme, wie es auch hier der Fall war.

Es schien völlig widersinnig, plötzlich im rechten Winkel aus dem bequemen, schwach abgedachten Hang zu dem Westgrat abzubiegen, der sich mit gewaltigen Wächten vor uns aufbaute. Hier erwarteten uns

nicht nur erhöhte technische Schwierigkeiten mit dem Gang entlang der gefährlichen Schneewulste, deren Basis schwer auszumachen war, überdies mußten wir erheblichen Zeitverlust in Kauf nehmen. Tatsache blieb: ohne ersichtlichen Grund stieg ich mit harter Wendung aus der ursprünglichen Richtung unmittelbar zu diesem Grat an.
Vorsichtig tastete ich mich Schritt um Schritt vorwärts. An die zehn Meter mochte ich die Kante verfolgt haben, da ergriff es mich wie im Schwindel — die vor mir liegende Gipfelkuppe schien ins Wanken zu kommen. Noch hatte mein Auge die Bewegung nicht richtig erfaßt, als sich neben mir die schwarze Tiefe mit donnerndem Hall öffnete und die ganze Wächtenbarre an der Gratkante zerbarst.
Die Ereignisse überstürzten sich. Risse sprangen im Schnee um uns auf, der Boden unter unseren Schuhen zitterte und bebte, wie von harten Stößen einer Riesenfaust durchschüttelt. In gewaltige Blöcke, die auf uns heruntersprangen, brach der Gipfel auseinander.
Ich hatte mich in die Knie geworfen, den Pickel bis zur Haue in den Schnee gestoßen und brüllte irgendeine Warnung in das Tosen — ebenso sinnlos wie lächerlich. Die Kameraden sahen genau wie ich aus weit aufgerissenen, entsetzten Augen den Sturz der riesenhaften Quader, sie waren ihrem Wüten gleich mir widerstandslos ausgeliefert.
Links und rechts fegten die Ungetüme an uns vorbei, die ganze Zeichnung unserer Spur wurde von ihnen weggerissen. Das Krachen der aufschlagenden Schneemassen brach sich in den Wänden. Um uns stieß aus der Tiefe der Schneestaub wie Rauch auf. Nur unsere kleine, auf einem schwach ausgeprägten Gratknick ruhende Schneezunge war unberührt geblieben. Wie eine Insel ragte sie in die glatte Bahn, alles andere hatte das überdimensionale Schneebrett in den Gletscherkessel gerissen.
Das Tosen verklang, die Spannung ließ nach — doch nein, vom Gipfelabbruch, der sich gebildet hatte, löst sich noch ein einzelner, riesiger Schneeturm — kommt mit gewaltigen Sätzen direkt auf uns zu. Immer mächtiger wächst er an — kein Hindernis stellt sich ihm sperrend entgegen. Unheimlich — drohend — wie ein Gigant. Ich presse mich in den Schnee, die Fäuste um den Pickel gekrallt, wehr- und hilflos. Doch langsamer und müder werden die Sprünge, er dreht sich noch einmal um seine Achse, bevor seine Bewegung erstirbt. Ich starre aus schmerzenden Augen zu dem Ungetüm, das keine drei Meter von mir entfernt liegen geblieben ist.
Ich erwachte wie aus einem bösen Traum. Langsam richteten sich auch die Kameraden aus dem Schnee auf. Ihnen war der fassungslose Schreck mit harten Strichen in das Gesicht gezeichnet.

Wortlos, von dem Erlebnis benommen, das auf uns eingestürmt war, stiegen wir über den tief gefurchten Hang zum weißglänzenden Abbruch. Die an die drei Meter hohe, senkrecht sich auftürmende Wand überwanden wir mit ein paar Stufen und Handgriffen. Erst, als wir uns am Gipfel die Hände schüttelten und das im Sonnenglanz liegende Bergrund vor uns lag, hatten wir als echte Landsknechte der Berge mit dem aufwühlenden Erlebnis abgeschlossen.

In unsere geruhsame Feierstunde kamen ein paar Nebelfetzen vom Torrone als Mahnung zum Aufbruch geflattert. Auch hinter der mauerglatten Kante des Badile hatte sich in der Zwischenzeit eine dunkle Wolkenwand gebildet. Die Warnzeichen trieben zur Eile, zu unserem Skidepot zurückzukehren, um bei guter Sicht abzufahren. Dieses Mal schwangen wir über den parallel verlaufenden, wenig von Spalten durchrissenen Gletscherarm, den südlichen Castellogletscher, hinab. Hier konnten wir die Bretter frei, ohne Seilsicherung, heruntertanzen lassen. Eine kurze, steilere Stufe mündete im flachen Boden des Albingiagletschers, der uns in sanftem Gleiten zur Hütte brachte.

Während der glückhaften Fahrt mit unseren Sommerskiern wandelte sich das helle Sonnenlicht in fahlen Schein. Der Wolkensaum im Westen hatte Badile und Cengalo geschluckt, die ersten Nebelzungen krochen durch die Gratlücken der Sciora in das Talbecken, als wir die letzten Meter zu unserem Bergsteigerheim anstiegen.

Es kam zu keinem neuerlichen Wettersturz, dafür ein Mischwetter, bei dem man nie wußte, was die nächste Stunde bringen würde. Einmal strahlte die Sonne vom blauen Himmel, kurz darauf stießen Schleier über den Zackenkranz des Bergrahmens und schickten Schnee- und Graupelschauer. Damit konnten wir endgültig die Hoffnung zu Grabe tragen, etwas Besseres angehen zu können. Wir mußten uns mit kleineren Fischen, mit Sommerskifahrten zum Cantone und Casnile, begnügen.

Schon längst schwang bei uns der hohlwangige Küchenmeister Schmalhans den Kochlöffel, in den zwangsläufigen Ruhetagen schmolz der Proviant erschreckend schnell zusammen. Jetzt war die letzte Brotkrume vertilgt, es wurde höchste Zeit, aus dem Tal Nachschub zu holen. Während Katrin direkt nach Vicosoprano abstieg, gedachten wir, aus der Not eine Tugend zu machen. Über einen der Pässe wollten wir in das Bondascatal wechseln, um die wildeste der drei Furchen des Bergells, beherrscht von dem Sciora-Block mit der feingliedrigen Ago und den Plattenfluchten des Cengalo und Badile, kennenzulernen. Das würde uns außerdem einen Leckerbissen einbringen: die Steilfahrt mit Sommerskiern durch eine Felsgasse. So etwas fehlte noch in unserer Sammlung.

Über ein paar steile Hänge, die sich terrassenförmig schichteten und zuletzt zu leicht kletterbarem, verschneitem Blockwerk führten, erreichten wir die schmale Kerbe des 2879 Meter hohen Passo Cacciabello di dentro, den „inneren schönen Jägerpaß“. Ein wunderbarer Blick zu den unmittelbar gegenüberliegenden Granitpanzern des Cengalo und Badile, noch mit dem Hermelinbesatz des letzten Schlechtwettereinbruches, bot sich unseren Blicken.

Prüfend überflog mein Auge die tief zwischen den Felsen eingebettete, kaum zehn Meter breite Schlucht; unser Weg in die Tiefe. Feinster Pulver deckte die Steilrinne, soweit sie bis zu einem Knick zu überblicken war, weiter unten mündete der schmale Schacht in einen weiten, sich verflachenden Hang. Die Fluchten zur Rechten und Linken hatten Sonnenschutz gegeben, unten im Auslauf würde uns Firn erwarten. Wirklich eine Fahrt für Feinschmecker, die ihre Bretter zu beherrschen wissen.

Ich setzte von der Kante mit einem Satz in die Gasse, der Schnee hielt. Drei oder vier Schwünge im federleichten Pulver, ein Juchzer klang zu den Kameraden hinauf. Wieder eine schnelle Spurschlange im schmalen Schneeband — urplötzlich brach es, mich völlig überraschend, ab, grünes Blankeis deckte die Rinne. Mit aller mir zur Verfügung stehenden Kraft versuchte ich mit den Stockspitzen zu bremsen, aber vergeblich. Genausogut hätte man probieren können, einen stürzenden Felsblock im Fluge mit der Hand aufzufangen. Das wirbelte mich durch den Eiskanal hinab, daß mir Hören und Sehen vergingen. Die enge Gasse öffnete sich, die Fallgeschwindigkeit trieb mich noch ein gutes Stück über den Schneehang, dann lag ich still.

Zunächst holte ich tief Luft, dann richtete ich mich auf und machte Bestandsaufnahme. Wieder einmal Schwein gehabt! Wahrscheinlich im Gesicht etwas abgeschürft, was ich aus dem fatalen Brennen meiner Fassade schloß. An den Händen hatte ich von meiner Politur etwas eingebüßt, da und dort spürte ich mein Gestell, wahrscheinlich leichte Prellungen. Hoffentlich hatten die Kameraden meine verunglückte Skifahrt bemerkt, um nicht ebenfalls durch den Eiskanal herunterzurasseln. Eine Verständigung war nicht möglich, es hatte mich ein wenig seitlich versetzt, dadurch konnte ich die Scharte nicht einsehen.

Ich klaubte gerade meine Ski zusammen, die es mir von den Füßen gerissen hatte, als ich einen Schatten aus dem Ansatz der Schlucht herausschießen sah. Also doch! Der Körper flog, in die gleiche Bahn gedrängt, direkt auf mich zu.

„Warum so eilig, Doktor?“ rief ich dem Gestürzten zu, als ihn die Fallgeschwindigkeit an mir vorbeitrug.

Ein kleines Stück unterhalb meines Standpunktes kam er zum Halten. Der Doktor hatte einen Augenblick an seinem Sturz zu kauen, dann hob er verdutzt sein Gesicht. Es verzog sich zu einem breiten Grinsen, als er mich näher betrachtete.
„Na, Oka, Sie können den Choral ‚O Haupt voll Blut und Wunden' anstimmen, wenn Sie sich im Spiegel betrachten."
Er hatte es nicht nötig, große Sprüche zu machen. Sein Nasenrücken war etwas demoliert, an der Nasenspitze hing ein neckischer Blutstropfen. Auch er reckte und dehnte sich, um die durcheinander gerüttelte Figur wieder gerade zu biegen. Im ganzen genommen schien er etwas billiger als ich davongekommen zu sein.
Ob auch Florian angesaust kommt? Ich hegte einigen Zweifel, sein ganzer Lebensstil sprach dagegen. Er schätzte mehr besonnenes Handeln und spürte keine Lust, Kopf und Kragen zu riskieren.
Der Doktor erzählte, wie sich aus ihrer Sicht das Geschehen abspielte. Die Kameraden folgten mit begeisterten Blicken meinen Bogen, wie ich sie in den Hang zirkelte, und hörten meinen Juchzer. Noch einmal sahen sie den Pulverschnee aufsprühen, dann entzog ein Knick den weiteren Fahrtablauf ihren Augen. Erst ein gutes Stück tiefer kam ich wieder zum Vorschein, als ich kopfüber durch die Rinne hinabstürzte. Mit voller Wucht schien ich gegen einen Felsvorsprung zu prallen, im weiten Hang entschwand mein Körper ihren Blicken. Ohne einen Augenblick zu zögern, folgte der Doktor meinem schlechten Beispiel, um mir zu Hilfe zu kommen, leider mit dem gleich negativen Resultat. Wir suchten unsere Sachen zusammen. Zum Glück fehlte nichts, auch die Sommerski hatten keinen Schaden gelitten. Nur meine Skistöcke waren unter dem rücksichtslosen Einsatz hoffnungslos verbogen. In Vicosoprano konnte ich mir leicht ein neues Paar beschaffen.
Eine ganze Weile saßen wir nebeneinander auf den Rucksäcken und hielten einen gemütlichen Schwatz. Ja, und jetzt kam er, unser guter Florian, nach dem Spruch „Eile mit Weile". Wir sahen ihn im Schlußteil der Eisschlucht, wie er sorgfältig mit den Steigeisen Schritt um Schritt setzte. Einen Juchzer sandten wir empor, sein Ruf klang zurück. Er hatte begriffen: das kleine Abenteuer ist gut abgelaufen.
Das Schneefeld lief in einem Geröllhang aus, der anschließend grüne Rücken senkte sich zum Waldrand ab. Am ersten Bergbach wuschen wir die Blutspuren von Gesicht und Händen und versteckten die gröbsten Male unter Leukoplast. Wir machten wieder einen verhältnismäßig zivilisierten Eindruck.
Es kostete einige Mühe, den von der Sciorahütte herabführenden Weg

zu finden. Der nur in Trittspuren sichtbare, von Moos und Farn überwucherte Steig verlor sich immer wieder in der Wildnis des im schluchtartigen Tal eingekeilten Bergwaldes. Düster starrten in dieses Labyrinth von urgewaltigen Lärchen, durcheinandergewirbeltem Blockwerk und modernden Baumriesen die abschreckendsten Plattenpanzer des Bergell.
Auf halbem Weg zwischen Borgonovo und Vicosoprano erwartete uns Katrin. Sie machte kugelrunde Augen, als wir wie ein Häuflein geschundener Raubritter über die Straße gewalzt kamen. In einer kühlen Gaststube hielten wir bei einem Glas Veltliner und einer ordentlichen Portion Bündner Fleisch Kriegsrat.
Die Urlaubstage unseres lieben Doktors waren gezählt, und die Sommerskifahrten um Albingia erschöpft. Mein Vorschlag: wir wechseln in das Reich des Fornogletschers mit seiner hübsch gelegenen SAC-Hütte. Dort gibt es ein paar Firnpyramiden, so richtig für Skigenießer reserviert. Damit werden wir noch einiges auf die Plusseite unseres Bergellkontos verbuchen können. Alle waren einverstanden.
Im Hintergrund meiner Seele stand ein Wunsch zu dem Plan Pate. Das erste Mal hatte ich vom „Wolkensteg" des Roseg den Monte della Disgrazia in seiner zwingenden Schönheit geschaut. Bei unserer Gratüberschreitung vom Piz Sella über die Dschimels zu den La Sella war immer dieser Berg unser Begleiter, meine Sehnsucht wurde weiter genährt. Jetzt wollte ich ihn vom Sissone, aus nächster Nähe und aus einem neuen Betrachtungswinkel, bewundern.
Im Konsum kauften wir ein, ich vergaß nicht, ein Paar Skistöcke zu erwerben. Sie machten keinen eleganten Eindruck und schienen mehr für derbe Bauernfäuste bestimmt, aber mir blieb keine andere Wahl.
Blitzblank war der Himmel gefegt, als wir von der Albingiahütte über den Passo Casnile den Weg zur 2574 Meter hoch gelegenen Fornohütte nahmen.
Ein paar Bergtage folgten. Als Abschluß wählten wir den Sissone, den südöstlichen Eckpfeiler der Gruppe, der sich gleich einer Kanzel gegen Bernina und Disgrazia vorbaut. Um den Gipfel brodelte es wie in einer Hexenküche. Geduldig harrten wir aus. Einem Blick zuliebe hatten wir die Schneepyramide erstiegen — der Schau zum Monte della Disgrazia.
Unsere Mühe wurde belohnt. Der „Schöne Berg" trieb sein kokettes Spiel mit Wind und Nebelschleiern. Erst ließ er uns hinter dem dünnen Vorhang das Ebenmaß seiner Formen ahnen, dann enthüllte er einen um den anderen Grat, bis er sich zuletzt im vollen Sonnenglanz den trunkenen Blicken preisgab. Kühn die Flucht der Eiswand, die aus dem Disgraziagletscher wuchtet, am berückendsten der sich zu uns absenkende

Nordwestgrat, dessen Wächten, Schneiden und Steilstufen aus getriebenem Silber gearbeitet schienen.
Das nächste Ziel: Monte della Disgrazia, der „Berg des Unheils“, aber auch Monte Bello, der „Schöne Berg“. Wie werden wir ihn nach der Bergfahrt nennen?

Castasegna. Im verglimmenden Licht stiegen wir zwischen dem schweren Gemäuer des letzten Bergelldorfes von den Rädern. Ich mußte meine Gedanken erst einmal ordnen, im tollen Wirbel waren die Ereignisse des Tages auf uns eingestürmt.
In der vergangenen Nacht leuchtete die Nadel der Kleopatra durch das Fenster der Fornohütte, ein paar Stunden später standen wir ganz im Bann des Disgrazia. Noch bevor die Mittagsstunde schlug, saßen wir vor dem Schwyzerhüsli in Maloja und hielten zu Ehren des scheidenden Doktors fröhlichen Umtrunk.
Teils aus Abschiedsschmerz, teils der ausgedörrten Kehle wegen unternahm der trinkfreudige Florian einen mächtigen Vernichtungskrieg gegen das Celerinabier. Trotz heldenhaftem Widerstand erlitt er durch das „Apothekergsöff“ eine schmähliche Niederlage. Und schließlich unsere Bummelfahrt durch das Paradies des Bergelltales. Zur gleichen Zeit, als sich unser bleicher, in leidlich gutem Zustand befindlicher Bajuware im Postauto nach Soglio verfrachtete.
Keine fünfzig Kilometer hatten wir auf der Landstraße von Maloja nach Castasegna durchmessen. Ein Zeitraum von vier Stunden versetzte uns aus der herben Stimmung des Nordens mit der spärlichen Hochgebirgsflora in die sinnverwirrende Fülle des Südens.
Ein schmuckloses Steinhaus mit kleinen, vergitterten Fenstern in Vicosoprano erregte unsere Aufmerksamkeit. Mit Mühe entzifferten wir die teilweise verwitterten Schriftzeichen, das alte Rathaus des Ortes. Der Platz vor uns die Richtstätte. Und hier an der Ecke der Schandpfahl, daneben baumelte an schwerer Kette das dick mit Rost überzogene Halseisen.
Die Gedanken wanderten die Jahrhunderte zurück, vor dem Brunnen glühten die Scheiterhaufen der Hexenprozesse. Unter dem Schwert des Henkers fiel das Haupt des heiligen Gaudentius, der schonungslos gegen die Laster der Vornehmen predigte. Zur Verblüffung seiner Richter nahm der Heilige seinen Kopf unter den Arm und wanderte nach Cassaccia, um sich in der Kirche San Gaudentia zur ewigen Ruhe betten zu lassen. Er machte allerdings die Rechnung ohne die Bergeller, die seine Gebeine während der Reformation in die Maira warfen.

Je weiter wir fuhren, umso mehr steigerte sich das Landschaftsbild zu dramatischer Wucht. Die Felswände, die das Tal zu einem Spalt zusammenschnürten, widerhallten vom Tosen der Maira, die sich mit weißsprühendem Gischt durch die Enge zwängt. Über dem Felstor der Porta steht noch immer düster und drohend die Zwingburg. Durch die dämmrige Kühle glitten wir aus dem Norden in den Süden. Edelkastanien überschatteten die Windgrotten von Bondo, satte Farben prangten verschwenderisch aus den Gärten. Eine Wolke von süßem, schwerem Duft trug uns in die Dorfgassen von Castasegna.

Das warme Licht des scheidenden Tages ließ ein paar Blüten in einem verwahrlosten Garten auffunkeln, der mit rostigem Gitter an die Straße grenzte. Verloren standen Palmen mit zerzausten Blättern auf verwitternden Steinsockeln über dem wuchernden Grün, dahinter die Fassade einer altertümlichen Villa. Ein Schaukasten mit verblichenen Fotografien hing neben der Eingangstüre. Er verhieß „Lebensechte Bildnisse" und „Fotoartikel erster Fabrikmarken".

Das hatte ich auf unserer Talfahrt vergeblich gesucht, der letzte Film war verschossen.

Das Knarren der Eisentüre konnte so wenig ein Lebewesen aus dem Haus locken als alles Klopfen und Rufen im fliesenbelegten Gang der Vorhalle. Schon wollten wir uns zum Gehen wenden, als ein sonderbares Männlein über die Treppe gehuscht kam. Auf einem schmächtigen, verwachsenen Körper saß ein unverhältnismäßig großer Kopf, der glänzende Kahlschädel vom Gewirr grauer Haare umwuchert. Das faltige Gesicht beherrschten ausdrucksvolle Augen, die hinter dickwandigen Gläsern funkelten.

In kurzen, abgehackten Sätzen, untermischt mit italienischen Ausdrücken, fragte Alfredo Gandia (wie ich aus der verwaschenen Schrift am Schaukasten entziffert hatte) nach unserem Begehr. Seine Worte unterstrich er mit den Bewegungen feiner Künstlerhände. Über die geschäftlichen Dinge kamen wir ins Gespräch, ein paar Aufnahmen an den ausgebleichten Wänden erregten mein Interesse. Verständnis spürend drängte uns der seltsame Kauz in ein nebenanliegendes Zimmer.

Großer Gott, in was für eine Räuberhöhle waren wir geraten! Da lagen Haufen von Brillen (nebenher betätigte sich Signor Gandia auch als Optiker „é peccato, die Kunst bringt kein Brot"), halb gefüllte Fixierschalen mit verkrusteten Rändern, Bücherstapel und jeder nur erdenkliche Krimskrams. Wie feiner Samt wirkte im Halbdunkel der Staub, der alles deckte. Auf Katrins verwunderte Augen vermerkte er mit leichtem Achselzucken:

„Ich bin allein, das Haus ist zu groß für mich. Gäste habe ich nicht. Warum den Dingen nachlaufen?"

Mit souveräner Handbewegung wischte er irgendwelche Instrumente von einer Mappe und brachte einen Stoß Aufnahmen zum Vorschein — hauchzarte Kunstwerke, eine Meisterhand und hochentwickeltes Gefühl für den Stimmungsgehalt einer Landschaft verratend. Der Rauch aus den Dörrhütten wirbelte durch den herbstlichen Kastanienwald, Wolkenschleier umbrandeten den Granit des Bergells, oder es zeichnete sich mit sparsamsten Mitteln das Idyll einer Dorfgasse ab.

Nach kurzer Dämmerung brach überraschend schnell die Nacht herein. Die Räder standen wohlverwahrt im Schuppen unseres neuen Freundes. Er ließ es sich nicht nehmen, uns ein Stück das Geleit zu geben. Durch eine steile Dorfgasse gewannen wir den Pfad, der sich über den waldbesetzten Berghang nach Soglio windet. War es der plötzliche Übergang von der Höhe ins Tal oder die weiche Luft der Sommernacht? Ich fühlte mich wie benommen. Alles schien unwirklich, das Gespinst eines Traumes.

Über uns wölbte sich das Dach der Edelkastanien, der federnde Waldboden dämpfte die Schritte. Ab und zu streifte der Mond das bleiche Gemäuer einer Dörrhütte, zwischen den dunklen Säulen der Stämme warf er silberne Lichter auf den kurz geschorenen Rasen. Seine Scheibe hatte sich soeben über die Türme des Bergells geschoben, die unser Tal mit einer wildzackigen Riesenmauer gegen die übrige Welt abzuschirmen schien. Durch das Schattenreich des Laubdomes schwirrten kometengleich die Körper von Glühwürmchen.

Mit kurzen hastigen Schritten — ein Schratt des Gespensterwaldes — sprang der Bucklige neben uns her. Die Sätze flüsternd hervorstoßend, sprach er von seinem Ringen um die letzte Weisheit, von Sanskrit und Bagavat Ghita, den Schlüsseln zur Erkenntnis. Ruckartig, mit hageren Armen gestikulierend, unterstrich er die Worte, das Mondlicht ließ dann und wann gleißende Lichter in den tief geschliffenen Brillengläsern aufblitzen.

Ganz unvermittelt, mitten in einem Satz, brach er ab, rief ein „Buona notte, signori" und sprang davon. Noch einen Augenblick traf ihn auf einer Waldblöße der volle Schein des Mondes — ein Kobold, ein Gnom, den der Lichtkegel erfaßte — dann hatte ihn die Nacht aufgesogen.

Irgendwo streckten wir uns in das hohe Gras. Gleichförmig klang das Murmeln eines Baches durch die Nacht, ich atmete den schweren Duft des Bodens und sah durch das Gezweig, wie sich über den Felsen der Himmel wie ein blausamtener Teppich spannte, mit unzähligen flim-

mernden Lichtpunkten besetzt. Die Gedanken wanderten zurück, doch bald verknüpften sich Sanskrit — Florian — Celerinabier — Palmen — Ago — zu einem unentwirrbaren Knäuel, ich schlief ein.
Ein lustig anzuhörendes Konzert klang über uns im Wipfeldach, als die Sonne mit ihrem wärmenden Hauch die gefiederten Sänger weckte. Der Wind strich mit sanftem Finger über die Kastanienblätter, ließ einmal ihre helle Unterseite, dann wieder die dunkle Glanzschicht auffunkeln, daß ein immerwährendes Flimmern in den Baumkronen hing. So viel Fröhlichkeit am frühen Morgen wirkt ansteckend — lachend schüttelten wir den Tau aus den Haaren, tauchten die Köpfe in das frische Bachwasser, nahmen einen Trunk und stiegen bergan.
Was gestern die Schatten der Nacht geheimnisvoll überschleierten, atmete mit den ständig sich verschiebenden Lichtflecken und den vielfältigen Stimmen sprühendes Leben. Der Wald lichtete sich, die Stämme wurden knorriger, die Laubkronen wandelten sich zu phantastischen Formen — über dem steilen Wiesenhang ein schlanker Kirchturm — Soglio.
Wir schritten über holpriges Dorfpflaster, durch das Winkelwerk ineinandergeschachtelter Häuser, Scheunen und Ställe. Ein paar alte Frauen mit buntem Kopftuch schöpften aus einem alten, gedeckten Brunnen Wasser. Langstielige Blüten zwischen Palmen und Zypressen leuchteten aus mauerumfriedeten Gärten, ein weit ausladender Lebensbaum beschattete ein Haus, an das sich zugleich eine Zirbe, der Bergbaum des Nordens, schmiegte. Dahinter als einmalige Kulisse Ago, Cengalo und Badile.
„Soglio é la soglia del paradiso" — Soglio ist die Schwelle des Paradieses. Kein geringerer als Segantini prägte diesen Ausspruch. Hinter dem scheinbar flüchtigen Spiel mit Worten verbirgt sich ein Bekenntnis. Die Terrasse über den Laubbogen der Edelkastanien mit der Zackenkrone der Bergellberge regte den Meister zu seinen schönsten und reifsten Schöpfungen an.
Den kleinen Freiplatz inmitten des Dorfes begrenzte das geschlossene Viereck eines düsteren Gebäudes. Die fein ziselierte Schmiedearbeit des Tores und die kunstvoll gearbeiteten Fratzen mit den Halteringen für Pferde an der Stirnseite des Hauses verrieten den ehemaligen Herrensitz — das Stammschloß der Salis. Eine kleine Messingtafel neben dem Eingang trug die Inschrift „Pension Willi".
Im Bogengewölbe des einstigen Prunksaales fanden wir Freund Florian. Den geschnitzten Tisch deckte blütenweißes Leinen und ein Gewebe feinster Spitzen. Der Kaffee duftete und verführerisch lockten Brot, Butter, Honig und andere Gaben eines Café complet nach Schweizer

Art. Uns lief das Wasser im Munde zusammen, seit einem kurzen Imbiß in Castasegna war kein Bissen über unsere Lippen gekommen. Der frisch rasierte und in bester Schale prangende Freund strahlte, mit vollen Backen kauend, über das ganze Gesicht.

„Ein pfundiger Ausschank! Doch setzt Euch zuerst einmal nieder und schaut, daß Ihr was zwischen die Rippen bekommt, Euch treibt der Hunger die Augen 'raus."

Nach Rückgewinnung des inneren Gleichgewichts machten wir einen Gang durch den Miniaturpalast, der uns auch in Segantinis Arbeitszimmer führte.

„Und jetzt der größte Schlager", sagte Florian, mit vergnügt funkelnden Augen eine Tür öffnend, „ob Ihr's glaubt oder net, hier hab ich geschlafen."

Auf spiegelndem Parkettboden erhob sich ein Podest, darauf mit kunstvoll gedrechseltem Bettgestell, vergoldeten Knöpfen und seidenem Baldachin das Prunkbett der Salis.

„Weißt", meinte der Freund treuherzig, „so schaut es ja recht nobel her, das Bett. Aber mit dem Schlafen hat es ein anderes Gfrett. Wann du meinst, jetzt liegst bequem und streckst die Haxen aus, fliegt allweil mit einem Schepperer das Fußend davon. Lieber kein Fürstenbett und in der Nacht sei Ruh haben, weniger vornehm heißt besser schlafen."

Der Pfad von Castasegna schlängelt sich über die Stufen des Bergwaldes, unter dem Wipfeldach urhafter Edelkastanien zeichnet sich das von Lichtflecken umspielte Gemäuer der Dörrhütten ab. Ein paar letzte Wetterbäume umsäumen den Weg, dann tritt urplötzlich an der Bergkante der schlanke Kirchturm von Soglio ins Blickfeld. Foto: Oskar Kühlken.

Gleich einer Schaumrolle krönt die Wächte den Vorgipfel des Monte della Disgrazia. Foto: Oskar Kühlken.

„Soglio é la soglia del paradiso" (Soglio ist die Schwelle des Paradieses) — dieses Wortspiel prägte einst Segantini, der begnadete Künder der Schönheit des Bergells und des Oberengadins. Das alte Bergdorf mit der Kulisse der Felszähne um die Ago di Sciora. Foto: Oskar Kühlken.

Monte della Disgrazia

Wir befanden uns auf dem Weg zum Monte della Disgrazia. In schwungvoller Talfahrt flogen die Galerien der Weingärten und volkreiche Dörfer an uns vorüber. Die schweren Bündner Häuser waren leichten Bauten mit filigranhaften Gitterbalkonen gewichen. Auch ohne den sperrenden Schlagbaum kurz unterhalb von Castasegna brachte die augenfällige Veränderung der Landschaft zum Bewußtsein, nel giardino dell'Europa, in den Garten Europas, wie die Italiener gerne ihr Land nennen, gewechselt zu haben.

Ein weiträumiger Kessel öffnete sich. Täler, Wasseradern und Wege sprangen von den Bergen und vereinigten sich im vor uns liegenden Stadtkern wie die Fäden eines Spinnengewebes — Chiavenna, das alte Cleven der Eidgenossen. Dann ein See, dessen versumpfte Ufer sich endlos dehnten, nach einer kurzen Landbrücke glitzerte im Sonnenlicht der Wasserspiegel des Comer Sees.

Wie gesagt, Florian stellt die Musterausgabe eines beschaulichen Genießers dar. Bergfahrt — gerne, es kann auch etwas grob dabei zugehen, doch von einer Bedingung läßt er sich nichts abhandeln, die andere Seite seines „Ichs" darf dabei nicht zu kurz kommen.

„Der Monte della Disgrazia läuft uns nicht davon", tröstete Florian mich, als ich in Soglio nach schneller Anreise drängte, um nach dem Pech der vergangenen Wochen die herrschende Hochdrucklage auszunützen. „Und wenn das Wetter umfallt, können wir auch nix machen, hinterher ist es noch allweil schön geworden. Nein, mein lieber Freund, ich fahr pfeilgrad nach Como und rutsch ein bisserl am See umeinander, über zwei Tage treffen wir uns in Cattaeggio."

Eigentlich hat er recht, der Mann mit der geruhsamen Lebensphilosophie, meditierte ich vor mich hin, als unsere Räder auf schnurgerader Straße in Richtung Colico surrten. Aus seinen Worten klingt die Erkenntnis

Die Firnkante führt zum First des 3678 m hohen Monte della Disgrazia, dem „Berg des Unheils", aber auch Monte Bello, der „Schöne Berg" genannt. Im Vordergrund das „Cavallo Bronto", die Felsbastion vor dem Gipfelgrat. Foto: Oskar Kühlken.

jenes Chinesen, der sich mit einem Amerikaner über den Wert der Zeit auseinandersetzte. Der Weiße rechnete ihm vor: „Hier kann ich fünf Minuten sparen, wenn ich mich beeile, dort zehn, und wenn der Tag endet, habe ich eine ganze Stunde gewonnen." Der Gelbe lächelte mit der Weisheit der Jahrtausende: „Du hast wahr gesprochen, doch sage mir eines — was machst du mit dieser Stunde?"

Der Disgrazia läuft uns wirklich nicht davon, und ein Sonnentag am See nimmt sich nicht schlecht im Ablauf unserer Bergzigeunerei aus.

Am Seeufer angelangt, deutete Katrin auf einen kleinen, hinter Buschwerk versteckten Wiesenfleck, der, unmittelbar am Wasser gelegen, einen idealen Zeltplatz abgeben mußte.

„Da drüben bauen wir unser Schloß aus Leinwand auf. Die Lage ist günstig, du kannst frische Semmeln und alles, was wir brauchen, mit dem Rad vom nahen Colico holen. Auch deinen Wein, damit du den Ärger über das viele Wasser hinunterspülen kannst", fügte sie mit leichtem Spott hinzu, sie kannte meine schwache Seite.

Leider, ich bekenne es — ich bin kein Freund des Wassers. Ich würde nie den Satz „Es lächelt der See, er ladet zum Bade" niedergeschrieben haben.

Nun, es wurde gar nicht so übel. Untertags saßen wir am See und faulenzten, Katrin planschte begeistert im Wasser. Wenn es mir gerade einfiel, hatte ich dringend in Colico etwas zu besorgen, das leider immer viel Zeit in Anspruch nahm, da ich zwischen Fuhrleuten, Fischern und allerlei anderem Volk in einer Osteria saß und bei einem Glas Veltliner mit ihnen eifrig parlierte.

Am Abend flammte gegenüber unserem Zeltplatz eine Lichterschnur mit tausend Reflexen über spiegelnden Wassern auf. Wir vertrauten dem versteckten Winkel mehr als der Ehrlichkeit unserer Mitmenschen und fuhren mit unseren Rädern in die kleine Stadt. Bei einem Krug Wein saßen wir an einem rohen Holztisch unter einem dichten Rebendach. Bald kam Leben in den Garten. In den Hall der gegen eine Bretterwand schlagenden Boccia-Kugeln mischten sich die rauhen, abgerissenen Rufe der Spieler. Eine kleine Birne beleuchtete mit schwachem Schein die Szene und zeichnete die ins Riesengroße verzerrten Schatten der Gestalten an die gegenüberliegende, weiß getünchte Hauswand.

Wir saßen wieder auf unseren Rädern, um nach Cattaeggio, einem kleinen Bergdorf im Val Masino am Fuße des Disgrazia und Ausgangspunkt zur Capanna Cecilia zu gelangen. Hier wollten wir Freund Florian treffen.

Auf der Fahrt durch das Veltlin gerieten wir in Morbegno in das Getriebe eines Markttages. Überall Karren, Stände und Händler inmitten einer sich schiebenden und drängenden Menschenmenge. Mit viel Stimmaufwand wurde gefeilscht: um Berge von Obst, Hühner und Stoffballen sowie nutzlosem Tand. Ein Friseurladen, im Schaufenster ondulierte Locken über süß lächelnden Wachsköpfen, weckte Katrins weibliche Instinkte. Das bedeutete, gering gerechnet, eine zweistündige Wartezeit.

Zunächst bummelte ich durch den Ort, es gab aber nicht viel zu sehen. Magisch zogen zuckerglänzende Backwaren einer Confiseria meine Augen an — meine große Schwäche. Auch diesmal konnte ich der Versuchung nicht widerstehen. An der Bar stehend, schlürfte ich meinen Espresso. Und auf die Süßigkeiten auf meinem Teller blickend, lief mir das Wasser im Munde zusammen. Herzhaft biß ich in eines der biscotti. Hölle und Teufel — im Schreck vergaß ich die Lippen zu schließen, mir schien es die Augen heraustreiben zu wollen.

„Fa male?" fragte teilnehmend die Verkäuferin.

Nach Luft schnappend schüttelte ich den Kopf. Nein, schlecht war es mir nicht, nur im ersten Entsetzen hatte ich so heftig reagiert. Biscotti übersetzt man doch mit Bisquit, vor mir aber türmten sich infernalisch schmeckende Seifentabletten mit Zuckerguß. Dabei wagte ich kaum zu atmen, ich hatte Angst, das Mehl könnte mir zu den Ohren herausstauben.

„Sono un po vechii", entschuldigte die schwarzhaarige Madonna das Teufelszeug.

Mein Kampf mit der Materie war ihr nicht entgangen. Dabei übersonnte ein so liebes Lächeln das zarte Gesicht, daß der Groll meiner hungrigen Seele verflog.

„Schade, im frischen Zustand müssen sie köstlich gewesen sein", log ich herzhaft, und setzte meine strahlendsten Lichter auf.

Die Breitseite verfehlte nicht ihr Ziel, mein holdes Gegenüber verriet die Wirkung. Feines Rot flammte über die Wangen und wanderte bis zu den Haarwurzeln. Ich spürte den Blick der mandelförmig geschnittenen Augen.

„Uno momento signore, per favore", und glitt durch die Verbindungstüre.

Ich war allein, nur das Gesumm der Fliegen schwebte im Raum. Gegenüber an der Wand hing der kitschige Farbdruck einer Seelandschaft. Giftgrüne Zypressen am Strand, aus den grellblauen Fluten stieg der steile Kegel eines Berges, ein Hafen mit bunten Segeln, Häuser mit knallroten Dächern. Gedankenverloren las ich die Unterschrift „Lago Iseo".

Hübsch und sehr sympathisch, das Mädchen, das süße Gesichterl, die selbstverständliche Anmut der Bewegungen. Mein Blick streifte das Fahrrad im Ausschnitt des Fensters. Das Gefunkel der Lenkstange sprang mich wie ein Alarmruf an: „He, alter Freund, der Disgrazia wartet auf dich!" Hm, Disgrazia, das roch stark nach Umschreibung, so viel Takt hätte ich dem stählernen Vehikel gar nicht zugetraut. „Kein Grund zur Aufregung, verehrter Hüter der Moral", lächelte ich zurück. „Ein bisserl schauen ist schließlich erlaubt, wenn der liebe Gott etwas so Blitzsauberes wachsen ließ." Verführerischer Duft stieg mir in die Nase.

„Sie sind soeben aus dem Ofen gekommen."

Lächelnd, mit einer einladenden Bewegung der grazilen Hände, stellte der gute Geist der Confiseria das Backwerk auf den Tisch. Vor dem glitzernden Blick wichen meine Augen zu den weniger gefährlichen Biskotten aus, ich murmelte einen freundlichen Dankspruch und widmete mich für die Folge nur noch der Beruhigung meiner Magennerven.

Von Ardenno, im breiten Tal der Adda gelegen, folgten wir den steilen Kehren des Sträßchens, das in das Val Masino nach Cattaeggio führt. Eine Lachsalve scholl uns entgegen. Um die Ecke biegend, sahen wir Freund Florian vor der Häusergruppe gravitätisch inmitten einer Schar abgerissener, wuschelköpfiger Kinder auf einem Zaunpfahl hocken. Seine Rede wurde immer wieder von hellem Jubel unterbrochen, wenn er ein fehlendes Wort durch eine entsprechende Grimasse ersetzte. Über das ganze Gesicht lachend kam der lustige Kamerad durch den Haufen zu uns herübergestelzt. Eine kulturelle Mission habe er erfüllt und über die Erfindung der Reinlichkeit einen aufklärenden Vortrag gehalten, ihre Segnungen seien bisher in dem Bergdorf unbekannt geblieben.

Er hatte nicht übertrieben. Knöcheltief versanken wir im Schlamm der Dorfgasse, die einzige Trattoria glich einem Schweinekoben. Auf unser Rufen kam ein fettes Weib auf bloßen Füßen dahergewatschelt, freigebig die dreckverkrusteten, mit Krampfadern überzogenen Waden zeigend.

Ich fragte nach dem Padrone, dem Wirt der Ceciliahütte. Unser Beschluß, noch heute nach dem sechs Stunden entfernten Stützpunkt aufzusteigen, löste bei dem Guida heftigen Tatendrang aus. Die Vorfreude schien sich in das Vergnügen zu teilen, diesen vom Himmel

gesandten Fremden eine Anzahl Lire abzuknöpfen und den Armen seines angetrauten Eheweibes entwischen zu können.
Zum Aufbruch erschien er für beide Gelegenheiten gleich gut gerüstet. Aus der hoch beladenen Kraxe lugten zwischen Salami und Weißbrot die Hälse von einigen bauchigen Weinflaschen hervor, aus dem Verschlag, der das Traggerüst krönte, tönte das muntere Gackern zweier Hühner. Hinter ihm kam in hübsch geflochtenen Bastschuhen ein junges, sauber gewandetes Mädchen getrippelt.
Wir schulterten die schweren Bündel und folgten dem schmalen Pfad, der sich steil zu dem Almdorf Valbiore windet. Links und rechts standen ein paar Edelkastanien, dazwischen ein Bildstöckel, dessen weißes Gemäuer sich mit harter Kontur gegen die Punta del Tre Signori abhob.
Hin und wieder begegnete uns ein Bursche mit einem blechernen Milchkübel auf dem Rücken, der gleich der kleinen Italienerin Bastschuhe an den Füßen trug.
Durch den jahrhundertelangen Gebrauch des Schuhwerks glichen die Felsstufen des Steiges poliertem Marmor. Die Sonne sandte lange Strahlen auf den 1900 m hoch gelegenen ebenen Almboden der Alpe Preda Rossa, weitere zwei Stunden verstrichen, bis aus dem ersten Dunkel der massige Steinbau der Capanna Cecilia vor uns auftauchte.
Lieblicher Bratenduft durchzog die Gaststube. Aus der Küche tönte der melodische Zwiegesang des wackeren Giuseppe und seiner schwarzäugigen Donna. Durch die Fenster spiegelten sich im Mondlicht die schneebesetzten Grate und Flanken des Monte della Disgrazia.
Von den Berninabergen schaute ich ihn zum ersten Mal, sein Bild brannte sich in mein Herz. Talbeherrschend wuchs er aus der Niederung von Sondrio, umbrandet von den Spaltenarabesken des Disgrazia- und Ventinagletschers schwangen sich die Grate in ausgewogener Harmonie zum First, ein genialer Konstrukteur hatte die Streben von der Schwere der Materie gelöst. Ein Einzelgänger, ein Gebirge für sich, nur durch einen Felssteg mit dem Bergell verknüpft. Viele Jahre schwelte das Verlangen nach dem Berg, der Blick vom Sissone entfachte die Glut zur lodernden Flamme.
Jener Grat, der sich mit seinen Abbrüchen, Wächten und fein ziselierten Schneekanten aus den Wolkenschleiern schälte, sollte uns zum stolzen Ziel führen. Und doch mischte sich am Vorabend der Erfüllung ein Tropfen Wermuth in die erwartungsfrohe Stimmung. Die Schatzkammer der Erinnerung wird um eine Kostbarkeit bereichert, zugleich geht ein Kleinod aus dem Schrein der Wünsche verloren, das lockend die Phan-

tasie beflügelte. Das vom Sehnen verklärte Bild des Berges rückt aus der Sphäre des Unwirklichen, die Schleier fallen, das Wolkenschloß zerstiebt, es bleibt die nüchterne Realität. Nein, „wunschlos glücklich" möchte ich nicht sein, sondern „wünschend glücklich" das Verlangen nach dem Schönen, das entflammt und begeistert, in der Brust tragen.

Und noch etwas anderes kam an diesem Tag im ersten Drittel des Monats Juli hinzu. Jeder hat eine besondere Art, seinem Geburtstag Glanz zu verleihen. Der eine feiert ihn im Kreise seiner Freunde, der andere schmiedet daraus ein Fest der Lebensfreude mit einem erlesenen Mahl und einem edlen Tropfen Wein. Wenn nicht gerade der Himmel seine Schleusen öffnete, beschenkte ich mich zu diesem Ereignis mit einer Bergfahrt zu einem „besseren" Gipfel. In den vergangenen Jahren waren darunter die Fleischbank-Ostwand und die Überschreitung des Lyskammes, diesmal sollte es der Monte della Disgrazia, mein Monte Bello, sein.

Die Schatten der Nacht lasteten über der Punta dei Tre Signori, als wir, die Sommerski unter die Deckelklappe der Rucksäcke gebunden, aus der Hütte traten. Im Osten kündete lichter Schein den jungen Tag. Das Leuchten verstärkte sich im Anstieg über die Moränen und Felsplatten und hob mit zarter Silhouette den Disgrazia aus dem Grau der Dämmerung. Wir schritten über den Samtfirn des spaltenlosen Gletschers, das Zickzack der Spur führte zur Einsattelung im Nordgrat, der Colle Pioda.

Ein Gleißen riß den Blick zur Höhe — soeben faßte die Sonne den Gipfelsaum, leuchtend stand er über schattendüsterer Wand. An der Scharte blieben die Sommerski zurück. Wir zurrten die Gurten der Steigeisen um die Schuhe. Bei dem zu erwartenden gefährlichen Tanz zwischen den Wächten — der Blick vom Sissone ließ einiges ahnen — wußte ich die Sicherung des Seilersten bei Florian in erfahrenen und zuverlässigen Händen.

Vom Sattel folgten wir dem Schneerücken mit vereinzelt eingestreuten Felsstufen, das Bild veränderte sich nicht nach dem Aufschwung, der den Blick auf das nächste Gratstück frei gab. Der geringe Widerstand enttäuschte — wir erwarteten Kampf und Einsatz. Nun ward daraus ein Bummel mit den Händen im Hosensack. Hatten uns die ziehenden Schleier genarrt, sollte der Berg, der uns ein Edelstein dünkte, nur ein Blender, ein schillerndes Stück Glas sein?

Die letzten Schritte zu einem runden, breiten Kopf — vor uns ein steil sich aufschwingender First. Er strahlte in jungfräulichem Weiß, noch kein Fuß hatte in diesem Jahr Kerben in die Kante gefügt. Sie krönte eine lange Reihe sich kreuzweise überschneidender Wächten — das Gefährlichste, das man sich denken kann. Wehe dem Bergsteiger, der nur um Fußesbreite den messerscharfen Felsgrat unter den lockeren Schneeaufbauten verfehlt. Der sechste Sinn muß ihn ahnend erfühlen. Links hingen die Schneedächer über den eisschillernden Fluchten, die im Spaltengewirr des Disgraziagletschers verankert sind, rechts spannten sie sich über die Felsabstürze der Westwand.

Die Himmelsleiter des Biancogrates und der Schwebebogen des „Menschenfressers", des Lyskammes, verzögerten oft mit ihrem Wächtenbesatz den nächsten Tritt, doch keiner von ihnen ließ mir das Blut so heiß in die Adern schießen wie diese lückenlose, unberührte Reihe der Schneewulste am Disgrazia, dem „Berg des Unheils". Zu anderer Zeit mochte die Bergfahrt keine Probleme stellen. Für uns wurde sie zum erregenden Erlebnis, gegeben durch die ungewöhnlich ungünstigen Verhältnisse als Folge des wochenlang währenden Schlechtwetters mit Sturm und Schnee.

Prüfend stieß der Pickel bis an das Heft in das Weiß, um die Basis zu erkunden, bevor ich Schritt um Schritt zwischen die lockeren Gebilde setzte. Mehr als einmal barst der Schneebogen unter der tastenden Sonde, urplötzlich stürzte der Blick in die sich öffnende Tiefe, daß der kalte Schreck in die Glieder fuhr. Schneerauch schäumte aus der Wand, donnernd brach sich der Hall der Lawine, die von der Wächte ausgelöst wurde. Im Kessel des Disgraziagletschers verebbte die weiße Flut.

Mit Luchsaugen folgte Florian jeder Bewegung, bereit, den Körper im Seil zu fangen. Ein kleiner Felskopf verschaffte den angespannten Nerven eine kurze Ruhepause, dahinter bäumte sich der Vorgipfel auf, der einen riesigen Schneeschild über die Ostwand hinausgebaut hatte. Im knietiefen Pulver wühlte ich mich zum Scheitel empor. Überrascht verhielt ich den Schritt — vor mir schwang sich eine glänzend weiße Pyramide in das Blau des Himmels, der 3678 Meter hohe Gipfel.

Er wehrte sich tapfer, der Disgrazia. Erst mußte das Bollwerk des Cavallo Bronto genommen werden — sonst ein lustig zu überkletternder Felsturm, heute nur der Sockel von meterhohen, phantastischen Schneegebilden. Behutsam ging ich zu Werke. Hier räumten die Hände den Schnee, der rauschend durch eine Rinne schoß, vom Fels, dort formten sie ihn zur festen Unterlage, um auf den eisüberzogenen Platten sicheren Tritt zu geben. Dann die steile Kante, in die sich die Stufenleiter der Spur reihte, noch ein letzter senkrechter Wulst — der Monte della Disgrazia war bezwungen.

„Monte Bello" — der „Schöne Berg" war aus unseren Augen zu lesen.

Zum Greifen nahe zeichneten sich die schroffen Südwände des Bergells ab, allen voran der wuchtige Klotz des Castello. Nach rechts schlossen sich die Hochgipfel der Bernina vom Roseg bis zum Zupo an, dahinter lugte das Dreigestirn des Ortler hervor. Im Süden wuchsen aus dem tief eingesenkten Veltlin die wilden Bergamaskerberge mit dem trutzigen Piz del Diavolo. Den Westen begrenzten die Eisriesen um Zermatt, im Dunst verschwimmend die Berge des Berner Oberlandes. Dazwischen lag ein Meer von kleineren Spitzen, grünen Matten und Tälern, das Auge war gar nicht imstande, die Vielheit der Eindrücke im einzelnen zu erfassen. Eine wahre Geburtstagsgabe!

In der vorgezeichneten Trasse gestaltete sich der Abstieg problemlos. Gerade im geeigneten Augenblick, da die erste Firnschmiere den Gletscher deckte, schlüpften wir in die Bindung der Sommerski. Der scharfe Kontrast zu den Fährlichkeiten des Westgrates steigerte die Empfindung des unbeschwerten Genusses. Trunken wiegten wir uns über den Kristallflimmer hinab, wie Musik klang uns das Rauschen der Firnwogen, die im Schwung aufschäumten. Ein Künsteln über die letzten Schneeflecken, dann sprangen wir mit den nassen Brettern in den Händen über die Pfadspuren zur nahen Capanna Cecilia. Das glanzvolle Finale eines glückhaften Bergtages.

Katrin lag lang ausgestreckt auf der Steinbank vor der Hütte. Wir saßen daneben, hatten die Pfeifen in das Gesicht gesteckt und blinzelten durch halb geschlossene Lider zum Disgrazia, der uns mit einer vollkommenen Bergfahrt beschenkte — die erste Stunde, da das Leuchten auf den Leib des Kolosses übersprang, die Wächtenschneiden, die uns das Vibrieren der Nerven spüren ließen, die kühne Gipfelpyramide und schließlich der Abfahrtsrausch über das makellos weiße Tuch des Gletschers.

„Und so etwas nennt man den ‚Berg des Unheils', für mich wird es immer der Monte Bello, der ‚Schöne Berg' bleiben. Meinst du nicht auch?" wendete ich mich an Freund Florian.

Der rührte sich um keinen Zentimeter, mit einer Wolke von Tabakrauch grunzte er ein „Pfundig" in die Gegend, ein Bild restloser Zufriedenheit.

„Genaugenommen haben wir ihn nur zur Hälfte kennengelernt", gab ich dem Freund zu bedenken. „Diese Fahrt wäre einer Fortsetzung wert. Riskiere einen Blick zum Südostgrat, wie die Orgelpfeifen sind die Türme hintereinandergesetzt, einer kecker wie der andere. Die Überschreitung verspricht einen ausgefüllten Tag mit einem Bündel Überraschungen."

Im Zeitlupentempo drehte er mir den Kopf halb zu, in den Mundwinkeln stand ein spöttisches Lächeln.

„Die Musik kenne ich, ich brauche nicht einmal, wie der alte Odysseus, Wachs in meine Ohren stecken, um der Verführung durch den Sirenengesang zu entgehen. Gerade genug Arbeit wird es kosten, die Löcher zu füllen, die es mit der narrischen Bergsteigerei in mein Gestell gerissen hat." In genießerischer Vorfreude dehnte er die Glieder. „Mein Bedarf an Alpinismus ist für ein Jahr gedeckt. Noch eine Woche Urlaub in Viareggio, das Meer, der Strand, nur im Sand liegen und keine Gefahr, mitten in der Nacht aus dem schönsten Schlaf gerissen zu werden. Ich kann es schon gar nimmer erwarten."

Sonst war mein Florian keiner von den Schnellen, heute verlieh die Sehnsucht nach dem Süden seinem behäbigen Temperament ein ungekanntes Feuer. Ich hatte alle Mühe, mit meinem viel schwereren Rucksack seinem wilden Bergabstürmen zu folgen. Katrin verzichtete von vorneherein auf den Wettlauf und fiel weit zurück. Im schnellen Wechsel zogen die Bilder des Aufstiegs an uns vorüber, eine Zwischenrast auf der Alm Preda Rossa führte uns wieder zusammen.

Nach einem Trunk Milch brauste der Freund erneut in langen Sätzen über den schmalen, steil abfallenden Pfad mit seinen abgeschliffenen Platten davon. Im Grunde meiner Seele war mir die Rennerei mit den zwanzig Kilo auf dem Buckel zuwider, doch im verschärften Tempo sprang ich Florian nach, der soeben um die nächste Biegung verschwand.

Wieder einmal kam ich auf einer der spiegelblank polierten Stufen (man erinnere sich an die Bastschuhe!) ins Gleiten, fing mich für einen Augenblick, doch mit Wucht schlug mich der Schwung des schweren Rucksacks aus dem Gleichgewicht. Instinktiv ließ ich den Pickel fallen, um mich nicht, wie einst am Olperer, zu verletzen. Ich hörte ihn klirrend vor mir aufspringen, sah im Sturz dicht vor meinen Augen die Spitze gleißen — meine Kehle —, dann versank ich tief in die Nacht der Bewußtlosigkeit.

Wie von weichen Schwingen aus dem undurchdringlichen Dunkel weltweiter Fernen getragen, kehrte der Geist zurück. Schmerzende Helle fiel in die Augen, im rotmilchigen Schleier schwamm über mir ein Gesicht, durch dumpfes Rauschen drang Stimmengeräusch. Langsam dämmerte die Erinnerung: der Steig neben dem Bachlauf mit den glatten Platten — der Sturz — die Pickelspitze schlägt mir entgegen — ein stechender Schmerz.

Das Bewußtsein erwachte vollends, der Schrei des Entsetzens verröchelte in einem Gurgeln. Jetzt erst spürte ich das Würgen, hörte den keuchenden Atem. Über mir sah ich Katrins Augen im fassungslosen Grauen geweitet. Ich versuchte mich aufzurichten, kraftlos fiel der Kopf zurück. Die Zunge klebte am Gaumen, der Körper schien wie ausgebrannt.

„Wasser", gurgelte ich mit seltsam gepreßter Stimme hervor, die einem Fremden zu gehören schien. „Ist — es — schlimm?"

Die Anstrengung und der Schmerz des Sprechens trieben mir den Schweiß auf die Stirne.

„Bös schaut es um dich aus", antwortete die getreue Kameradin mit zuckenden Lippen. „Weit klafft ein Loch im Hals, über die Gurgel sieht man das Blut rinnen."

Florians Hand mit einem Becher kam in mein Blickfeld. Katrin nahm ihn ab und führte den Napf zu meinem Mund, während ihr Arm den Kopf stützte. Sie zitterte, das Naß schwappte links und rechts über den Rand. Schluckweise konnte ich ein paar Tropfen durch die Gurgel bringen.

Die Sonne brannte stechend vom Himmel, mit den Skistöcken und einer Jacke baute Florian einen Schirm gegen ihre Strahlen. Noch immer rann der heiße Strom über die Innenwand der Kehle, ich spürte, wie das rote Leben unaufhaltsam seinen Weg nahm. Ich lag still, um uns Schweigen, hoffnungsloses Warten. Warten worauf? Bis ich wie ein angeschossenes Stück Wild elend verblute?

Alles bäumte sich in mir auf: gegen die Sinnlosigkeit eines Zufalls, den schneidenden Mißklang, mit dem die berauschende Sinfonie eines Bergtages enden, ein von Tatkraft sprühendes Leben verlöschen sollte. Ich wollte und konnte nicht an einen solchen Abschluß glauben. Der geballte Wille riß den Körper in die Höhe, als wenn er mit dieser Bewegung das Schicksal zwingen könnte. Mit sanfter Hand drückte Katrin den Kopf zurück, der in ihrem Schoß gebettet lag, strich beruhigend über die schweißnasse Stirne. Immer mehr verengte sich die Brust, kürzer wurde der Atem, bis er ganz flach, in pfeifenden, schnellen Stößen über die Lippen kam. Wie lange noch? . . .

Ganz allmählich erstarb die Brandung der sich gegen das Unabänderliche auflehnenden Energien. Der Spiegel des Inneren glättete sich, wurde überströmt von einer wundersamen, fast heiteren Ruhe. Meine Finger suchten Katrin's Hand und strichen liebkosend über ihren Rücken. Die Gedanken hielten mit ihr Zwiesprache: Nun wandelte sich doch noch in letzter Minute, da niemand daran dachte, der Monte Bello in den Monte della Disgrazia. Tückisch schlug er zu, als wir, beglückt von seiner Herrlichkeit, zu Tal sprangen.

In den Sternen stand es anders geschrieben, die Uhr war noch nicht abgelaufen, die der unheimliche Geselle zwischen den knöchernen Fingern hielt. Das rinnende Blut versiegte, neue Hoffnung keimte auf, zweifelnd, dem eigenen Glück nicht trauend, nahmen wir mit zögernder Hand das unerwartete Geschenk. Ein langer und bitterer Gang: die ersten Versuche, bis ich mich aufzurichten vermochte, nach vielen Rückschlägen stand ich endlich auf schwankenden Beinen.

Alles was nun folgte, war getragen vom Hohen Lied der Bergkameradschaft. Mit unendlicher Sorgfalt und nimmermüder Geduld wachten Katrin und Florian über jeden Schritt. Sie scheuten keinen Weg und keine Mühe, um das harte Los zu mildern. Wie ein Trunkener wankte ich mit weit vorgeneigtem Oberkörper, von ihren Armen gehalten, bergab. Schritt um Schritt taumelte ich über den steinigen Pfad und lag dann, unter unsäglichen Schmerzen nach Atem ringend, nach kaum zehn oder zwanzig Metern wieder im Grase. So kämpfte ich mich zu der Almsiedlung Valbiore, deren Dächer greifbar nahe zur Unfallstelle heraufgeblinkt hatten. Florian erwartete mich mit einem bequem mit Decken und Polstern ausgestattetem Heulager, unter den gegebenen Verhältnissen ein kleines Wunder.

Zehn bis fünfzehn Hütten standen im schmalen Bacheinschnitt. Erstaunlich das Taktgefühl der gewiß primitiven Bewohner, selten erschien einmal ein neugieriges Gesicht im Türrahmen. Nach einer Weile kam ein alter Senn im abgetragenen Gewand, das wettergegerbte Gesicht umrahmte schlohweißes Haar. Ein schauerliches Englisch radebrechend, erkundigte er sich nach unseren Wünschen. Zehn Jahre sei er in Amerika gewesen, fügte er, stolz auf seine Sprachkenntnisse anspielend, hinzu.

Ein Schatten des Bedauerns überlief seine Züge, als ihm Florian in einem weit besseren Italienisch antwortete. Bereitwillig machte er sich mit dem Freund auf die Suche nach einem Spiegel, mir war es vor allem darum zu tun, die noch immer offene Wunde vor dem Staub des Heulagers zu schützen. Nach einer Weile kamen sie zurück, sie hatten alle Hütten vergeblich durchstöbert. Solche Luxusgegenstände seien hier unbekannt. Der Boden einer Blechschachtel mußte als Ersatz dienen. Ein großes Kreuz aus Leukoplast, mit Mull unterlegt, klebte ich über das weit klaffende Loch.

Halb liegend, halb sitzend, verbrachte ich eine leidlich gute Nacht. Entgegen dem Wunsch der Kameraden, mich im nächst erreichbaren Ort in die Pflege eines Arztes zu geben, bestand ich darauf, nach Pontresina zu Doktor Campell zu fahren. Ich lehnte auch den gut gemeinten Vorschlag ab, mich von ein paar Trägern zu Tal bringen zu lassen.

In ähnlicher Weise wie am Vortag schleppte ich mich nach Cattaeggio. Im Anfang vermochte ich noch größere Wegstrecken zurückzulegen, dann erschöpften sich die Kräfte. Fiebergeschüttelt erreichte ich das Dorf und mußte ein Bett in der finsteren Trattoria aufsuchen.

Der nimmermüde und findige Florian entdeckte einen Grafen aus Mailand, der sein Glück mit den Forellen versuchte, ein Auto parkte in der Nähe. Wie er das Kunststück fertigbrachte, bleibt ein Buch mit sieben Siegeln — nach kaum einer Stunde stand der Wagen abfahrtsbereit. Nach schnellem Abschied von den Kameraden, die mit den Rädern nachkommen wollten, wurde ich in das Gefährt verfrachtet, das holpernd über die steinige, ausgewaschene Bergstraße den Weg nach Ardenno im Veltlin nahm.

Gerädert und gepeinigt lud mich der Graf in einer kleinen Osteria gegenüber dem Bahnhof von Ardenno Masino ab. Ein Mann von bestrickender Liebenswürdigkeit, der mit artistischem Können das Steuer führte, um die gröbsten Stöße zu vermeiden. Vom üppig sprießenden Bergbart und dem etwas abgerissenen Habitus zog er die entsprechenden Rückschlüsse. Nur mit Mühe vermochte ich ihn daran zu hindern, mir ein paar Geldscheine in die Tasche zu praktizieren. Mit ein paar Worten sorgte er für einen bequemen Lehnstuhl in der Gaststube und leerte ein Glas Cognac auf baldige Genesung. Den Dank schnitt er mit entschiedener Handbewegung ab.

„Hier ist eine Karte mit meiner Adresse. Wenn Sie Hilfe nötig haben, senden Sie ein Telegramm."

Dann saß ich allein in der Hitze und im Weindunst des Ausschanks, von einer Wolke von Fliegen umschwärmt. Not macht erfinderisch. Dem lästigen Getier war nicht Herr zu werden, außerdem verursachte jede Bewegung unnötige Schmerzen. Zum guten Glück konnte ich einige Taschentücher über das Gesicht und die Hände decken, um einigermaßen Schutz zu schaffen.

Endlos dehnte sich die Zeit, bis ich draußen das Knarren der Räder hörte. Die Kameraden bestaunten mit Verwunderung meinen improvisierten Vorhang, der in der knappen Stunde über und über mit schwarzen Punkten gesprenkelt worden war.

Ein Zug führte uns nach Sondrio. Scharen neugieriger Gaffer umstanden die Bank in der Bahnhofshalle, auf der ich gebettet lag. Ein paarmal umschlich ein Bediensteter den dicht geschlossenen Kreis, schließlich erschien der rotbemützte Vorstand. Ihm kamen Bedenken, als er mich in dem armseligen Zustand liegen sah. Wenn den Signore das Zeitliche segnet, gibt es einen Haufen Scherereien, Protokolle und Untersuchungen.

Mit sorgenvoll gerunzelter Stirn entschwand er und tauchte nach kurzer Zeit mit einem schlanken Männlein im blütenweißen Anzug auf. „Il dottore“, sagte er entschuldigend. Flüchtig untersuchte mich dieser mit gespreizten Fingern, ohne die Wunde in Augenschein zu nehmen. Es sei ernst, aber direkte Lebensgefahr bestünde nicht, lautete die Diagnose, womit sich das bahnbehördliche Gewissen beruhigte.
Wieder ein ratternder und stoßender Zug. Ein Martyrium auf harter Holzbank bis Tirano. Florian nahm Abschied. Zuvor ließ er nochmals alle Künste spielen, bis er mich bequem auf einem Lager von Decken im Gepäckwagen der Berninabahn gebettet wußte. In seiner rauhen und herzlichen Art machte er wenig Worte und schüttelte mir dafür die Hand, daß ich hätte „Feuer“ schreien mögen. Katrin nahm ihn kurzentschlossen um den Hals und drückte ihm ein herzhaftes Busserl auf die Lippen. Sein verlegenes Gesicht sprach Bände: so viel Aufhebens um das bisserl selbstverständliche Kameradschaft.
Erschöpft, aber mit dem Gefühl des Geborgenseins, lag ich in den duftenden, weißen Kissen bei Mutter Hauser. Noch am Abend saß mit seinem eckigen Engadiner Bauernschädel Dr. Campell — Ladiner Sprachforscher, begeisterter Bergsteiger, Erfinder des Lawinenhörrohres und Arzt von seltenen Qualitäten — am Bettrand. Sein Gesicht wurde ernst, als er die Verletzung näher untersuchte.
„Mein lieber Freund, so viel Glück habe ich noch selten auf einem Haufen beisammengesehen. Der Stich wurde auf eine wahrhaft künstlerische Art geführt, die geringste Verschiebung nach links oder rechts wäre unweigerlich an das Leben gegangen. Kein Preisfechter hätte die Stelle so millimetergenau treffen können, hier mußte der blinde Zufall Regie führen.“
„Und noch eines — die Pickelspitze war sicherlich mit Erde, Tierexkrementen und anderem, wie bei einem Almweg üblich, verschmutzt. Durch die Blutung nach innen bildete sich hinter dem Brustbein ein Blutsack, der die Atembeschwerden und Schmerzen verursacht. Vielleicht ist es als das größere, zweite Wunder zu bezeichnen, daß dieser ideale Nährboden für einen Eiterherd, was Ihnen auch als Laien einleuchtet, trotz der eineinhalbtägigen Verzögerung nicht infiziert wurde. Es hätte keine Rettung gegeben. Auch jetzt ist die Gefahr noch nicht völlig gebannt, doch wollen wir das Beste hoffen.“
Doktor Campell kurierte auf eigene Art. Als die akute Gefahr abklang, lautete das Rezept: Zunächst etwas Maß halten, Spaziergänge, dann dem Körper abverlangen, was er nur immer zu geben vermag. Je mehr er geschunden wird, desto schneller löst sich der Blutsack auf.

Mit den ersten Schritten erwachten die Sinne wie nach monatelangem Krankenlager. Von Vater Hauser entlieh ich einen derben Krückstock und pilgerte am Arm der Kameradin, gebeugt wie ein gichtiger Greis, in den Taiswald. Wir saßen im Wurzelwerk uralter Arven. Das moosüberwucherte Blockwerk, zwischen dem sich ein paar Dutzend Menschen verloren, bildete ein sanft geschrägtes Amphitheater. Die Flut der Melodien der kleinen Musikkapelle brandete nicht in der abgewogenen Akustik eines Konzertsaales zurück. Sie vermählte sich mit dem Raunen der Zirben, zersprang mit dem Hauch eines Windes oder schwebte im Wipfelwerk.

Dann zwang ich den Körper zu den Almen des Piz Languard, das Gleißen der Gletscher um den Bernina ließ das Blut in den Adern schneller kreisen. Schon tags darauf saß ich mit Katrin wieder auf Boval. Wie hatte sich das Bild seit unseren Schlechtwetterfahrten geändert! In Scharen kamen die Fremden über den Steig heraufgepilgert — Mädchen in kurzen Hosen, Hemdblusen und grellfarbigen Kopftüchern, andere im Promenadekleid mit Stöckelschuhen, dazwischen einmal das grobe Gewand eines Bergsteigers. Nach allen Richtungen durchpflügten die Trassen den Firn: über die Isla Pers zur Diavolezza, durch die schmale Einschnürung des „Loches“, durch das Spaltengewirr des „Labyrinths“. Da und dort eine Gruppe von Punkten, Schneeflöhe im weißen Oval, Bergsteigergruppen im Auf- oder Abstieg.

Palü-Überschreitung: Fama und Bild schrauben die Erwartungen hoch, voll erfüllt sich die Verheißung. Jede Bergfahrt ist von einem nur ihr eigenen Rhythmus getragen und läßt das Saitenspiel der Empfindungen in einer Flut von Tönen wiederklingen. Einmal das entfesselte Furioso einer Wagneroper, dann wieder der hinreißende Schwung einer Beethovenschen Sinfonie. Der Palügrat ist so spielerisch verträumt, so beschwingt, ihn füllen die heiteren Weisen eines Mozart, die das Herz leicht und froh werden lassen. Diese Kostbarkeit hatte ich für eine Feierstunde aufbewahrt.

Um drei Uhr morgens traten wir aus der Hütte, um den Berg allein, vor den anderen Partien, zu erleben. Ich wandte mich an die Gefährtin: „Katrin, ich überreiche dir heute zu unserem ersten gemeinsamen Bergtag nach dem Pickelsturz ein besonderes Angebinde: die Überschreitung der Palü. Es sieht nach einem Bettelmannsgeschenk aus, da es keinen Griff in den Geldsack erfordert. Was bedeutet ein schönes Stück Tuch oder ein glitzernder Stein? Das eine zerschleißt, der andere wird blind im Gebrauch. Wenn immer sich dieser Tag jährt, ersteht die Erinnerung an diesen vom Mondlicht überschimmerten Berg und wird alles andere überdauern. Nach der tapferen Bewährung soll das alpine Gesellenstück folgen. Heute überlasse ich dir die Führung, ich werde nur Gefährte sein und über deine Schritte wachen."

Die Nacht war bitter kalt. Der apere Morteratschgletscher schimmerte im blanken Eisüberzug, nach einigen Balancekunststücken auf den Rippen griffen wir gerne zu den Steigeisen. Katrin steuerte einen steilen, von der Isla Pers herabziehenden Schneestreifen an. Das übliche Auf und Ab beim Queren einer Gletscherzunge, das Klirren der Eisen beim Sprung über eine Spalte. In einer ausgewaschenen Stufengasse, später auf kaum kenntlichen Pfadspuren, schraubten wir uns zu dem dunklen Kegel empor.

Am östlichen Firmament vollzog sich die Wiedergeburt zum Licht. Immer bleibt sie ein erregendes Schauspiel, an dieser Stelle vielleicht packender als je zuvor. Inmitten des Gletscherovals saßen wir eng zusammengekauert auf dem Rucksack, als Schutz gegen den schneidend kalten Morgenwind umhüllte uns der Batist des Biwaksackes. Farblos, geisterbleich umragten uns die Bergriesen, nur im Himmelsdom stand ein irisierendes Leuchten. Der Gipfel des Bernina trat aus dem Grau, plötzlich heftete sich an die Zinne ein Lichtpunkt, der wie rotflüssige Lava in immer breiteren Bahnen das Dreieck des Firstes überströmte und über den Biancograt hinabwanderte.

„Oka, schau!" rief Katrin, mich erregt am Arm packend, auf die links gelegenen Palü weisend. Das Geschehen am Bernina hatte alles ringsum vergessen lassen, auch das Ziel des Tages. Die eisstarrende Flanke erstrahlte in einem Bündel von Farben. Der Sockel versank im dunklen Violett. Allmählich gingen die schweren Töne im Aufschwung der Riesenwand in hellere Tinten über. Aus dem Schatten des Bergleibes wölbten sich straff, wie die Brüste einer jungen Frau, die Firndächer der Hängegletscher, von den Lichtreflexen zart rosa überhaucht.

Mit etwas starren Gliedern stiegen wir aus der Gletschermulde gegen den Schrund an, der im Halbbogen den Firnkessel gegen den Gipfelaufbau abriegelte. Über den Piz Cambrena öffnete sich die Schau nach Osten. Soeben faßten die Strahlen das Wolkengeflock, das wie ein kunstvoll gearbeitetes, hauchfeines Spitzengewebe über den Tälern gebreitet lag. Darunter ahnte man die Gliederung der Bergfalten und Furchen, darüber schwammen ein paar Hochgipfel — Viola, Paradisino und die Bergamasker.

Vor uns dräute die trennende Spalte. Eine schlechte, teilweise eingestürzte Brücke führte zum gegenüberliegenden, zwei Meter hohen, nahezu senkrechten Abbruch. Ob sie es wohl schafft, meine Gesellin?

Wie ein mit allen Listen vertrauter Bergfuchs besah sich Katrin das lockere Gewölbe von einem etwas tiefer liegenden Standpunkt, dann tastete der Pickel die schwachen Stellen ab.

Beherrscht schien jede Bewegung, nur der harte Griff um das Pickelkreuz, der die Knöchel der Hand weiß hervortreten ließ, verriet die glühende Erregung. Weich schob sich der Schuh über den leicht gebauten Schwebebogen — jetzt das gegenüberliegende Ufer — bis an das Heft fuhr der Pickelschaft, kraftvoll geführt, in den Hartschnee. Gewandt ein paar Altspuren und Griffe nützend, schob sie sich empor, ein Schwung über die sperrende Barre, ihr strahlendes Gesicht lachte von der Kante.

„Nun, Herr Professor, hat die Schülerin bestanden?“

„Mit Auszeichnung und allen Verzierungen“, gab ich zurück. „Aber handle bitte nach dem Gebot ‚Liebe deinen Nächsten wie dich selbst‘ und vergiß nicht in deiner Begeisterung auf die Sicherung des armen Seilgefährten, der dir heute auf Gedeih und Verderb ausgeliefert ist.“

„Keine Sorge“, hörte ich ihre Stimme, das Seil straffte sich, dann „Nachkommen!“.

Erst jetzt schoben sich, von Diavolezza kommend, die ersten Seilschaften aus dem Schatten in das sonnenumglänzte Gletscherbecken, neue Trupps glitten in das Blickfeld. Der breite Rücken unseres Berges verjüngte sich zu einem sanft sich nach beiden Seiten absenkenden Kirchendach, über den First schritten wir zum 3886 m hohen Ostgipfel.

Wir hielten beschauliche Rast und schauten über das Gewoge der Berge, alles beherrschend der Morteratschkessel mit dem Bernina und dem Biancograt. Stimmen schreckten uns aus dem Sonnennest, das wir uns gegraben hatten. Soeben tauchte die erste Partie am gegenüberliegenden Schneesaum auf.

Die Eisen griffen in die Muscheln des schmalen Steges, der sich vom Ost- zum Mittelgipfel schwingt. Viel Luft nach beiden Seiten, nach rechts fällt der Blick zu den Eiskaskaden des Bovalkessels mit der Silberschlange der Morteratschzunge, nach links in die Schneeschüssel, die von den Urgesteinsklippen des Piz Verona begrenzt wird. Nach dem gemächlichen Auftakt der Ersteigung des Ostgipfels, spielten die Palü nun ihre Trümpfe aus — ein Schreiten, von der Schwere gelöst, gerade, daß den Fuß noch jenes Stück gefrorenen Firnes mit der Erde verband, das die Zacken der Steigeisen umkrallten. Vor mir Katrin, locker fließend in der Bewegung, mit selbstverständlich wirkender Sicherheit der Kette der eisverkrusteten Trittschalen folgend.

Durch den Gletscherkessel streben die Partien, von Diavolezza kommend, dem Grat des Palü-Ostgipfels zu. Foto: Oskar Kühlken.

Der Mittelgipfel, 3908 m hoch. Wieder wandelte die Schneide ihr Gesicht. Spinas: der Name „Nadelgrat“ spiegelt den Charakter. Doch keine Häufung trutziger Gesellen erwartet den Bergsteiger, eine lange Reihe kleiner Zacken, filigranhaft geformt, sind durch kurze Schneefirste untereinander verbunden. Da gibt es keine „Aufgaben“ zu lösen. Immer bietet sich der Hand ein Haltepunkt, dem Fuß ein geräumiger Tritt. Kurzweilig, liebenswürdig, von bestrickendem Reiz — Mozartmusik.

Bevor Katrin den Grat in Angriff nahm, gab ich ihr ein paar Ermahnungen mit auf den Weg.

„Schau dir die Turmreihe vor uns an, jetzt wird die Angelegenheit neckisch und luftig. Halte die Augen offen, einen Haltepunkt gibt es immer, auch wenn er nicht gerade nach dem Henkel eines Maßkruges ausgefallen ist. Bewahre kühlen Kopf, wenn du mit den Sohlen über den Hängegletscher der Palü zu schweben scheinst.“

„Bange machen gilt nicht“, lachte sie zurück, „meine Ahnenreihe aus der Epoche der Baummenschen scheint lebendig zu werden, so sicher fühle ich mich auf allen vieren. Übrigens, deine Affenzeit scheint auch nicht weit zurückzuliegen. Du stützt, sowie es etwas leichter wird, genau wie ein Gorilla, nur die vorderen, abgewinkelten Fingerglieder auf.“

Verdutzt musterte ich die Knöchel, sie waren etwas verschrammt, da und dort haftete Gesteinsstaub, der von den paar Felsen stammte, die wir überklettert hatten. Das war mir noch nie zum Bewußtsein gekommen. Katrin lachte hellauf über den verblüfften Ausdruck meines Gesichtes.

„Schau nicht so trübselig drein“, tröstete sie mich, „bis auf diese Kleinigkeit und dem Stacheldrahtverhau um das Kinn bist du eine wohlgelungene Ausgabe des männlichen Geschlechts. Sonst wäre ich nicht ausgerechnet auf dich hereingefallen.“

Es war ein Genuß, die Kameradin in tänzerischer Anmut über die Felszacken und Firnkanten hinwegturnen zu sehen. Diese spielerisch leichten Bewegungen erinnerten mich unwillkürlich an einen Kater, namens Peter, der zu Hause sein Unwesen trieb. Im pechschwarzen Fell hatte er einen weißen Fleck, neckisch wie eine Knopflochnelke, auf der Brust sitzen. Seine Vorliebe galt dem Schmarrn, den er auf kurzem Weg aus der Pfanne stahl. Mit Grandezza verstand er sich im rechten Augenblick um die Ecke zu drücken, wenn es für ihn nach

Der Schlußanstieg über den Grat zum 3886 m hohen Ostgipfel des Piz Palü. Foto: Oskar Kühlken.

dicker Luft roch, stets den Weg über die Staketen des Gartenzauns nehmend.
Geschmeidig schritt, nein, glitt er über die Sprossen, harmonisch griffen die Muskeln ineinander, ein Bild zweckbetonter Grazie. Immer wartete ich gespannt auf den Höhepunkt: Den Sprung über eine Lücke. Wie von der Feder geschnellt zuckte der Körper durch die Luft, weich setzten die Samtpfoten in genau abgewogenem Kräfteeinsatz auf dem gegenüberliegenden, winzigen Haltepunkt auf.
Ich stand vor einem Rätsel. Warum diese brotlosen Kletterkünste, statt den kürzeren und weniger beschwerlichen Weg durch den Vorgarten zu nehmen? Aus reiner Freude an dem ästhetischen Spiel seiner Glieder? Einige Zweifel mischten sich in die Vorstellung, in dem Katzengehirn könnte es neben der Sehnsucht nach dem nächtlichen Zwiegesang mit seiner Herzallerliebsten oder der Delikatesse einer wohlgenährten Feldmaus so etwas wie „triebhafte Kletterfreude“ geben. Vergeblich blieb mein Ringen um die Psychoanalyse der Katerseele. Peter sah mich auf meine Fragen nur tiefgründig aus den bernsteingelben Sphinxaugen an und rieb schnurrend den massigen Schädel um mein rauhes Mannsbildkinn.
Auf dem Spinasgipfel, 3822 m hoch, griffen die Hände zum Berggruß ineinander. Beglückt schauten wir von hoher Warte zum letzten Male für dieses Jahr die schimmernde Herrlichkeit der Berninaberge, dann sprangen wir durch das „Loch“ hinab nach Boval.
Am Spätnachmittag saßen wir an der Chünetta zwischen dem Wurzelwerk des Morteratschwaldes und schauten zur gegenüberliegenden Silberburg der Palü. Wir blickten zurück, genau vor neun Tagen ereignete sich der Unfall am Disgrazia. Noch brummte und orgelte es in der Brust, selbst die härteste Natur braucht Zeit, um einen solch schweren Brocken zu verdauen. Dankbar gedachte ich des gütigen Geschickes, das mit diesem Glanztag den Schlußstrich unter ein Kapitel setzte, das hart am Tode vorbeiging.
Durch den Dom der Arven schritten wir talaus, neuen Taten entgegen.

Gran Paradiso

Ursprünglich gedachten wir, von Cattaeggio nach unserer Bergfahrt den Weg über den Comer See und den Lago Maggiore zum Aostatal, unterbrochen durch einen gelegentlichen Ruhetag an einem besonders schönen Fleck, zu nehmen. Anschließend wollten wir in den verbleibenden zehn Tagen mit der Kamera auf Steinbockjagd gehen, bevor die Freunde in Cogne eintrafen. Der Disgrazia machte einen Strich durch die Rechnung, der nicht eingeplante Seitensprung nach Pontresina kostete mehr als eine Woche. Wenn wir noch einen Zipfel freie Zeit herausschinden wollten, mußten wir die Ruhetage streichen und ständig den Buckel krumm machen, um die rund vierhundert Kilometer nach Aosta herunterzustrampeln.
Den Weg zum Comer See über den Malojapaß und durch das Bergell nach Chiavenna kannten wir zur Genüge. Wie wäre es mit dem Berninapaß? Das trägt zwar, sozusagen als zweites Frühstück, rund vierhundert Höhenmeter Radschieben ein, dafür schauen wir noch einmal zu den Palü, grüßen alte Bekannte im Bergrund und verfolgen den Leidensweg durch das Veltlin, den ich im ratternden Zug machen mußte. Die Schinderei am Fahrtbeginn würde sich auszahlen. Rund neunzig Kilometer Talfahrt durch das Puschlav und entlang der schäumenden Adda — wir werden an diesem Tag zu Kilometerfressern.
Die Schatten der Nacht waren soeben verflogen, Morgenhelle begleitete unsere ersten Schritte. Als wir in den Bann des Morteratschtales gerieten, funkelten die Berggipfel bereits im Sonnenlicht, der Gletscherkessel lag noch im dämmrigen Blau. Die Kehren wanden sich zum 2323 m hohen Scheitelpunkt der Straße mit seiner arktischen Gletscherlandschaft der Wollgrasmoore.
Noch einmal überprüften wir das Riemenwerk, mit dem das Gepäck auf den Trägern und um das Gestänge befestigt war, um auf der Talfahrt keine unangenehme Überraschung zu erleben, dann ging es im Hui bergab. Der Wind pfiff uns um die Ohren — La Roesa — dann die kleine Osteria von Sfazzu. Ein blaues Auge blitzte aus dem Talgrund auf — der See von Poschiavo.

Wir waren gar nicht böse, wenn uns die heiß gelaufenen Bremsen zu einer Pause am Wegrand zwangen, mit jedem Halt zeigte sich die Schau in neuen Ausschnitten. Es sind immerhin dreiunddreißig Kilometer, mit denen sich das Straßenband von dem über 2300 m hohen Paßeinschnitt nach dem auf 450 Meter Meereshöhe liegenden Tirano absenkt — ein Sturz ins Tal über nahezu zweitausend Höhenmeter! Noch einmal eine Steilstufe, dann Campocologno, die Grenze. Die Räder rollten durch die Gassen von Tirano, wir steuerten das Postamt an. Hier nahmen wir Abschied von den treuen Sommerbrettern, sie nahmen den Weg nach Sulden.

Und wieder surrten die Räder, die leichte Straßenneigung half kräftig schieben, Sondrio flog auf uns zu. Dahinter als Kulisse die Berge um den Disgrazia, den Berg des Unheils. Erinnerst du dich, alter Freund? Und ob — noch trage ich das Pflaster am Hals, das den Einstich deckt. Auch den Wartesaal, Stationsvorstand und den dottore im blütenweißen Anzug sehe ich vor meinen Augen.

Ardenno — dort der Taleinschnitt des Val Masino, durch das wir unsere Räder nach Cattaeggio emporgeschoben hatten. Hier drüben die Osteria am Bahnhof, das Warten im fliegenumsummten Raum auf die Freunde.

„Katrin — was ist, mußt du nicht wieder zum Friseur?“ fragte ich scheinheilig, als wir durch Morbegno fuhren.

„Nein, danke, es ist nett von dir, mich daran zu erinnern. Den Luxus habe ich mir erst vor ein paar Tagen in Pontresina geleistet.“

Schade, ich hätte gerne die hübsche, kleine Signorina mit den Seifenbiscotti besucht. Kann man nix machen, die höhere Instanz entschied.

Der Spiegel des Comer Sees tauchte vor uns auf. Wir hatten gute Fahrt gemacht, rund neunzig Kilometer plus der Steigung zum Berninapaß. Links lag Colico, wir schwenkten nach rechts zur Ponte del Passo aus, um die Uferstraße nach Como zu gewinnen.

Der Comer See ist ein echtes Kind der Berge, mit seinem Gipfelkranz kann er diesen Charakter nicht verleugnen. Doch ist er gleichzeitig dem Süden vermählt, wie der üppige, in allen Farben prangende Blütenschmuck der Gärten verriet, als wir an seinem Ufer mit den Rädern entlang glitten. Es hätte viel zu schauen gegeben — das pittoreske Gravedona, Menaggio, Cadenabbia mit seiner romanischen Basilika und vor allem die Villa Carlotta mit dem schönen Park und den Kunstwerken. Doch die Uhr lief weiter, wir wollten noch zu guter Stunde einen günstigen Zeltplatz aufspüren.

Kurz vor Argegno stößt eine kleine Halbinsel in den See, Schwemm-

land, das der Telo von den Bergen um das Valle d'Intelvi heruntergetragen hatte. Hier fanden wir noch früh am Tage die „Bucht der Seligen". Ein göttliches Gefühl, im feinkörnigen Sand zu liegen, die Glieder weit von sich zu strecken und nur gelegentlich einmal den Kopf von der einen auf die andere Seite zu drehen, um über dem Seespiegel die Szenerie aus anderer Perspektive zu schauen.
Mit den Bewegungen der Wildkatze wand sich Pina durch das dichte Unterholz zu unserem Zeltplatz. Scheu, das Sprungbein angezogen, kauerte sie am Buschrand. Mit wachen Augen verfolgte sie jede Handreichung, mit der Katrin das Essen vorbereitete. Meine Anrede schien an ihrem Ohr vorbeizugehen. Abwägend streifte mein Blick den Besuch, um die zwanzig mochte das Mädchen sein, vielleicht jünger. Ein südländischer Typ, der sich schwer schätzen läßt — schwarzlockig, die Haarfülle von einem Band gehalten, die Fragmente eines Badeanzuges und einen kurzen Rock um den gebräunten Körper, der sich straff, wie die Sehne eines Bogens, unter den armseligen Fetzen spannte.
Als ich den Benzinkocher entflammte und brummend die blaue Feuergarbe aus dem Metallkopf schlug, siegte die Neugier, Zoll um Zoll schob sie sich heran. Ohne einen Ton verlauten zu lassen, rührte sie schüchtern an dem einen oder anderen Ausrüstungsstück, jeden Augenblick bereit, auf flinken Beinen davonzuspringen. Eine uns unverständliche Komik der Situation brach den Bann. Als Katrin das Tomatenpürree im kochenden Wasser verrührte, sprang sie auf, streckte abwehrend die Hände aus und rief, sich vor Lachen schüttelnd:
„Oh, signorina, é troppo rosso, é troppo rosso!"
Erschreckt ob ihrer Kühnheit fuhr sie mit dem Handrücken gegen den Mund, zaghaft von einem zum anderen blickend.
„Perché, signorina?" fragte ich schmunzelnd. „É deliciosa, questa minestrone."
Ich hatte den Zauberschlüssel gefunden, gleich einer Sturzflut sprudelten die Worte über ihre Lippen, von den bronzefarbenen Händen bildreich unterstützt. Sie sagten uns mehr als der melodisch klingende Redestrom, es schien sich um ein Kochrezept zu handeln. Unvermittelt brach sie ab.
„Non capito?" fragte sie lachend und legte ihrer Zunge Fesseln an.
Sie sei unser Nachbar von der Fischerhütte hinter dem Maisfeld, Papa wäre auf den See, um die Netze auszuspannen. An den Fingern zählte sie die Namen der Geschwister ab, gerade daß beide Hände ausreichten. Wieder bewunderte ich einmal mehr die angeborene Höflichkeit der Italiener. Sichtlich reizten meine holprigen Fragen die Lachlust des

Fischermädchens — bei uns ein Grund zu ungehemmter, gedankenlos verletzender Heiterkeit. Sie mißachtet das Mühen des Ausländers, mit der Sprache das Wesen eines fremden Volkes kennenzulernen. Pina korrigierte höchstens ernsthaft einen gar zu groben Schnitzer, mit einem liebenswürdigen „scusi, signori" sich für die Belehrung entschuldigend. Nur in den dunklen Augen sah man das Lachen sprühen.

Unsere Freundin ging auf Entdeckungsreise, alles erregte ihr Interesse. Genießerisch wälzte sie sich auf dem prall gefüllten Luftbett, öffnete das Ventil und hielt es lauschend gegen das Ohr, um das Zischen der entströmenden Luft zu vernehmen. Dann wieder kroch sie in das Zelt und rüttelte an den Stäben, daß die Sommervilla gefährlich ins Schwanken kam. Dazwischen ging fleißig das Mundwerk, verzweifelt kramte ich in meinem Wortschatz, um die Wißbegier zu stillen.

„Che cosa é questa?" brachte sie meine Lederhose geschleppt, die zur Lüftung an der Zeltleine hing.

„É una pantalone", erklärte ich bereitwillig.

Das wollte ihr nicht eingehen, rund um den Comer See war so ein komisches Instrument als Hose unbekannt. Unschlüssig drehte sie meine „Krachlederne" in den Händen, betrachtete sie von vorne und hinten. Ein plötzlicher Entschluß — mit einem Ruck fiel der Rock, es blieb keine Zeit, die Augen sittsam niederzuschlagen. Das sparsame Badetricot wies einige Altersschwächen auf, die zu offenkundig waren, um sie trotz bestem Willen übersehen zu können — im nächsten Augenblick verschwand die wohlgefällige Szenerie hinter dem Lederpanzer.

„Com' é bella!" rief Pina begeistert, das Geschirr über die Schultern streifend.

Sie wiegte sich in den Hüften und stolzierte gravitätisch am Strand auf und ab. Von irgendwoher gellte ein Pfiff in unser Lachen, mit einem Schreckensruf wechselte unsere Freundin im Handumdrehen das Gewand und verschwand leichtfüßig mit einem „Addio" im Gebüsch.

Die Sonne neigte sich gegen den Bergrand im Westen, das Gesträuch warf lange Schatten, nur noch den Uferstreifen, wo wir den Spätnachmittag verträumten, traf ihr volles Licht. Ein Geräusch riß mich aus dem Halbschlummer, Pina kniete zwischen uns im Sand, den aufgeschürzten Rock voll saftiger Birnen. Mit Bedacht wählte sie die schönsten Früchte und reichte sie mit gewinnender Anmut. Im Garten am Haus seien sie gewachsen, an der Spitze der kleinen Halbinsel. Dort leuchtet die Sonne den ganzen Tag, es sei viel, viel schöner als hier, man könne den ganzen See übersehen.

Ich wurde hellhörig, sicher wollte Pina der Familie die verrückten forestieri mit ihren bicicletti und dem tenta in Freiheit dressiert vorführen. Richtig, etwas zögernd schlug sie vor, zur Inselspitze umzusiedeln. Ich verspürte keine Lust und lehnte höflich, aber bestimmt ab. Tiefste Niedergeschlagenheit überschattete das Gesicht unserer Freundin.

Katrin war der Sinn der vorgebrachten Bitte entgangen, sie sah nur den Wechsel im Ausdruck der Züge der kleinen Italienerin. Mit ein paar Worten klärte ich sie auf. Die ehrliche Bestürzung rührte an ihr Herz, als höchste Instanz widerrief sie meinen Beschluß. Pina ließ die Augen während des Zwiegespräches von einem zum anderen wandern. Ich mußte ihr nicht erst den Entscheid verkünden, glücklich lachend schloß sie Katrin in die Arme.

Unterwegs glaubte ich eine kleine Gestalt durch das Gebüsch flitzen zu sehen. Der schmale Pfad führte durch ein dürftiges Maisfeld, der Schwemmsand schien nicht den geeigneten Nährboden zu bieten. Im Ausschnitt erhob sich, von ein paar Bäumen beschattet, eine primitive Fischerhütte, dahinter glitzerte der Seespiegel.

Vor dem niederen Bau erwarteten uns der padrone, ein untersetzter Mann mit struppigem Grauhaar, und die rundliche Mama, daneben Kinder, aufgereiht wie die Orgelpfeifen. Würdig hieß er uns in wohlgesetzten Worten willkommen und bat um die Ehre, ihr Abendessen zu teilen. Ich klaubte meine italienischen Brocken zusammen und dankte für die herzliche Begrüßung und die gebotene Gastfreundschaft.

Ein paar halbwüchsige Burschen trugen Stühle ins Freie, auf denen die Eltern und wir als Gäste Platz nahmen, die übrigen kauerten auf den Steinfliesen der Treppe. Jeder bekam Schale und Löffel in die Hand gedrückt, dann wurde in einer großen Schüssel die Minestrone aufgetragen. Neben mir saß Pina mit unterschlagenen Beinen auf einem Holzblock und schlürfte mit Behagen die Brühe.

„Nicht wahr, das schmeckt anders als eure Tomatensuppe?“ wendete sie sich an mich und schnalzte genießerisch mit der Zunge.

Erwartungsvoll hielt die ganze Familie die Augen auf mich gerichtet. Sicher hatte Pina haarklein von der Kocherei mit dem troppo rosso berichtet. Ich fühlte, wie unter den Blicken der Schweiß meine Stirne näßte, mitten in dem Grünzeug auf meinem Teller schwamm der schwarze Körper einer Küchenschabe mit langen, grausen Beinen. Der Ekel saß mir im Hals, ich würgte und schluckte. Nur kurz währte der Kampf in meinem Inneren, hier saß nicht irgendein Fremder, sondern ein Abgesandter aus dem deutschen Sprachbereich. Die Höflichkeit siegte, mit Todesverachtung fuhr der Löffel in die Suppe und, ihn zum Mund führend, spendete ich der Küche der padrona hohes Lob.

Nach dem Zeltaufbau trieb uns die Nachtkühle in das Hausinnere. Vier kahle Wände mit einer langen Bank, der Boden aus gestampftem Lehm. Den schmucklosen Raum erhellte das im Kamin lodernde Feuer. Feststimmung herrschte, aus einem bauchigen Krug füllte der Herr des Hauses tiefroten Wein in Gläser, Tassen und Schalen.

Junges Volk aus der Nachbarschaft hatte sich zugesellt, ein Grammophon dudelte, zu seinen heiseren Tönen drehten sich die Paare im Kreise. Als ich zwischen wirbelnde Volkstänze einen krachenden Schuhplattler legte, kannte der Jubel keine Grenzen. Woher die Menschen in der Schnelligkeit kamen, blieb ein Geheimnis, immer mehr schoben sich durch den Spalt der Türe, immer wieder mußte ich Arme und Beine schwingen, bis die Schenkel wie Feuer brannten.

Ein Donnerschlag schreckte uns aus dem Schlaf. Feuergarben zuckten über dem See auf, der Sturm rüttelte und zerrte an unserem Zelt, prasselnd schlug der Regen gegen die Leinwand. Im Aufleuchten eines Blitzes sah ich durch die strömende Flut eine Gestalt aus dem Haus huschen — Pina. Zitternd vor Nässe und Kälte bat sie uns inständig, unter dem Dach Schutz zu suchen. Hab Dank für dein liebes Gedenken, wir lagen wohlgeborgen. Ein kleines Zwischenspiel? Vielleicht — vielleicht auch einer der seltenen Augenblicke, die echte Menschlichkeit offenbaren.

Am frühen Morgen zäumten wir die Räder auf. Bloßfüßig sprang unsere Freundin ein Stück Wegs neben uns her — nun die Landstraße — mit dunkler Silhouette hob sich die winkende Gestalt gegen die im Frühlicht schimmernde Flut ab — jetzt nur noch ein schmaler Strich in der Ferne. Dieus allegra — Gott erfreue dich — liebe, kleine Pina. Die Räder glitten dem See-Ende zu.

Wieder begleitete uns das Bild des Vortages, gegenüber, auf der anderen Seeseite, der Bergzug des Monte San Primo, um uns die Üppigkeit der südlichen Landschaft, die in dem malerischen, kleinen Dorf Brienno, das mitten zwischen Lorbeerbäumen gebettet liegt, ihren besonderen Akzent erhielt.

Noch bevor wir Como erreichten, schwenkten wir nach rechts gegen Olgiate aus, um auf dieser Abkürzung die von Como nach Varese führende Hauptstraße zu gewinnen. In der Erinnerung blieb nichts haften, als das Auf und Ab einer dicht besiedelten Hügellandschaft mit viel Hitze, Staub und Durst. Wir mußten den Buckel krumm machen, nur vier Tage hatten wir für die Fahrt von Pontresina nach Cogne

angesetzt. Die Straße senkte sich zu einer Bucht des Lago Maggiore, nach Laveno.
Mit der Fähre setzten wir auf das Westufer nach Intra über. An der Pracht des Botanischen Gartens der Villa Taranto, an der wir vorüberfuhren, konnten wir uns nicht erfreuen, diese Kostbarkeit fiel dem Moloch Disgrazia zum Opfer. Dafür wollten wir uns an der Isola Bella schadlos halten und verzichteten trotz der Hitze auf unsere Siesta.
Dann lag sie vor unseren Augen, die vielbesungene Insel. Um das Jahr 1600 hatte das öde Felsenriff vor dem heute rund eintausend Jahre alten ehemaligen Strixia auch nicht die entfernteste Ähnlichkeit mit einer „schönen Insel" besessen. Es lockte nicht einmal die Fischer, von hier auf Fang auszugehen.
Was dann geschah, klingt wie ein Märchen aus „Tausendundeiner Nacht". Ein edler Graf namens Carlo Borromeo kam und nahm seinen Zauberstab, um den harten Stein in einen blühenden Garten zu verwandeln. Um es prosaischer auszudrücken: er verfügte über einen Sack, der mit Gold gespickt war. Damit heuerte er Schiffe an, die, hochauf mit bester Erde beladen, wieder und immer wieder den Weg vom Festland zu dem Fels im See nahmen, bis ein dreißig Meter hoher Wall das Gestein deckte. In zehn übereinander angelegten Terrassen ließ er die schönsten und seltensten Blumen pflanzen.
Nun sollte das passende Märchenschloß den Garten Eden am äußersten Ende der Insel krönen. Der Graf rief die bedeutendsten Fachleute ihrer Zeit in sein Blumenparadies, die den heutigen Palast in zwanzigjähriger Bauzeit im Jahre 1671 fertigstellten. Das Eiland taufte er nach dem Namen seiner Frau „Isabella", das sich mit der Zeit in Isola Bella, die schöne Insel, wandelte.
Auch wir erlagen ihrem Zauber, schritten durch die Säle und bewunderten die Gemälde berühmter Meister und die großen Gobelins mit mythologischen Darstellungen. Betäubend umfing uns der Duft der Gärten, das Auge fesselte eine Orgie von Farben und bizarren Formen seltener Blüten. Mit dem Blick zur Insel saßen wir dann in Stresa bei einem Espresso, um die vielfachen Eindrücke nachwirken zu lassen.
Die Uferstraße brachte uns nach Arona, wir nahmen Abschied vom Lago Maggiore und wendeten uns südwestlich, Borgomanero zu. Es war spät geworden, die Nacht überraschte uns. Irgendwo, einen Steinwurf von der Straße entfernt, schlugen wir das Zelt beim Schein der Bergsteigerlaterne auf.
Katrin weckte mich, als es gerade zu dämmern begann. Sie ließ die Taschenlampe aufblitzen.

„Rühr dich nicht, schau hinauf zu den Zeltstangen."
Ich traute meinen Augen nicht — da hingen, zu dicken Trauben geballt, Hunderte von Ohrwürmern, die durcheinanderwurlten. Es sind harmlose, aber aus irgendeinem Grund unsympathische Geschöpfe. Neunzig Prozent aller Frauen wären bei diesem Anblick in hysterisches Geschrei ausgebrochen, was man einem zartbesaiteten Gemüt nicht einmal hätte verübeln können. Katrin nahm die wenig erfreulichen Mitbewohner unseres Zeltes rein sachlich zur Kenntnis.
„Das Viehzeug sammeln wir am besten in einem Eßnapf, um es loszuwerden."
Mit diesen Worten kroch sie vorsichtig durch die Zeltöffnung, damit sich nicht ein mittlerer Schwarm in ihren Haaren verfing. Ich kann mit Pferden gut umgehen, väterlicherseits bin ich den Umgang mit Schlangen, Salamandern und Kröten gewöhnt, die als eine absonderliche Liebhaberei meine Jugendtage als Hausgenossen begleiteten. Mit den Lebensgewohnheiten unserer ungebetenen Gäste verbanden mich keine Erfahrungen.
Wir waren in eine Völkerwanderung der Ohrwürmer geraten. Im aufkommenden Tageslicht fanden wir sie in Massen — in den Seitentaschen der Rucksäcke, im Kochgeschirr, im Seifennapf und in Mengen in den Schuhen. Ohne Übertreibung: mit den Löffeln mußten wir das Getier überall herausschöpfen, ohne ihm völlig Herr zu werden. Noch nach Tagen fanden wir sie in irgendeinem Winkel unseres Rüstzeuges.
Lange, bevor die Sonne erwachte, saßen wir wieder in den Sätteln unserer Stahlrösser.
Mit Biella war wieder eine Etappe abgeschlossen, denn jetzt ging es bergan. Eine verteufelte Steigung führte von Mongrado zu dem Höhenrücken hinter Zubiena, der Serra d'Ivrea, der größten Moräne Europas, mit einem ganz regelmäßigen Profil: Die Mühe belohnte ein wundervoller Rundblick von ihrem Scheitel und über den Talsturz nach Ivrea und in das breite Becken von Turin. Die letzte Schranke auf dem Weg in das Aostatal war durchstoßen. Über die Schlangenbogen der Serpentinen schnurrten die Räder hinab nach Ivrea, gekrönt vom roten Schloß mit seinen drei mächtigen runden Ecktürmen. Noch siebzehn Kilometer, dann wird sich uns mit Pont St. Martin die Pforte zum Aostatal öffnen.
In beschwingter Stimmung strebten wir dem Ziel entgegen. Diesen Schlußteil unserer Fahrt würden wir etwas gemütlicher gestalten können, um die Schönheiten des Aostatales mit den vielen Zeugen seiner bewegten Vergangenheit zu genießen. Aus der Ferne grüßen uns dann

die Berge, denen im Gran Paradiso und später im Montblanc unsere Wünsche galten. Es war gegen fünf Uhr nachmittags. In wenigen Minuten werden wir in Pont St. Martin vor der Brücke stehen, die von den Römern vor mehr als zweitausend Jahren über die Wasser der Lys geschlagen wurde. Sie durchfließt das Tal von Gressoney, wo heute noch ein mittelhochdeutscher Dialekt gesprochen wird und das ein Gipfel mit dem Namen Monte Weiss Weib beherrscht.

Pont St. Martin entwickelte sich zu einer beliebten Sommerfrische. Jetzt, am Spätnachmittag, waren die Straßen und Cafés sehr belebt. Die Herren, zum Teil in weißen Anzügen, die Damen modisch aufgeputzt, promenierten zur Stunde des Apéritifs. Man hielt einen Schwatz, flirtete, alles war auf den Beinen, um zu sehen und gesehen zu werden. Dankbar für die geringste Abwechslung wurde unser Einzug mit dem überdimensionalen Aufbau um die Räder bewundert.

Stolz ob solcher Beachtung (in der kritischen Nachbetrachtung fehlte nur die Pfauenfeder zu der heldischen Erscheinung) trat ich in die Pedale und glitt durch das Spalier der Gaffer zum Marktplatz. Mitten im Rund spürte ich ein sanftes Nachgeben in den rückwärtigen Regionen des Alpenkönigs. Noch im Absteigen löste sich das Geheimnis — das Hinterrad hatte sich selbständig gemacht und rollte unter dem fröhlichen Gewieher der Umstehenden davon.

Überall feixende Gesichter, im Nu wurde ich zum Mittelpunkt einer sich schiebenden und drängenden, mit südländischem Temperament wild durcheinander redenden und gestikulierenden Menschenmenge. Ohne Brille und fremde Unterstützung verriet der erste Blick — die Nabe war gebrochen, sie fiel der Überlast zum Opfer. Hier konnte nur der Mechaniker am Ortseingang Hilfe bringen.

Es war peinlich, der Weg führte ausgerechnet durch die Hauptstraße, die ich zuvor mit geschwellter Brust im Hochgefühl meiner Bedeutung durchradelt hatte. Spießrutenlaufen durch eine italienische Kleinbürger-Sommerfrische, blanke Schadenfreude leuchtete aus den gleichen Gesichtern, die vorher in Hochachtung erstarrten. Zurufe von links und rechts, Witze, die ich zum Glück nicht verstand und nur am allgemeinen Gemecker zu registrieren vermochte, begleiteten den Zug.

Ich bildete mit dem Alpenkönig, den ich, das rückwärtige Gestänge haltend, vor mir herschob, die Spitze, es folgte ein bloßfüßiger Junge, der mit wichtiger Miene das treulose Hinterrad trug, und schließlich ein Haufen Volk, das mit Behagen die Sensation im Kleinen auskostete. Katrin hielt sich bescheiden am Schluß und tat uninteressiert, als wenn sie die ganze Angelegenheit nichts anginge.

Der gute Maestro betrachtete kritisch die Fragmente des Vehikels von allen Seiten. Dann bohrte und hämmerte er an der im Schraubstock eingespannten Nabe herum und brachte dieses oder jenes Ersatzteil geschleppt. Ratlos kratzte er sich den Wollschädel einmal hinter dem linken, dann wieder hinter dem rechten Ohr, dieweil ich geduldig sein salomonisches Urteil erwartete. Schließlich pfiff er nach einem besonderen System durch die Zähne und hielt mir eine temperamentvolle Rede, von der ich leider kein Wort verstand.

Mitten in einem besonders schönen und langen Satz brach er ab, mein nicht übermäßig intelligent dreinschauendes Gesicht schien den absoluten Mangel an Verstehen zu verraten. Mit dem Ausdruck grenzenloser Hoffnungslosigkeit — alle Italiener sind geborene Meister der Gebärde — schüttelte er den Kopf und ließ die erhobenen Hände sinken: „Niente da fare — tutti caputi."

Mit einem langen Blick liebkoste ich den Kameraden, den ein widriges Geschick im letzten Teil der Fahrt in die ewigen Jagdgründe abberief. Dann schirrte ich das Gerät ab, belud mich mit dem Plunder und schlich gesenkten Hauptes davon, tief beeindruckt von der Tragweite der Tragödie.

In einer Trattoria saßen Katrin und ich zu einem Leichenschmaus für den tapferen Alpenkönig beisammen. Sein Hinscheiden konnte nicht mit leichter Miene in die Rubrik „unerwartete Schicksalsschläge" eingetragen werden. Unsere ganze Planung mit dem Ablauf der Fahrtfolge schien mit einem großen Fragezeichen versehen. Wir schwemmten mit einem guten Glas Wein die Bedenken hinweg, irgendwie werden wir es schon schaffen, das leck gewordene Schiff sicher in den Heimathafen zu steuern.

Leicht angeräuchert, das teils dem hochgradigen Wein und teils dem Abschiedsschmerz zuzuschreiben war, bauten wir unser Zelt auf einem Rasenfleck oberhalb Pont St. Martin auf.

Am nächsten Morgen saßen wir an der Böschung der Straße nach Châtillon. Katrin hatte eine leicht betrübte Miene aufgesetzt, offen sprach daraus das mangelnde Vertrauen zu dem von mir entwickelten Feldzugsplan.

„Liebes Mädel, mach keine so krause Stirn, es tut bestimmt nicht weh. Dein Überrucksack ist in Wirklichkeit federleicht und dient nur als Attrappe. Ein Herz von Stein muß erweichen, wenn du, gebeugt unter dem Riesenbinkel, die Straße entlang schleichst. Du wirst sehen, nicht einmal den kleinen Finger mußt du krumm machen, um einen Platz in einem Auto zu erobern. Halbzeit ist in Aosta, dort wollen wir uns am Ortseingang treffen. Ich werde auf deinem Stahlroß trampeln, was das Zeug hält — in ein paar Stunden auf Wiedersehen!"

Damit wandte ich mich zur Alpenkönigin, die auf der anderen Straßenseite, über und über mit Gepäck beladen, stand. Ich winkte zur Kameradin, die trotz der aufmunternden Predigt ein beträchtlich langes Gesicht machte, zurück und schwang mich mit einiger Mühe in den Sattel.

Ehrlich gesagt, ganz wohl fühlte ich mich nicht in meiner Haut. So ein einschichtiges Mädchen im fremden Land, dessen Sprachkenntnisse kaum über pane, pasta asciutta und vino hinausgingen — nein, die Lage war alles andere als rosig. Ich vertraute auf Katrins Instinkt und ihre Selbstsicherheit, mehr als einmal hatte ich im Ablauf der Monate die Geschicklichkeit bewundert, mit der sie schwierige Situationen zu meistern verstand.

Wenige Kilometer ist Donnaz mit seiner gut erhaltenen römischen Straße und dem Steintor von Pont St. Martin entfernt. Kurz vor den ersten Häusern klang das Warnsignal eines Autos, mit radierenden Reifen preschte ein schwerer Wagen um die Kehre, gerade, daß ich für einen Augenblick Katrins winkende Hand zu erspähen vermochte. Erleichtert atmete ich auf.

Dann war ich allein mit den Schönheiten und Absonderlichkeiten des Aostatales. Die erste Eigenart dieser autonomen Provinz ist an den Ortsnamen abzulesen. Sie klingen nicht nur französisch — man denke an Verrès, Châtillon, Cogne, Courmayeur, um nur einige zu nennen —, ein französisches Patois hat sich über alle wirtschaftlichen und politischen Stürme hinweg behauptet, selbst in den Amtsstuben werden die Verhandlungen und Protokolle doppelsprachig geführt.

Und noch etwas anderes hat dem Aostatal sein Signum aufgeprägt, das sich bereits in Pont St. Martin mit der zweitausend Jahre alten Brücke kundtat. Entlang der Dora Baltea haben römische Legionen in schimmernder Rüstung und schwer beladene Lastkarren ihren Weg nach Gallien genommen. Immer wieder begegnet dem aufmerksamen Beobachter die alte Kunststraße, die mit ihren Steinplatten, Quadern und Toren die Jahrtausende überdauerte. Die Schwebebogen der Aquädukte und die Bauten in der Militärkolonie Augusta Praetoria, dem heutigen Aosta, sind beredte Zeugen.

Immer war die Talfurche von bewegtem Leben erfüllt, wie die vielgestaltigen Burgen und Herrensitze beweisen. Heute durchpulst der Fremdenverkehr die Straßen entlang der Dora Baltea und ihrer Verästelungen. Sie sind auf drei Seiten von den schönsten und höchsten

Berggruppen der Alpen umschlossen — vom Wallis mit dem Matterhorn und der Monte-Rosa-Ostwand, der wuchtigen Mauer des Montblanc mit der Brenvaflanke und dem Peutereygrat und schließlich als südliche Begrenzung der Gran Paradiso mit der kühn aufgebauten Grivola.

Die „Riviera des Aostatales" nennt man gerne jenen Teil, der sich von Pont St. Martin nach Verrès erstreckt. An alten Schlössern rollte die Alpenkönigin vorbei. Die Gärten prangten im farbfrohen Blumenschmuck, dazwischen ragten Zypressen, Ölbäume und Palmen. Es folgte die Enge von Bard, darüber das mächtige Fort, das auf den Resten von Ruinen errichtet wurde. Es schirmte den Eingang zum Aostatal ab. Entlang den schäumenden Wassern schob ich das Rad über die steile Stufe empor — eine Mauer aus Fels und Eis überraschte den Blick — der Montblanc.

Bei St. Vincent die wuchtige Burg Ussel, gleich einem Adlerhorst auf einem Felskegel thronend, den einst der Gletscher aus dem Bergleib geschliffen hat. Im sich verflachenden Talboden breiteten sich die Häusergruppen von Châtillon. Für die Skifahrer ein Begriff, denn hier setzt die Straße nach Breuil, besser bekannt unter dem Namen Cervinia, der italienischen Bezeichnung für das Matterhorn nachempfunden, an. Seilbahn zum Theodulpaß mit dem Plateau Rosa und Breithorn — Kilometer lancée — um nur einige Stichworte zu geben.

Der sich weitende Talkessel wurde für mich zur Rollstrecke. Rechts Chambave mit seinen Weingärten, links öffnete sich ein Nebental, für eine kurze Weile zeichnete sich eine weiße Pyramide im Ausschnitt ab, die 3512 m hohe Tersia, sie entbot mir den ersten Gruß der Berge um den Gran Paradiso.

Wenigstens ein Stück aus diesem Schrein der Kostbarkeiten wollte ich meinem Erinnerungskastel einverleiben, das Ableben des Alpenkönigs hatte den geruhsamen Bummel verhindert. Die Burg Fenis, unmittelbar bei dem Dorf Nus gelegen, griff ich mir aus der reichen Wahl. Sie vermittelt mit ihren vielen Türmen und dem dreifachen Kranz der Zinnen ein Bild wie jene buntfarbigen Schnittvorlagen, aus denen man in seiner Jugend mit viel Kleister das Phantasiegebilde einer Burg bastelte.

In der Nachbetrachtung erging es mir wie bei dem Anblick einer elegant gekleideten und mit allen Raffinessen der Kosmetik geschminkten Dame — die Formen und der Verputz sind erstklassig, doch innen gähnt die Leere. Die wunderbare Fassade des stolzen Gebäudes, das im vierzehnten Jahrhundert einer aus dem Geschlecht der Challant

schuf, blieb erhalten, doch das Schloß wurde im Laufe der Zeit zum Bauernhof und vernachlässigt. Getreide, Heu, Holz und Vieh beherbergten die Räume, in denen einst höfisch gekleidete Damen und Herren parlierten. Die wertvollen Möbel und Gemälde wurden von den Bauern entwendet oder zerstört, die Fresken vernachlässigt, als wenn sie gewöhnlicher Verputz wären. An den Zacken, Türmen und Dächern nagte der Zahn der Zeit, die balkenschweren Decken vermoderten.
Um das Jahr 1900 wurde das Schloß von Cav. D'Andrade vor dem gänzlichen Verfall gerettet und großzügig renoviert. Man stattete es mit antiken Möbeln aus — eine Ansammlung von zusammengetragenen Kunstgegenständen, die keine Beziehung zum ursprünglichen Charakter besitzen. Ich war bitter enttäuscht. Der äußere wiederhergestellte Glanz stand in keinem Verhältnis zum inneren Gehalt.
Kurz, nachdem die Uhr die zwölfte Stunde geschlagen hatte, surrten die Räder den ersten Häusern von Aosta zu. Katrin, die mich hier erwartete, sprang von einem Kilometerstein auf, sie strahlte aus allen Knopflöchern.
„Fein hat es geklappt", rief ich ihr zu. „Hast du einen netten Autolenker erwischt?"
„Hm", meinte sie etwas gedehnt, „beinahe zu nett." Dann mit einem Schmunzeln: „Aber er hat das Einhandfahren schnell aufgegeben."
In einer Trattoria hielten wir ein Mahl mittlerer Größe — Canelloni, Salt'imbocca — Sprung in den Mund, eine Spezialität der italienischen Küche, hinterher Gorgonzola. Der padrone quetschte uns nach dem Woher und Wohin aus und gab sachverständige Ratschläge. Bereitwillig brachte er das Rad samt den entbehrlichen Gegenständen in seinem Schuppen unter. Bis der Bus nach Cogne ging, blieb Zeit für einen Stadtbummel, um ein paar Eindrücke von den römischen Bauten, dem Augustusbogen, dem Amphitheater, dem Forum und dem Wall zu gewinnen.
Warum ich ausgerechnet die Berge um den Gran Paradiso sozusagen für eine Privataudienz wählte? Das ist mit wenigen Worten umschrieben. Vom alpinen Standpunkt aus reizte mich weniger der über viertausend Meter hohe Hauptgipfel mit seinem breit angelegten Massiv, dagegen hatte ich mich bei der Schau von den Bergen um Zermatt in die kühn aufragende Zinne der Grivola verliebt. Nur zwei Hütten, das Rifugio Vittorio Sella am Col Loson und das neu erbaute Rifugio Vittorio Emanuele unter dem Paradiso, dienen als Stützpunkte für den Bergsteiger. Sonst stehen nur Biwakschachteln und einige Räume in den Hütten der Parkwächter zur Verfügung.

Bis vor wenigen Jahrzehnten war der Bergsteiger kein allzugern gesehener Gast, der in dem weiträumig angelegten Wildreservat als Störenfried betrachtet wurde. Auch heute noch will man den Strom der Fremden in genau abgegrenzte Bahnen um die Grivola und den Gran Paradiso halten, wie man leicht aus dem Bestehen von nur zwei bewirtschafteten Berghütten ablesen kann.

Die Abschnürung von der Außenwelt brachte Cogne den traurigen Ruhm ein, durch die Inzucht den größten Prozentsatz an Kretins im gesamten Alpenraum aufzuweisen. Bis auf wenige Ausnahmen gehört dies heute der Vergangenheit an. Doch die Freude an schönen Trachten, die Geschicklichkeit, kleine Wunderwerke an Klöppelarbeiten zu fertigen, sind geblieben.

Dies alles reizte, hier auf Entdeckungsreise zu gehen. Hinzu kam die außergewöhnlich reiche alpine Flora, die, begünstigt durch die südliche Lage der Gruppe, in selten gesehener Farbenpracht und Vielfalt der Formen die Bergflanken und Hochtäler schmückt. Im Botanischen Garten von Valnontay, das 1666 m hoch gelegen ist, arbeitet man seit Jahren an der Sammlung der kostbarsten Arten der Alpenflora.

Noch mehr galt mein Interesse der Fauna der Bergwelt um den Gran Paradiso. In allen Bereichen der Alpen, vom Gesäuse im Osten des österreichischen Alpenraumes bis hinüber zum Dauphinée, dem westlichsten Hochgebirgswall der Alpen in Frankreich, war der Steinbock ausgerottet. Nur im Gran Paradiso zählte man in den schwer zugänglichen und dünn besiedelten Hochtälern einige Rudel dieses Edelwildes, denen das gleiche Schicksal drohte.

König Vittorio Emanuele griff ein und stellte das Gebiet unter seinen Schutz. Ihm haben wir es zu verdanken, wenn heute um Pontresina, dem Ofenpaß, um Heiligenblut am Großglockner und anderen Gebieten wieder Kolonien des prächtigen Wildes das Bergbild beleben. Sie alle stammen aus dem Gran Paradiso.

Schnell vermehrten sich die Steinböcke unter den günstigen Lebensbedingungen in den Bergen um Cogne. Schon im Jahre 1835 konnte Ré Cacciator, der königliche Jäger, eine Strecke von 35 Stück vorweisen. Im Jahre 1879 erhöhte sich der Bestand auf sechshundert Stück, zu Beginn des Ersten Weltkrieges waren es über dreitausend. Die Wirren machten sich die Wilderer zunutze, so daß bei Kriegsende nur mehr knapp hundert Exemplare die Hochtäler und Kare bevölkerten.

Im Jahre 1919 gab der König seine Rechte auf und unterstellte das Jagdgebiet als Nationalpark dem Gesetz des Staates. Der verantwortliche Beamte muß ein guter Psychologe gewesen sein. Er rief ein Korps

Ré Cacciator, der königliche Jagdherr, bewahrte den Steinbock vor der Ausrottung und schuf den Grundstock für den Parco Nazionale. Heute bevölkern wieder über 3500 Exemplare dieses Edelwildes die abgeschiedenen Hochtäler und Kare. Von diesem nahezu 1000 Quadratkilometer großen Reservat aus erfolgte die Wiedereinbürgerung in anderen Teilen der Alpen. Foto: A. Urietti.

von fünfzig Parkwächtern zusammen und holte die berüchtigsten Wilderer auf diesen Posten. Diese wußten nicht nur um ihre eigenen Schliche und die geheimen Pfade in die Hochtäler, sie kannten vor allem ihre ehemaligen Gesinnungsgenossen. Hier wurde nicht der Bock zum Gärtner gemacht, als ehrenwerte und pensionsberechtigte Beamte des Staates legten sie ihren Freunden gründlichst das Handwerk. Auch der letzte Krieg brachte einen kurz dauernden Rückschlag. Heute bevölkern wieder 3500 Steinböcke und über 10.000 Gemsen den Nationalpark, überall klingen die Pfiffe der Murmeltiere, ziehen Adler und Lämmergeier ihre Kreise.

Dies alles zu erleben war mein Wunsch — die herrliche Grivola und den Gran Paradiso unter den Strahlen der bereits südlichen Sonne, die im Aostatal den Wein noch auf zwölfhundert Meter Höhe gedeihen läßt — dieses eigenartige Cogne mit seinem Eisenerz, das schon die Römer aus den Schächten fördern ließen, und die Jagd mit der Kamera auf den Steinbock. Deswegen hatten wir in aller Eile die vielen Kilometer von dem Berninapaß bis nach Aosta heruntergehaspelt, jetzt winkte der Lohn für die aufgewandte Mühe.

Mit dem Autobus waren wir, vorbei an Aymavilles, der schönen Burg am Eingang des Tales, am Spätnachmittag nach Cogne gekommen. Wir nahmen im Castello Reale, dem ehemaligen Jagdschloß des Königs, einem alten, schmucklosen Steinbau, Quartier. Hier hatten wir uns für das Wochenende mit den Kameraden verabredet. Dann bummelten wir durch die Gassen des kleinen Ortes, in der Ferne grüßten die Gletscher des Paradiso zum Willkomm.

An den Tischen, die vor einer kleinen Bar standen, parlierten eifrig ein paar Einheimische miteinander. Wir schlürften unseren Apéritif. Wie von ungefähr kam ich mit einem braungebrannten Mann in mittleren Jahren ins Gespräch. Auch ohne das Zeichen des „Guida“ war er nach seinem Habitus als Bergführer zu erkennen. Nach meiner —

Die Kanzel der 2325 m hoch gelegenen Alp Money, die mit Steilfluchten gegen das tief eingefurchte Valnontey abbricht, bietet den schönsten Blick zum 4061 m hohen Gran Paradiso. Sein Gipfelaufbau ist vom Eismantel des zerklüfteten Tribulazionegletschers umkleidet. Foto: A. Urietti.

Im Blick von Norden stiehlt die edelgeformte, nahezu 4000 m hohe Grivola dem massigen Gran Paradiso — übrigens auch ein prächtiger Skiberg — die Schau. Rechts davon der Nomenon: der Berg ohne Namen. Foto: A. Urietti.

übrigens sehr guten — Karte hatte ich mir einen kleinen Plan zurechtgelegt. Nicht im Bereich der bewirtschafteten Hütten, sondern von einem Stützpunkt in einer abseitigen Berggruppe ausgehend, wollte ich diese erste Woche mit Katrin verbringen. Das Zelt würde das Vorhaben erleichtern.

Es war ein netter, liebenswürdiger Partner, der gerne meiner Einladung zu einem Punt e Mes Folge leistete. Was er von der Alp Money halte? Der Blick zum gegenüberliegenden Tribulazionegletscher mit dem dahinter aufragenden Gran Paradiso muß von seltener Schönheit sein und die Gipfelkette von der Punta Valletta bis zum 3692 m hohen Torre di Gran San Pietro wird in der Mischung von Eis und Fels einiges zu bieten haben.

Mein Gegenüber wurde ganz eifrig. Woher ich den guten Tip bekommen habe? Es wäre der schönste Platz in der ganzen Gruppe des Gran Paradiso. Und um den Proviant bräuchte ich mich nicht sorgen, auf der Alm bekäme man zu essen. Die Berge? Da würde ich alles finden, was ich wollte, leichte und schwierige Anstiege, außerdem stambecchi — Steinböcke (das Wort ist der deutschen Bezeichnung nachgeformt) in reicher Zahl. Dieser Satz gab den letzten Ausschlag: auf nach Money.

Wir hatten nichts dagegen, die Rucksäcke nicht mit Proviant samt Kocher belasten zu müssen, mit der Zeltausrüstung war ohnehin für den nötigen Ballast gesorgt. Heute ist man auch dieser Sorge enthoben, der Almbesitzer von Money hat eine kleine Privathütte für Wanderer und Bergsteiger errichtet. Vorbei an dem Dorf Valnontey mit seinen eng ineinandergeschachtelten Häusern stiegen wir durch das gleichnamige Tal an.

Kurz vor den Alphütten von Valmiana zweigte ein Steig nach links ab, mit dem man die Terrasse gewinnt, die in stets zunehmender Steigung zu der 2325 m hochgelegenen Alp Money führt. Ein großer, hagerer Mann hieß uns sichtlich erfreut willkommen. Das rundum weidende Vieh, ein paar Schweine mit Ferkeln und im Mist kratzende Hühner belebten die Landschaft. Ein beruhigender Aspekt für unsere Magennerven.

Vielleicht ist es nicht der schönste Platz in der Paradisogruppe, wie der Führer in seiner überschwenglichen Begeisterung urteilte, sicher aber einer der schönsten. Wie eine Kanzel schiebt sich die Terrasse von Money gegen das Tal vor, vierhundert Meter überragen ihre Felsabstürze den Bachboden. Von hier wirkt der Gran Paradiso als der wahre Herrscher der Gruppe, als ein Berg, der den Blick bannt. Unmittelbar gegenüber wälzt sich das Geklüft des Tribulazionegletschers in das Valnontey, als gleichförmige Pyramide wächst aus seinem Eis der Gipfel. Zur Rechten flankiert ihn der Zackengrat der Herbetet, zur Linken die Roccia Viva, die alle die Höhenmarke 3600 überschreiten. Hier schlugen wir unser Zelt auf.

Noch mehr als die Berge fesselte uns das Zauberwort „Nationalpark". Auf Schritt und Tritt begegneten uns Rudel flüchtender Gemsen und kleine Gruppen von Steinböcken. Über einen begrünten Moränenrücken setzten wir am nächsten Morgen den Fuß im Anstieg zum Patrigletscher, vor uns breitete sich ein mit Felstrümmern erfülltes Kar. Katrin packte mich mit allen Zeichen der Erregung am Arm und deutete wortlos auf eine Anzahl Steinböcke, die, kaum sichtbar gegen das gleichfarbige Gestein, langsam zu einer Felsrippe emporzogen.

Der Wind hatte ihnen längst unser Kommen verraten, nicht in hohen Fluchten, wie wir es von Gemsen her gewohnt waren, ging das Wild ab. Gemächlich setzte es, immer den gleichen Abstand haltend, den Weg fort. Für einen Augenblick verhielt eines der Tiere, um uns sichernd zu beobachten. Die Steinböcke wandten sich einer plattigen Wand zu, voran der Bock mit seinem weit ausladenden Gehörn. Auf schmalen Felsleisten und Bändern querten sie den Abbruch, bis sie die Kante erreicht hatten. Der Bock bezog den Auslug auf einer kleinen Kanzel, seine mächtige Gestalt hob sich in klaren Linien gegen den Himmel ab. Im mühelosen Anstieg über den aperen, kleinen Gletscher und leichten Fels erreichten wir das Ziel des Tages, den Gipfel der 3581 m hohen Punta Patri. Meine Hoffnung, mit der Kamera im Abstieg zum Schuß zu kommen, trog, das Wild hatte uns längst gespürt, bevor wir es zu Gesicht bekamen.

Das Jagdfieber hatte mich gepackt, ich ließ Berge Berge sein und war am folgenden Tag nur darauf erpicht, mit der Kamera zum Schuß zu kommen. Mit dem ersten Taglicht stieg ich, einen Halbbogen ziehend, damit mich der Wind nicht verraten konnte, in jenes Kar, das uns die erste Begegnung mit den Steinböcken brachte. Meine Trasse war nicht schlecht gewählt, unbemerkt pirschte ich mich an das Rudel heran, das zwischen dem Blockwerk äste. Der warnende Pfiff eines Murmeltiers ertönte, mißtrauisch äugten die Steinböcke zu mir herüber. In hohen Fluchten suchten Gemsen kurz oberhalb meines Standpunktes das Weite, nun sprangen auch die Steinböcke in einigen Sätzen davon, um gleich darauf — so schien es — mit höhnischem Gemecker mir ihre Blume zuzuwenden und langsamen Schrittes der Wand zuzustreben.

Mit einem extrem langen Teleobjektiv hätte ich sicher den einen oder anderen erfolgreichen Schuß verbuchen können. Doch mein Fotoapparat verhielt sich zu einer modernen Ausrüstung wie eine Steinschloßflinte zu einem Schnellfeuergewehr. Ich konnte es drehen, wie ich wollte, nur aus allernächster Entfernung, maximal vielleicht fünfzehn Meter, konnte ein Schnappschuß gelingen. Es mußte schon ein liebenswürdiger Zufall zu Hilfe kommen, um mir etwas Jagdglück zu bescheren.

Noch ein paar Stunden suchte ich die benachbarten Kare ab — Steinböcke gab es haufenweise. Sie hielten sich in respektvoller Entfernung. Entmutigt kehrte ich zu den Fleischtöpfen von Money zurück und verträumte den Nachmittag auf einer Wiese mit dem Blick zum Paradiso.

Am dritten Tag im Anstieg zum Torrone d'Orso das gleiche Bild, wieder narrten uns die Steinböcke, die wir zu Gesicht bekamen. Dafür bot der Eiskörper unseres Berges eine rassige Begehung. Mit den Eisen an den Schuhen krallten wir über den steil sich aufbäumenden First empor. Der Berg setzte sich energisch zur Wehr, faustgroße Steine pfiffen uns um die Ohren, daß wir gerne im Schnelltempo emporhetzten, um dem Geschoßhagel zu entrinnen. Zuletzt führten leichte Felsen zum 3618 m hohen Gipfel. Die Steinböcke schienen mit stillem Vergnügen von der Kante des Abbruchs unseren Rückzug zu beobachten. Meine fotografischen Gelüste trug ich auch an diesem Tag still zu Grabe.

Heute vorletzter Fahrtentag auf Money. Wir sortierten die Gipfel hübsch der Reihe nach, jetzt galt unser Interesse dem Torre di San Andrea, der mit der Ersteigung über die kühne Schneide der Cresta Paganini einen Leckerbissen versprach. Morgen sollte der Hauptberg der Gruppe, der 3692 m hohe Torre del Gran San Pietro, daran glauben. Es ging wie nach Zeichnung, im Kar wichen die Steinböcke in die Plattenflucht aus, nachdem sie uns gespürt hatten.

Das Wetter spielte nicht mehr mit. Über dem Paradiso zogen Wolkenschleier auf, als wir uns über die Felsschneide emporarbeiteten. In die folgende, steil ansetzende Eiskante schlug ich Stufen, um den Eisen sicheren Halt zu geben. Nebel umwölkten den Hauptgipfel, schäumten über die Gratlücken in das Valnontay. Es war nur eine Frage der Zeit, bis auch uns das Schlechtwetter erfaßte. Darauf waren wir nicht neugierig und schalteten den Rückwärtsgang ein. Wir stiegen ab, querten den Moneygletscher und kamen zu dem Ansatz jener Felsrippe, an der wir erstmals die Steinböcke sichteten. Hier hatte ich mehrmals vergeblich versucht, bei dem scheuen Wild zum Schuß zu kommen.

Die Steinbockfamilie war bereits aus dem Kar durch die Plattenwand zur Kante gewechselt. Der Bock sicherte von einer der Felskanzeln, die sich stufenartig übereinander reihten, gegen das Tal. Ein oder zwei Tiere ästen an den zwischen den Felsen eingelagerten Graspolstern. Diesmal stand der Wind gut, der Schlechtwettereinbruch leistete Hilfestellung. Erstmals schienen günstige Voraussetzungen gegeben zu sein, die ich mir unter allen Umständen zunutze machen wollte.

Ich mußte, um an die Kante zu gelangen, zwar die ganze Breite der plattengepanzerten Wand durchklettern, andererseits deckte sie mich völlig gegen Sicht. Nach meiner Schätzung würde ich unmittelbar in die Nähe der Steinbockfamilie kommen. Ich steckte die mit einem neuen Film versehene Kamera in meine Rocktasche und stieg mittels ein paar spärlicher Haltepunkte in die Felsen ein. In halber Höhe der Wand traf ich auf einen fingerbreiten Riß, mit dem ich nach links, zum Teil hangelnd, traversieren konnte. Unvermutet mündete er in einem breiteren Band, schon der penetrante Geruch sagte mir, ohne die vorhandenen optischen Merkmale zu beachten, worauf ich gestoßen war: den Wechsel der Steinböcke.

Hier drang ich schnell vorwärts. Ein scharfer Knick schloß die schmale Leiste ab — ich mußte unmittelbar vor jener Kante angelangt sein, wo die Verschneidung in der Gratkante, dem Standplatz der Steinböcke, verlief. Auf gut Glück stellte ich den Apparat ein, nahm ihn zwischen die Zähne und arbeitete mich an den Sperriegel heran.

Zentimeterweise schob ich mich um den Felsvorsprung. Mein Blick erfaßte den mächtigen Bock und ein Jungtier, keine fünfzehn Meter entfernt — mit der rechten Hand in einen Griff gekrallt — die Bergschuhe auf einem winzigen Spalt — mit der Linken löste ich die Kamera aus — die erste Aufnahme war geglückt. Für Minuten blieb ich regungslos. Arme und Beine begannen durch die verkrampfte Haltung zu zittern. Endlich wurden die Steinböcke wieder sorglos und sichteten gegen das Tal.

Diesen unbewachten Augenblick nahm ich wahr und schwang mich auf eine unter mir befindliche Platte, die mich mit ihrer stark geschrägten Neigung völlig deckte. Sie brachte mir weiteren Raumgewinn, der Stellungswechsel in eine kleine, schmale Nische glückte. Beinahe zum Greifen nahe hatte ich das Wild vor meinen Augen. Der alte Herr und sein Filius waren offenbar, wie es auch bei uns Menschenkindern gelegentlich der Fall sein soll, nicht einer Meinung. Mit einem Schlag seines Gehörns machte er die Sache klar, der junge Herr drückte sich beleidigt um die Ecke. Zweimal löste mein Finger den Verschluß aus, auch der Senior verschwand.

Geduld bringt Rosen — in meinem Fall ergab das Ausharren einen willkommenen Szenenwechsel. Frau Mama erschien höchst persönlich mit einem entzückenden Kitz im Zottelfell. Sie wachte über jeden Schritt ihres Kleinen und drängte es mit dem sanften Puff ihres Gehörns von der abschüssigen Platte zurück. Mit Bewegungen in der Zeitlupe schoß ich eine um die andere Aufnahme. Trotz aller Sorgfalt und der günstigen Windrichtung erlosch keine Sekunde das Mißtrauen, immer wieder äugte eines der Tiere zu meinem Felsspalt herüber.

Zuletzt erschienen zusätzlich der Herr Bock mit dem Junior, hübsch untereinander gestaffelt, zur Familienaufnahme. Wohl eine Stunde mochte ich hier gekauert haben, bis die letzte Aufnahme glückte. Ich machte die erste Bewegung. Die Steinböcke schreckten auf, in wilden Sätzen jagten sie über die Platten empor, daß die Felsbrocken an meinem Versteck vorbei in das Kar spritzten.

Im strömenden Regen wanderten wir am nächsten Tag talaus, den Torre del Gran San Pietro mußten wir von der Speisekarte streichen. Was hätten wir mehr erreichen wollen? Die wundersamen Tage von Alp Money, der Felskanzel über dem Valnontey mit dem Blick zum Tribulazione, den abseitigen Bergen und dem Erlebnis mit den Steinböcken bleiben unvergessen. Jean Paul sagte es dichterisch: „Die Erinnerung ist das einzige Paradies, aus dem wir nicht vertrieben werden können.“

Rechtzeitig zum Mittagtisch trafen wir im Castello Reale ein.

„Halloh, Oscar“, begrüßte mich mit leicht englischem Akzent ein durchtrainierter junger Mann, aus seinem Gesicht leuchtete die Freude des Wiedersehens.

Es war Herbert, ein Student aus irgendeiner Grafschaft Südenglands. Mit ihm und seinem Bruder Eric hatte ich eine Reihe schöner Bergfahrten im Wallis unternommen. Ein zäher Bursche, mit dem man Pferde stehlen konnte, technisch gewandt und ein sicherer Gänger. Seine Achillesferse war der Magen. Er besaß einen hoch entwickelten Verbrennungskoeffizienten, in seinen Eingeweiden wühlte ständig das Hungergefühl. In allen Belangen mußte man ihn als Musterexemplar der englischen Rasse betrachten. Ich wußte es besser, denn seine Mama, eine reizende alte Dame, verkörperte noch immer, nach über dreißig Jahren England, mit ihrem Charme und ihrer Sprache die echte Wienerin.

„Na, was ist Herbert, wollen wir nicht wieder zusammen botanisieren gehen? Hier gibt es wunderbare, seltene Pflanzen“, auf ein Erlebnis anspielend, das ich im vergangenen Jahr mit dem Brüderpaar hatte.

„Thanks a lot", schüttelte er sich im komischen Entsetzen, „ich habe vom letzten Mal her mehr als genug."

Die Bergfreude ihrer Mutter, deren ganzes Herz der alpinen Flora gehörte, hatte Herbert und Eric angesteckt. Sie wetteiferten darin, ihr alle möglichen Blüten von einigem Seltenheitswert mit nach Hause zu bringen. Ich wurde das Opfer der Sammelwut, in Massen schleppten sie Blumen und Kräuter herbei, mir die Bestimmung überlassend. Die ersten zwei, drei Tage machte es Spaß, dann legte sich die Begeisterung, schließlich befanden wir uns auf Bergfahrt und keiner botanischen Studienreise. Meine halbtotgefragte Seele begann sich gegen das Übermaß an Wissensdurst zur Wehr zu setzen, sie rang verzweifelt um einen Ausweg.

Verloren stand ein unscheinbares Pflänzlein in einem Felswinkel. Mit überzeugend gespielter Finderfreude stürzte ich darauf zu und wies erschüttert auf das unscheinbare Gewächs.

„Was ist los?" Neugierig machte Eric einen langen Hals.

„Wir haben unverschämtes Glück, eine Seltenheit, die man alle Schaltjahre einmal antrifft", log ich im Brustton der Überzeugung.

„Ausgerechnet dieses komische Grünzeug?" zweifelte Herbert.

„Eine tolle Pflanze, das geißblattförmige Alpengerundum", antwortete ich belehrend. „Nur jedes dritte Jahr entfaltet es seine feuerrote Blütengarbe. Neben diesem Schatz kann nichts mehr in eurer Sammlung bestehen, vielleicht gelingt es, die Rarität zu Hause zum Blühen zu bringen."

„Das wäre Futter für Ma's Pflanzenseele, sie wird vor Begeisterung überkochen", rief Eric, von der Vorstellung begeistert. „Und ihr Freund, der Professor, der ewige Besserwisser, muß vor Neid zerplatzen."

„Ja, die zwei werden Augen machen", fügte ich tiefsinnig hinzu, ohne von Gewissensskrupeln geplagt zu sein.

Es hielt schwer, den nötigen Ernst zu bewahren. Zunächst fotografierten wir den Fundort und zeichneten ihn genau auf der Karte ein. Gewissenhaft vermerkte Eric Tag, Stunde, Himmelsrichtung und schließlich den Namen, den ich mit Mühe wieder zusammenkonstruierte. Meine mangelnden Kenntnisse hinsichtlich lateinischer Bezeichnung trugen mir einen betont mißbilligenden Seitenblick ein. Zuletzt verstaute Herbert die Pflanze — in Wirklichkeit eine zerrupfte Schafgarbe — mit dem Wurzelstock und Erde in der Proviantdose. Sie machte in seinem Rucksack die Überschreitung des Zinalrothornes mit.

Zwei Wochen später erhielt ich aus London eine Karte. Sie enthielt drei Worte: „Rache, alter Schurke!"

Am Spätnachmittag saßen wir wartend vor dem Castello Reale, unser dritter Mann sollte, wie üblich, mit Bahn und Postauto kommen. Ein betagter Opel, der einst bessere Tage gesehen haben mochte, keuchte die Bergstraße herauf und ließ verbotswidrig ein Hupkonzert vom Stapel. Vor dem Hotel kam der Karren zum Stehen, aus dem sich zu unserem nicht geringen Erstaunen mit Mühe der nahezu zwei Meter lange Carolus schälte. Mit viel Stimmaufwand und Schulterklopfen begrüßten wir den Freund, Held vieler gemeinsamer Bergfahrten.

Nachdem die erste Welle der Begeisterung verebbte, vermerkte er leichthin, nicht ohne ganz seinen Besitzerstolz verbergen zu können, auf das Auto weisend:

„Das ist meine neueste Errungenschaft, die ich günstig erwischen konnte. Es ist zwar ein etwas bejahrter Knabe, aber er steht auf gesunden Beinen. In der Spitze macht das gute Stück gut und gerne seine neunzig Sachen, am Berg ist es erstaunlich lebendig."

„Der Mensch denkt und Gott lenkt." Da hatten Katrin und ich Gedankenlawinen gewälzt, wie das Transportproblem für die Zukunft zu lösen sei. Nun kam dieses asthmatische Vehikel mit Carolus am Steuer und alle Bedenken verflüchtigten sich wie der Tau in der Wärme der Sonenstrahlen.

Am nächsten Morgen wanderten wir in das Valnontey. Der Regen, der gestern unseren Weg nach Cogne begleitete, hatte aufgehört, blauer Himmel überspannte das Bergrund. Bereits in dem kleinen Bergdorf schwenkten wir nach rechts gegen das Rifugio Vittorio Sella ab. Auf einer Hochfläche unter dem Col Loson stehen die beiden ehemaligen, flach gebauten und schuppenartigen Jagdhütten. Eine von ihnen dient als Wirtschaftsgebäude, die andere enthält die Schlafräume und Matratzenlager.

Der faszinierende Gipfel der nahezu viertausend Meter hohen Grivola trug entscheidend zu dem Entschluß bei, die Gruppe um den Gran Paradiso als Präludium unserer Montblanc-Fahrt zu wählen. Dieser wunderbare Berg, der immer wieder von den Gipfeln des Wallis unsere Blicke magisch auf sich lenkte, sollte als begeisternde Ouvertüre die Tourenfolge einleiten.

Und das Fazit der Begehung? Die lichten Augenblicke der Ersteigung der Grivola beschränkten sich auf zwei Ausschnitte: einige Steinbockrudel im Anstieg zum Col Loson und die überwältigende Schau von der Zinne zum Montblanc und den Bergen um das Matterhorn. Am eindrucksvollsten aber wirkte der massige Block des Grand Combin, der als Alleinherrscher zwischen den beiden Gruppen im Raum stand.

Der Rest wurde zu einem Trauerspiel zwischen trümmererfüllten Platten, dem infernalischen Gestank von prasselnden Steinlawinen, aus denen der Staub wie Rauch aufstieg. Dabei durchaus nicht harmlos, man mußte höllisch auf der Hut sein, seinen kostbaren Pelz unbeschädigt hinauf zum Gipfel und zurück zur Hütte zu bringen.

Die stolze Grivola — die bitterste Enttäuschung — eine Blenderin übelster Sorte. Nur der schimmernde Nordgrat mag dem Eindruck gerecht werden, den der rassige Berg von der Ferne verspricht. Darüber waren wir uns alle einig: wenn ein negativer Schönheitspreis der Berge zur Verleihung käme, würde er mit Glanz und Gloria der Grivola zugesprochen werden. Uns blieb ein Trost. Der Wein auf der Hütte war dazu angetan, auf das Angenehmste den Staub des Berges aus unseren Kehlen zu schwemmen.

Wieder stiegen wir am Folgetag zum Col Loson auf, um über den Paß in das Valsavaranche und damit zum Rifugio unter dem Gran Paradiso zu gelangen. Ein für Katrin und mich ungewohntes Bild bot sich den Blicken. Die vereinzelt angetroffenen Steinbockgruppen des Vortages hatten sich mit ein paar anderen Rudeln zu einer Herde vereinigt. Zweiundsechzig Stück konnte ich zählen, darunter einen Albino, einen riesigen, schneeweißen Bock, der das mächtigste Gehörn der sonst schon so stattlichen Tiere aufgesetzt hatte. Er schien das Leittier zu sein.

Eine Weile verhielten wir ohne Bewegung, ein paar Blöcke gaben Deckung, wir standen gegen den Wind. Friedlich äste die Herde, vielleicht an die fünfzig Meter entfernt. Der Albino machte seine Herrscherrechte geltend, tänzelnd erhob er sich auf die Hinterhufe, krachend prallte sein Gehörn mit dem des Rivalen zusammen, das Spiel so lange fortsetzend, bis der Gegner den Kampf aufgab. Ein Bild von ursprünglicher Kraft und Schönheit.

Als wir uns wieder in Bewegung setzten, schreckte die Herde bei unserem unerwarteten Anblick auf, in vollen Fluchten brauste sie, der weiße Bock an der Spitze, davon, daß der Almboden unter den Hufen dröhnte.

Wenig später schwang sich der Hang zum Col Loson auf. Meine freundliche Einladung, den kaum einhundert Meter höheren Monte Inferno zu besteigen, wurde mit Hohngelächter abgelehnt. Gegen einen echten Höllenberg mit Feuer und Schwefel wäre nichts einzuwenden, meinte Carolus. Wenn diese Hölle aber aus Schutt und Staub bestehe, dann verzichte er bestens dankend, wobei es ihm in Erinnerung an die gestrige Bergfahrt das lange Gestell von oben bis unten durchschüttelte. So

ließen wir den Haufen Trümmerwerk mit seinem klangvollen Namen unbehelligt und stiegen in das Valsavaranche ab.
Aus dem Talboden schraubte sich der Steig in steilen Serpentinen empor, bis wir im letzten Sonnenlicht auf einem Moränenrücken ein ganzes Strahlenbündel aufglänzen sahen. Die Lichtreflexe wurden von der eigenartigsten Berghütte rückgestrahlt, die im Alpenraum errichtet wurde, dem 2732 m hoch gelegenen, aus Aluminium gefertigten Rifugio Vittorio Emanuele, einer Luftschiffhalle gleichend.
Über den Geschmack läßt sich bekanntlich nicht streiten. Wir lehnten einstimmig dieses Monstrum an Stilwidrigkeit ab. Hoffentlich bleibt dieser Metallpalast ein Kuriosum im Alpenraum. Das Innere strahlt einen für den Bergsteiger ungewohnten Luxus aus: Fließwasser, WC, elektrisches Licht, Ablage für Seile, Pickel und Steigeisen und statt der üblichen Massenlager abgeteilte Schlafräume mit je vier Lagern. Vom Speiseraum aus bietet sich der eindrucksvolle Blick zur Pyramide der Tresenta und zum wuchtigen Klotz des Ciarforon, die im Montcorvégletscher fußen.
Rückblickend muß ich sagen, was die Grivola versprach, hielt der Gran Paradiso. Es wurde zu der vielleicht genußreichsten Fahrt, die mir je ein Viertausender bescherte, wobei die Betonung auf dem Wort „Genuß" liegt. Es erwartete uns kein „Kampf mit dem Berg", unserem Vordringen stellte sich kaum eine nennenswerte Schwierigkeit entgegen, doch immer wieder überraschte uns eine neue Variante, verschoben sich kaleidoskopartig die Blicke von der hohen Warte.
Dabei machte das Wetter kein freundliches Gesicht, als wir mit dem Morgengrauen aus dem Aluminiumbunker traten. Ein paar Wolkenstreifen schoben sich von Westen gegen unseren Berg, drückende Schwüle lastete, lange Nebelzungen im Valsavaranche fraßen sich langsam über die Bergflanken zu den Gletscherböden. Wir warfen nicht die Flinte ins Korn, zur Umkehr blieb immer Zeit.
Wir folgten nicht der Normalroute über einen schuttbesäten Aufschwung zu einer Terrasse, die weit oben im Gletscher mündet. Lieber folgten wir über ein paar Rasenflecke zum steilen Eis des Paradisogletschers, um uns weitere Erfahrungen Marke Grivola zu ersparen. Es wurde zu einem vergnüglichen Steigen mit den Eisen zwischen den aperen Eisrampen, immer wieder galt der besorgte Blick dem Nebelwurm im Tal und der sich verdichtenden Wolkenbank.
Urplötzlich drehte der Wind nach Nord und sprang uns mit eisigen Stößen an. Es wurde bitter kalt. Soeben trieb uns noch die Treibhausluft den Schweiß aus allen Poren, jetzt froren wir erbärmlich. Eilig legten

wir den Wetterschutz an. Es war lustig anzuschauen, wie der Wind den Wolkenschaum zerfetzte und die Nebel in den Talfurchen vor sich hertrieb, bis sie sich verflüchtigten.

Wie auf einer Kanzel stiegen wir empor. Über dem Aostatal brandete das Nebelmeer, aus dem sich die Gipfel des Montblanc und im Süden das Horn des Monte Viso emporschwangen. Ein Berg zwang immer wieder zu neuer Bewunderung: der zum Greifen nahe Grand Combin mit seiner ungegliederten Südwand.

Kurze Steilstufen wechselten mit schönen Schneefirsten, zwischen Felstürmen zeigten sich in Ausschnitten die nächsten Nachbarn, allen voran der Ciarforon und die Tresenta. Steiler bäumte sich der Gletscher auf, entlang einer schmalen Felsrampe stiegen wir zur Randkluft, die eine ganze Galerie von Eiszapfen zierte, hinter denen sich die dräuende Tiefe der Spalte verbarg. Die Sonne, die uns in dem eisigen Wind noch keine Wärme zu spenden vermochte, entzündete die wundersamsten Lichter an diesem Vorhang aus Eis.

Eine kurze Wandstufe ließ uns zum Pickel greifen, sie ging in die felsige Flanke des Gipfelaufbaues über, die uns den Weg zur luftigen Schneide des Südgrates freigab. Nach ein paar Seillängen standen wir auf dem Gipfel des 4061 m hohen Gran Paradiso. Zu der Schau, die uns bis jetzt begleitet hatte, traten das Gipfelmeer des Wallis und die fernen Berge des Berner Oberlandes, über dem Dunst zeichnete sich klar die Bernina ab. Nahezu senkrecht unter uns der zerklüftete Eisstrom des Tribulazione. Unser Gruß galt der kleinen, gegenüberliegenden grünen Insel der Alp Money und dem Bergkamm mit dem Eckpfeiler des Torre del Gran San Pietro.

Wir stiegen ab, erst tief unten im Blockwerk fanden wir Schutz vor dem eisigen Sturm für die überfällige Essenspause. Der Grand Combin, der uns an diesem Tag auf Schritt und Tritt begleitete, war auch jetzt stiller Gast. Herbert, der am meisten unter der verspäteten Brotzeit gelitten hatte, war ausschließlich mit der Aufstockung von Kalorien beschäftigt. Carolus ließ zwischen den Bissen gelegentlich den Blick zum Grand Combin wandern, mit dem er sich anscheinend eingehend beschäftigte.

„Oka, was hältst du vom Combin? Den könnten wir eigentlich auf dem Weg zum Montblanc mitnehmen?“ lautete seine verblüffende Frage.

Für einen Augenblick mußte ich den plötzlich hereingeschneiten Vorschlag verdauen, der nicht im Fahrtenprogramm verzeichnet war. Im Grunde genommen keine schlechte Idee.

„Der Gedanke ist nicht von der Hand zu weisen", gab ich widerstrebend zu, „es ist nur ein Katzensprung zur Basis des Berges, außerdem kann man auf billige Art, wie einst das tapfere Schneiderlein, gleich vier Viertausender mit einer Klappe erwischen. Doch bedenke, wir verlieren mindestens drei Fahrtentage, die uns später im Montblanc fehlen werden."

„Das ist eine Milchmädchenrechnung", entgegnete der Freund. „Wenn Schlechtwetter kommt, müssen wir hier wie dort Abstriche von unseren Plänen machen. Für mich zählen nur die Tourentage, die ich im Sack habe. Außerdem sind wir mit meinem Opel beweglich und können schnell, ohne viel an Zeit einzubüßen, den Standort wechseln. Was ist, Herbert, sind Sie nicht auch für meinen Vorschlag?"

Ich wette Stein und Bein, Herbert war so angelegentlich mit dem Essen beschäftigt, daß das ganze Gespräch an seinem Ohr vorbeigegangen war. Doch er ist, was er von sich selbst behauptet, „good sport" und macht alles ohne Widerstreben mit, wenn es sich einigermaßen mit seinen Magennerven vereinbaren läßt. Darum nickte er nur zustimmend mit dem Kopf, da die Kaumuskeln mit größerem Nutzen anderweitig in Anspruch genommen waren. Damit war der Fall Combin zugunsten des Carolus abgeschlossen.

Wir verbrachten noch einen gemütlichen Nachmittag vor der Hütte, der Rückweg konnte nur über den dreitausend Meter hohen Col Loson genommen werden. Dafür machten wir am nächsten Tag lange Beine, um zu guter Stunde nach Cogne zu gelangen. Noch am gleichen Nachmittag wollten wir nach Bourg St. Pierre auf der Schweizer Seite des Großen St. Bernhard wechseln.

Grand Combin

Viel Platz stand nicht mehr zur Verfügung, als wir dicht gedrängt in der Wackelkiste saßen. Zum guten Glück thronte auf dem Vehikel ein solider Gepäckständer für unser Rüstzeug, sonst wäre es aus den Nähten geplatzt. Aber besser schlecht gefahren als gut gelaufen, auch wenn es, wie in unserem Fall, durch das Tal von Cogne bergab ging.
Dann begann für den asthmatischen Opel der Ernst des Lebens, die Auffahrt über zweitausend Höhenmeter von Aosta zum Großen St. Bernhard. Diese Paßstraße könnte viel von ihrer wechselvollen Geschichte erzählen. Es fing, soweit man den Chronisten glauben darf, mit Galliern an, die eine Statue ihres Gottes Penn auf die Paßhöhe setzten. Dieses Volk wurde von den römischen Legionen unterworfen, nun thronte der Jupiter Pennin als neues Symbol an seiner Stelle. Wieder wandelte sich das Blatt, Kaiser Barbarossa benützte den Übergang für sein Heer.
Über den Großen St. Bernhard zogen einst Kaufleute mit ihren schwer beladenen Fuhrwerken, die Karossen der Reichen, armes Landvolk und Pilger auf dem Weg nach Rom. Um das Jahr 1000 nach Christi entstand unter der Leitung des Archidiakonus Bernhard von Aosta das berühmte Hospiz, das allen, ohne Ansehen des Standes, Schutz und Wegzehr bieten sollte. Die Bernhardiner, die Rettungshunde, die hier oben für ihre schwere Aufgabe gezüchtet wurden, zeugen für den Hilfsdienst der Mönche, die das Haus auf der Paßsenke betreuten. Der letzte kriegerische Heerzug, der über die Serpentinen seinen Weg nahm, ist mit der Person Napoleons verbunden. Ein Jahrhundert später folgten immer größere Massen dem Straßenband, die Woge des Fremdenverkehrs wuchs und sprengte alle bisher gekannten Dimensionen.
„Alles fließt" — die Wahrheit des Satzes von Heraklit bestätigte sich auch am Schicksal des Col du Grand St. Bernard. Nach über zwei Jahrtausenden wechselvoller Geschichte und Geschicke ist es still um ihn geworden, seit ein Tunnel durch den Leib des Berges geschlagen wurde. In den Ostertagen des Jahres 1964 öffneten sich die Pforten der unterirdischen Verbindung zwischen dem Vallée du St. Bernard

auf italienischer und dem Vallée d'Entremont auf der Schweizer Seite. Der beengte Blick aus den Fenstern des langsam über die Bergstraße hinaufkeuchenden Opels gab nur gelegentlich einen Ausschnitt frei, den meist der wuchtig aufwachsende Combin beherrschte. Ein kleiner See glänzte auf der Paßhöhe. Wir vertraten uns die Beine, um die Blutzirkulation wieder in Gang zu bringen, die uns mit den bis zum Kinn herangezogenen Knien etwas abhanden gekommen war. Die hervorragende Kurventechnik unseres Carolus fand gebührende Anerkennung, der mit sichtlichem Wohlbehagen die Lobsprüche kassierte. Ihn freute es, uns kosteten die Floskeln nichts — der alte Schlitten war im Schneckentempo um die Windungen geschlichen.
Einige Zollformalitäten an der Grenze, dann senkte sich die Straße zum Bett der Rhone talabwärts. Wir erhaschten einen Blick zum See Les Toules, wenig später tauchte der alte Kirchturm von Bourg St. Pierre auf. Carolus brachte seinen Karren mit quietschenden Bremsen vor dem „L'hôtel au déjeuner Napoleon premier" zum Stehen. Dieser Name stand golden auf schwarzem Grund in aufwendigen Lettern über dem Eingang geschrieben.
Herbergen, die ihre Existenzberechtigung von irgendeinem Ereignis der Vergangenheit ableiten, begegne ich mit einem gewissen Mißtrauen. Meist muß man die antiquarische Erinnerung, die noch dazu in diesem Fall faustdick aufgetragen war, durch überhöhte Preise für schlechte Leistung in Küche, Keller und Unterkunft honorieren. Es blieb keine große Wahl, wir waren gezwungen, in den sauren Apfel zu beißen.
Nein, wir betraten nicht das beste Haus am Platze, wir wandelten zögernden Schrittes durch einen einzigen Reliquienschrein zu Ehren des kurzbeinigen Herrn mit dem Spitzkühler, der im Begriff war, die Welt aus den Angeln zu heben. Auf dem Weg zur Paßhöhe kehrte er hier zu einer mittleren Brotzeit, zum „deuxième déjeuner" ein, das Haus mag damals vielleicht „À la croix blanche" oder „À l'étoile" geheißen haben. Wenn er nun auf seinem Pferd sitzen geblieben wäre, um ein Stück Wurst über den Daumen zu essen? Die Vorstellung eines solchen Mißgeschickes erschüttert, nie wären wir dem „L'hôtel au déjeuner Napoleon premier" begegnet.
Der Raum, in dem der hohe Herr geruhte, zu Lasten der Kriegskontributionen seinen Imbiß einzunehmen, protzte mit Erinnerungsstücken. Napoleon zu Pferde, zu Fuß, als Schlachtenlenker, sein Brustbild im Großformat und allerlei Bilder von seinen Kriegen schmückten die Wände. Es war einfach überwältigend, was man zusammengetragen hatte. Vielleicht täusche ich mich — ich glaube mich an eine Vitrine

zu erinnern, die, auf rotem Samt gebettet, seine Locke enthielt. An dem Tisch, der mit verschnörkelten Beinen in der Zimmermitte stand, hat er sein Mahl eingenommen, auf diesem Stuhl mit dem Seidenkissen ist er gesessen. Leider hat man versäumt, eine Gipsmaske von dem Eindruck, den sein p.t. Allerwertester hinterließ, zu fertigen, um den unumstößlichen Wahrheitsbeweis seiner Anwesenheit zu haben.

Dies alles zeigte uns monsieur le patron mit sichtlichem Stolz. Wir geizten nicht mit den Ausdrücken höchster Bewunderung. Vielleicht schlug sich die Heuchelei in der Qualität des Essens nieder, eine Kalkulation, die sich im späteren Verlauf als durchaus begründet erwies. „Tradition verpflichtet" — im allgemeinen wird es nach der falschen Seite ausgelegt, die Verpflichtung geht meist mit überhöhten Preisen für mindere Leistung zu Lasten des Gastes. Der patron beschritt den umgekehrten Weg — beste Küche und Unterkunft zu einem bemerkenswert bescheidenen Preis.

Katrin, das gute Stück, ließen wir in Bourg St. Pierre zurück. Dieser Combin sollte, wie es unser großer Vorgänger hier gehalten hatte, nur das deuxième déjeuner nach dem Paradiso vor der Hauptmahlzeit, den Bergen um den Montblanc, bedeuten. Darum machten wir auch kein großes Aufheben um die Tour, die wir im schnellen Zugriff packen wollten. Sturmgepäck und Kochproviant für einen Tag lautete die Losung, in zwei Tagen würden wir wieder zurück sein. Die Quecksilbersäule des Barometers stand auf „Schön" und die Wetterfrösche hatten den Fortbestand der Hochdrucklage vorausgesagt.

Den Anstieg zur 3030 m hoch gelegenen Valsoreyhütte gingen wir reichlich spät und gemütlich an, uns stand Zeit im Überfluß zur Verfügung, heute konnten wir ohnehin nichts mehr unternehmen. Die Schweißperlen, die wir im Anstieg entlang des Valsoreybaches vergossen, schrieben wir dem guten Wein des patron zu, von dem wir einen Tropfen mehr als üblich getrunken hatten.

Nach den Almhütten von Amont wand sich der Steig im Zickzack über einen Moränenkamm empor, vor uns die Steilstürze des Combin. Die Montblanc-Kette grüßte mit den Felspfeilern der Grandes Jorasses und dem Gratzug, der sich von der Aiguille de Lechaux zum Mont Dolent zieht. Am meisten begeisterte der eisumkleidete Mont Vélan, der als vorgeschobene Bastion des Combin die Südflanke abriegelt. Im allgemeinen steigt es sich leichter, wenn man eine gewisse Höhe über der Talsohle erreicht hat. Diesmal bekamen wir nichts davon zu spüren, der Sonnenball schob sich nach Westen und heizte uns tüchtig ein. Drückende Schwüle lastete.

Vor der Valsoreyhütte sitzend genossen wir am Spätnachmittag die herrliche Schau. Über den Bergen des Montblanc hingen ein paar Wolkenfische im Blau des Himmels. Sie bereiteten uns keinen Kummer, wir hatten es amtlich vom Schweizer Wetter-Bulletin: Beständige Schönwetterlage.

Wir brauchten um drei Uhr früh keinen Wecker, von einem Bündel zuckender Blitze und schweren Donnerschlägen wurden wir aus dem Schlaf gerissen. Strenge Herren regieren nicht lange, ein Hochwetter, das schnell abgezogen sein wird. Das kann uns nicht schrecken, nach dem Frühstück ist der ganze Zauber vorbei. Auch als sich der Sturm verstärkte, ließen wir uns nicht aus der Ruhe bringen und saßen gemütlich bei Tee und Brot.

Wirklich verzog sich das Hochwetter, langsam verklang der Hall des Donners. Doch was blieb, waren der Sturm, die Nebelwand und der Regen, der gegen die Scheiben klatschte. Im grauenden Morgen warteten wir noch immer in voller Bergrüstung auf den behördlich verbrieften blauen Himmel. Mein Höhenmesser war anderer Meinung, seit gestern abend pendelte die Nadel um einige Grade nach der Schlechtwetterseite.

Für heute sind uns in des Wortes vollster Bedeutung die Felle davongeschwommen, stellten wir gegen zehn Uhr vormittags fest. Vielleicht hat Gott Pluvius ein Einsehen und schließt die geöffneten Schleusen. Morgen ist auch noch ein Tag. Wir begaben uns in die horizontale Lage und schliefen auf Vorrat.

Um fünf Uhr zeigten sich nicht die geringsten Anzeichen für eine Wetterumbildung, im Gegenteil, es war empfindlich kalt geworden, der Sturm brauste in unverminderter Stärke und die Nadel meines Höhenmessers trat zu einem Flug in die Tiefe an. Wir mußten uns entscheiden: absteigen oder ausharren.

Unser Proviant war auf schnellen Sturmangriff abgestellt. Die Belagerung bedeutete eine Abmagerungskur. Für Carolus und mich kein Problem, wir waren in dieser Beziehung einen harten Stich gewohnt, aber unser guter Herbert mit seinem hohen Verbrennungskoeffizienten? Ich erklärte ihm die Sachlage und machte die Entscheidung von seiner Zustimmung abhängig. Er setzte seinen Dickschädel auf — ja, er will hungern.

Ein hübscher Felsgrat, unter dem das Eis des Tribulazionegletschers brandet, führt zum Gipfel des Berges. Eine Madonna aus Aluminium, von den Einschlägen der Blitze gezeichnet, schmückt den höchsten Punkt des Gran Paradiso, 4061 m. Foto: A. Urietti.

Diese ausgezeichnete Aufnahme von Amilcare Urietti, Aosta, gibt einen guten Begriff von den vielgestaltigen Bergen der Gruppe des Gran Paradiso. Ciarforon, 3642 m (links), und Tresenta, 3609 m, sind dem Hauptgipfel unmittelbar benachbart. Im Vordergrund das komfortable Rifugio Vittorio Emanuele. Foto: A. Urietti.

Die Nordflanke des mächtigen Blockes aus Fels und Eis, des 4314 m hohen Grand Combin mit seinen Nebengipfeln, beherrscht das Vallée de Bagnes. Foto: Robert Löbl.

Rechts der 4013 m hohe Dent du Géant, der „Riesenzahn", im Hintergrund schwimmt über dem Wolkenschaum der „Monarch", der 4807 m hohe Montblanc. Foto: Oskar Kühlken.

Ein komisches Volk, diese Engländer. Sie tun immer genau das Gegenteil von dem, was man erwartet. Ich persönlich hätte nichts dagegen gehabt, zu den Fleischtöpfen unseres Napoleonhoteliers zurückzukehren, den Skalp des Combin würde ich mir bei anderer Gelegenheit holen. Außerdem konnten wir die Schlechtwettertage zur Umsiedlung in den Montblanc mit dem Aufstieg zur Turiner Hütte nützen. Also doch Belagerung. Die gesamten Essensvorräte, auch die privaten, wurden auf einen Haufen zusammengetragen und durch drei geteilt, es kam wenig genug dabei heraus. Mit maximal drei Schlechtwettertagen rechnete ich im äußersten Fall, danach müssen wir die Waffen strecken.

Es wurde eine Kopie der Tage von Albingia, nach dem Regen kam der Schnee, der immer höher anwuchs, die Eiszapfen am Hüttendach nahmen an Länge zu. Zuerst nahmen wir es von der humoristischen Seite und schrieben an die Bergfreunde vergangener Jahre Briefe auf Lokuspapier, das als einziges Mitbringsel in Mengen vorhanden war. Um es spannend zu machen, verfaßte jeder, ohne Vorkenntnis des vorhergegangenen Epistels, nur einen Satz. Die Hetz, die dabei herauskam, beschäftigte uns einen vollen Tag.

Dann lagen wir meist auf den Matratzen, liegend ließ sich der nagende Hunger am besten ertragen. Als ich wieder einmal den dumpfen Hall einer Lawine im Gewänd des Combin du Meitin zu hören vermeinte, stieß ich den neben mir liegenden Herbert in die Rippen:

„Haben Sie soeben ganz nah das Rollen der Lawine gehört?“

Er sah mich nur mit einem langen Blick an und murmelte zwischen den Zähnen: „I am sorry, it was my stomach.“

Was mußte der arme Kerl, ohne auch nur mit der Wimper zu zucken, leiden, wenn man das Grollen seines Magens mit Lawinendonner verwechselte.

Am Ende des vierten Tages, den Aufstieg mit eingerechnet, war die Stätte vollkommen leergefressen. Carolus wollte noch am Spätnachmittag abbrausen, doch Herbert pochte auf die Vereinbarung: drei volle Tage wird ausgeharrt, komme was will und mag.

Und siehe da — am Abend leuchtete es rotglühend aus den Nebeln, zuerst schälten sich die weiß überzuckerten Grate des Mont Vélan im Purpurlicht aus dem fließenden Grau, dann stießen die Berge des Montblanc durch den Wolkenschaum, der sich zuletzt auch am Grand Combin verflüchtigte. Nur über der Talfurche, die schon seit einiger Zeit im Blau der Schatten lag, schwamm leichtes Geflock.

Ich wußte, was uns blühte, über schuhtief lag schon der Schnee um die Hütte, auf dem Gletscher wird er bis zum Knie reichen. Spuren

und nochmals Spuren wird die Losung sein. Nicht nur erhöhte Kraftanstrengung, sondern auch entsprechender Zeitverlust mußten in Rechnung gestellt werden.
Um zwei Uhr war Tagwacht, noch vor drei Uhr standen wir zum Abmarsch bereit. Der Mond gab im Widerschein der weißen Auflage genügend Helligkeit, um ohne Laterne zu den Felsen emporzusteigen, die zum Sattel des 3609 m hohen Col du Meitin führen. Hier begegneten uns die ersten Schwierigkeiten, das an sich leicht kletterbare Blockwerk, vom ersten Taglicht erfaßt, gab mit dem dicken Schneepolster einige Rätsel zu lösen auf. Als wir endlich auf der Schneide standen, war in der Zwischenzeit auch das Bergrund aus dem Dämmerlicht getreten.
Vor uns lag das weite Becken des Corbassièregletschers, ein mächtiger Eisstrom, der von den Firnbecken der Combingipfel und der Maisons Blanches genährt wird. Am rechten Ufer seiner Zunge war die Panossièrehütte gut auszumachen. Neben uns bäumte sich steil der Westgrat des Combin de Valsorey auf.
Um sich eine richtige Vorstellung von dieser Fahrt zum Grand Combin zu machen, bedarf es einiger Erläuterungen. Von Süden, wie wir ihn von der Grivola und dem Gran Paradiso gesehen hatten, wächst der viergipfelige Berg mit dunkel dräuenden Wandfluchten aus den Gletscherböden der vorgelagerten Trabanten. Im Komplex des Grand Combin bildet der 4314 m hohe Combin de Grafeneire die Spitze, mit nahezu gleichschenkeligen Armen senkt er sich zum westlich gelegenen, 4184 m hohen Combin de Valsorey und zu den östlichen 4260 m hohen Aiguille de Croissant und 4141 m hohen Combin de Tsesette ab. Diese vier Gipfel sind durch ein breit ausladendes Firndach untereinander verbunden, das an keiner Stelle die Viertausendmetermarke unterschreitet. Der Corbassièregletscher setzt sich von diesem fast ebenen Plan mit gewaltigem Sprung von über fünfhundert Meter Höhendifferenz gegen das weiträumige Gletscherbecken mit einer Wüstenei von zerborstenem Eis und dazwischen gelagerten Felsinseln ab. Damit ist der Zugang zu dem Gletscherdach der Combingipfel abgeriegelt. Nur an einer einzigen Stelle bietet sich unter den Hängegletschern der Felsen des Valsorey ein Schlupf, der berüchtigte „Corridor“.
Um dieses schmale Gletscherband vom Col du Meitin zu gewinnen, mußten wir uns zu unserem Leidwesen, dabei einhundertzwanzig Höhenmeter einbüßend, durch den Neuschnee hinunterwühlen, um den Fuß des Nordspornes des Combin de Valsorey zu erreichen.

Ja, und dann lag sie vor unseren Blicken, diese steile Todesgasse, die schon so oft die Herzen erzittern ließ. Fünfhundert Höhenmeter trennten uns vom Gipfeldach, jeder Schritt ist von den Eisschlägen bedroht, die ununterbrochen von den Hängegletschern herunterprasseln, in einer einzigen Folge von Eisbaldachinen sind sie an die Felsfluchten des Valsorey geheftet.

„Das soll unser Weg sein?" fragte Carolus zweifelnd und fuhr mit der Hand zum Hemdkragen, der ihm scheinbar zu eng geworden war.

Auch Herbert machte bei dem Anblick kein begeistertes Gesicht. Grüne Blöcke im frisch gefallenen Neuschnee zeugten von den unaufhörlichen Entladungen der Batterien hoch über unseren Köpfen, die mit ihren Geschossen die ganze Breite des „Corridor" bestreichen. Ich war auf die Fährnisse des Anstieges vorbereitet. Steht man ihnen Auge in Auge gegenüber, löst es doch ein anderes Gefühl aus, als wenn sich die Buchstaben des Berichtes in einem Bild der Phantasie niederschlagen.

Volle zwei Stunden ist man ungeschützt den Eisschlägen ausgeliefert, zwei Stunden, in denen man die brennende Gefahr im Nacken spürt. Mit fliegenden Flanken hetzt man durch die Steilstufe empor, um sie so schnell als möglich hinter sich zu wissen. Heute mußte sich, bedingt durch den tiefen Neuschnee, der bittere Weg durch die Spurarbeit erheblich verzögern. Andererseits bremste er die Wucht der aufschlagenden Eisblöcke ab.

Jeder von uns wußte, worum es ging. Mit jagenden Pulsen wühlten wir uns durch den knietiefen Schnee, ein Auge stets auf die grün schimmernden Balkone geheftet, die uns bedrohten. Jedesmal, wenn ein polterndes Geräusch aus der langen Wand klang, zerrte es an den bis zum Zerreißen angespannten Nerven. Dabei konnten wir uns nicht an die günstigere, linke Begrenzung halten. Hier drohten verdeckte Spalten. Die Verhältnisse zwangen uns, keinen Schritt von der Mitte, dem Bereich der Eisschläge, zu weichen.

Über eine Stunde war vergangen. Der Schweiß rann uns in Strömen über das Gesicht. Wir mußten, ob wir wollten oder nicht, dem Körper eine Ruhepause gönnen. Die Sonne hatte bereits seit längerer Zeit die ostwärts gerichteten Hängegletscher erfaßt und erhöhte durch die Erwärmung beträchtlich die Sprengwirkung. Keuchend standen wir beisammen. Plötzlich, gefühlsmäßig direkt über uns, der berstende Hall einer Eislawine. Der heiße Schreck ließ uns das Blut in den Adern gerinnen. Ein Krachen zwischen den Felsen, das Surren der stürzenden Blöcke. Schneestaub stieß auf und streifte uns mit kaltem Hauch. Obwohl die Einschläge an die fünfzig Meter tiefer lagen, konnten wir uns des Eindrucks nicht erwehren, mitten im Brennpunkt der Gefahr gestanden zu sein. Wortlos wandten wir uns zum Weitergehen.

Endlich weitete sich der „Corridor", wir überquerten die Kante des Steilaufschwungs, die Spannung löste sich, die uns über zwei Stunden lang in Bann gehalten hatte. Das Gletscherdach des Grand Combin war erreicht. Auf tragfähigem Schnee traversierten wir über eine kleine Scharte dicht über den begrenzenden Felsen zu unserem ersten Ziel, dem 4141 m hohen Combin de Tsesette.

Herrlich der überraschende Blick zu den blauen Wassern des langgestreckten Lac de Mauvoisin. Von Süden grüßten alte Bekante, voran die Grivola, die falsche Schöne, die wieder dem Gran Paradiso die Schau stahl. Direkt neben uns, mit düsteren Felsen und Eiskanälen aus dem Inferno des Glacier du Croissant wachsend, der Hauptgipfel des Combin — der in seiner Wildheit beklemmende Blick dieser an vielfältigen Eindrücken so reichen Bergfahrt.

Ein steiler Firnhang zwang uns zu einer Stufenleiter, dann legte sich der Grat zurück. Mit dem kleinen Höcker der 4260 m hohen Aiguille du Croissant kassierten wir den zweiten Viertausender des Tages. Nach einem gemütlichen Gang entlang der aussichtsreichen Kante standen wir auf dem Kulminationspunkt der Gruppe, auf dem 4314 m hohen Combin de Grafeneire.

Die Hände griffen ineinander, der Hungermarsch zum Grand Combin, unter welchem Namen diese Fahrt später in unsere Annalen einging, hatte seine Erfüllung gefunden.

Eine wahrhaft königliche Szenerie bot sich, die zentrale Stellung dieses Einzelgängers unter den Viertausendern sichert ihm den einmaligen Blickpunkt. Zu den Bergen um den Gran Paradiso schlüsselte sich die unmittelbar gegenüberliegende Kette der Berge um den Montblanc auf, der mit seiner weißen Gipfelkalotte über den vielgestaltigen Trabanten stand. Im Osten die nahezu angrenzenden Walliser Bergriesen, jeder ein Kerl für sich, im Vordergrund Matterhorn, Dent d'Herens, Dent Blanche und das wuchtige Weißhorn. Nach Norden das tief eingesenkte Bett der Rhone, dahinter das Berner Oberland und die sich im Blau verlaufende Tiefebene.

Der sorgsam gehütete Sturmproviant bestand aus einer einzigen Tafel Schokolade, die wir brüderlich teilten, sie war der erste Bissen des Tages. Das Frühstück hatten wir bereits durch stramme Haltung ersetzen müssen.

Zuletzt folgte der kurze Weg zum vierten Viertausender, dem 4184 m hohen Combin de Valsorey. Nur am Monte Rosa kann man auf gleich

einfache Art serienweise die Viertausender einheimsen. Unverzüglich schloß sich der Abstieg an. Als wir erst einmal die Kante des Firndaches gewonnen hatten, sprangen wir im Schweinsgalopp in der Spur des Anstieges durch den „Corridor“ hinab. Wir waren auf eine neuerliche Bekanntschaft mit den drohenden Eisbastionen nicht neugierig.
Dann folgte in der Hitze des Spätnachmittags der Schlauch, den wir gefürchtet hatten, der Gegenanstieg zum Col du Meitin im Schneeschlamm. Ein mühseliges Quälen, der Kampf mit dem haltlosen Brei, der bei jedem Schritt unter den Füßen wich. Hier wurde die letzte Kraft verbraucht, die noch in den ausgehungerten Körpern steckte.
Der Abstieg über die Felsen bot keine Probleme, die Südseite bekam voll die Kraft der Sonne zu spüren, der Schneebelag war zum Großteil geschwunden. Auf der Hütte hielt ich für die Kameraden eine Überraschung bereit. Heimlich hatte ich am Vorabend, als sich das Schönwetter ankündigte, etwas Dörrobst mit Zitrone und Zucker eingeweicht. Die Köstlichkeit wurde mit Freudengeheul begrüßt, wie hungrige Wölfe stürzten wir darüber her. Dann aber hatten wir es eilig, hinab ins Tal zu kommen, die Sonne war schon seit einiger Zeit hinter dem Bergwall der Montblanc-Kette verschwunden.
Es war acht Uhr abends, im ersten Dunkel lag Bourg St. Pierre unter uns, Lichter flammten auf. Vom Wegrand löste sich eine Gestalt, Katrin.
„Gott sei Dank, daß ihr gut zurückgekommen seid. Ich habe mich gesorgt, der Wettersturz und außerdem nichts zu essen.“
„Dafür war es der Hungermarsch zum Grand Combin, für den wir beinahe zwanzig Stunden unterwegs waren“, grinste Carolus. „Aber jetzt werden die vier Viertausender mit einem großen Festmahl gefeiert.“
Der Tisch im L’hôtel au déjeuner Napoleon premier glänzte im Schmuck des feierlichen Gedeckes, das Licht spiegelte sich in den Gläsern, der Aperitif stand bereit, und es duftete verführerisch aus der Küche. Der Magen knurrte hörbar, nur Herbert fehlte. Die Anstandsfrist war überschritten, ich ging, um ihn zu holen und ihn notfalls am Hemdzipfel in den Speisesaal zu zerren. Das Scherzwort erstarb mir auf den Lippen. Der arme Teufel lag fiebernd im Bett, im Frost schlugen ihm die Zähne. Die übergroße Anstrengung und der Hunger waren zuviel für ihn gewesen. Der Combin forderte noch nachträglich ein Opfer.
Als wir unser lukullisches Mahl beendet hatten, saßen wir noch für einen kurzen Schwatz beisammen, hielten Rückschau und erzählten Katrin von den Erlebnissen der letzten Tage, dabei einen jener Briefe

überreichend, die wir auf der Valsoreyhütte geschrieben und an sie adressiert hatten.

Dann schauten wir wieder nach Herbert, er lag im tiefen Schlaf und atmete ruhig und gleichmäßig, wir nahmen es als gutes Zeichen. Vorsorglich stellten wir Tee in einer Thermosflasche und eine Packung Zwieback an sein Bett.

Am Morgen erschien der Kamerad pumperlgesund auf der Bildfläche und hielt sich mit einem ausgiebigen Frühstück auf englische Art mit ham and eggs schadlos, den Tee und den Zwieback hatte er noch in der Nacht vertilgt. Nach der Abschiedszeremonie von Monsieur le patron wies der Kühler des Opels in Richtung Süden, es ging Aosta zu.

Montblanc

Wir saßen wieder in der netten Trattoria in Aosta, wo wir vor der Fahrt zum Gran Paradiso zu Gast waren, nachdem die unsterbliche Seele des Alpenkönigs in den Walhall der Stahlrösser ihren Einzug gehalten hatte. Nahezu drei Wochen waren seitdem vergangen. Wir hielten geruhsame Mahlzeit mit italienischen Spezialitäten, um den auf den Rippen verlorenen Speck wieder zu ersetzen. Dann ratterte der betagte Opel fröhlich bergwärts, in Entrèves unter der Südflanke des Montblanc wollte ich das dreiblättrige Kleeblatt wieder treffen, um zur Hauptmahlzeit, den Bergen im Montblanc, zu rüsten.

Frei und ledig jeder Bürde konnte die Alpenkönigin ihr ganzes Temperament entfalten, wenn, ja wenn nicht die vertrackten Steigungen gewesen wären. Vierzig Kilometer sind schnell heruntergehaspelt, doch in meinem Fall bestimmten die zusätzlichen rund neunhundert Meter Höhendifferenz das Tempo. Das bedeutete einige Nach-, aber ebensoviele Vorteile. Im Rücksitz des Autos hätte ich meist nur die mehr oder weniger ausgeprägten Hinterköpfe meiner Vorderleute, voran den Quadratschädel meines Freundes Carolus, gesehen. Der Blick durch die Fenster würde von der Landschaft nicht einmal einen flüchtigen Eindruck hinterlassen haben.

Ich mußte zwar das Muskelspiel der Waden und Schenkeln manchmal intensivieren, um eine leichte Steigung zu nehmen, doch blieb immer genügend Zeit, um einen Blick, weg von den Pedalen, zu den Schaustücken des Aostatales zu riskieren. Zwang mich der Aufwärtstrend der Straße aus dem Sattel, so nahm ich es als freundliche Fügung, die Form der Betrachtung zu vertiefen.

Hinter Sarre grüßten gleich drei Burgen von steil aufstrebenden Sockeln. Schluchtartig traten die Bergflanken zu dem wilden Engpaß von Pierre Tallée zusammen. Rechts von der Straße, die steil bergan führte, schäumten die Wasser der Dora Baltea, in Kaskaden donnerten sie mit weißem Schaum über die Felsstufen.

Die Kulissen der düsteren Wände traten zurück, rechts am Hang das Dorf La Salle, von zwei Schlössern überragt. Das sich weitende Hochtal wurde von der wuchtigen Mauer des Montblanc und dem kühn aufstrebenden Pfeiler des Dent du Géant abgeriegelt. Im Banne dieses Blickes verfolgte ich das fast ebene Straßenband über Morgex nach dem malerisch gelegenen Pré St. Didier. Mit viel Radschieben ging es die letzten neun Kilometer über Courmayeur nach Entrèves.

Vor einem kleinen Hotel — wir würden es Gasthof nennen — saß das Dreigespann in der Sonne und wartete auf das Erscheinen des „Trampeltieres mit den markanten Gesichtszügen", wie mich Carolus schmunzelnd willkommen hieß. Es entwickelte sich ein nettes Palaver, das wir angesichts der Fels- und Eisfluchten, die aus den grünen Matten emporwuchteten, hielten. Es befaßte sich — wie kann es anders sein — mit unseren Plänen. Die Tourenfolge gedachten wir mit dem Dent du Géant einzuleiten. Der Folgetag sollte sofort den Gipfelsturm auf den Montblanc über die Route Tacul—Mont Maudit bringen. Sie gilt als einer der schönsten Wege zum höchsten Berg der Alpen, der mit allerhand Schwierigkeiten gespickt ist und viel Ausdauer erfordert.

Am nächsten Morgen waren wir auf dem Weg zur 3325 m hoch gelegenen Turiner Hütte. Rund zweitausend Höhenmeter gilt es zu überwinden und dies über die steilen Serpentinen eines sonnenheißen Südhanges. Und doch denke ich gerade an diesen über sieben Stunden währenden Anstieg mit Freude zurück. Auf dem langen Weg wird man von einem gar vornehmen Gesellen begleitet, dem Peutereygrat, der kühnsten, schönsten und schwierigsten Gratkante der Alpen, einem kleinen Gebirge für sich. Die Einleitung bilden die düsteren Aiguilles Noire und Blanches, es folgen die zierlichen Dames Anglaises und schließlich der massige Montblanc de Courmayeur, der zum Hauptgipfel überleitet. Immer wieder blieb der Blick an seinen Schneekanten und Felsformen haften, ertastete sich das Auge wechselvolle Eindrücke.

Heute würde auch ich, in die Kabine der Seilbahn verfrachtet, den Weg zur Höhe antreten und viele Mühe und Schweißtropfen sparen. Doch das Bild des Grates, das noch immer in allen Einzelheiten in meinem Gedächtnis lebt, wäre durch den schnellen Wechsel der Landschaft längst verblaßt. Man hat in der Verbindung der Kabinenbahnen Col du Géant—Aiguille du Midi—Chamonix ein technisches Meisterstück geschaffen und vermittelt Tausenden von Menschen einen Einblick in die Hochregion in einem der erhabensten Teile unserer Alpen. Vielleicht denke ich nicht genügend modern — für mich ist die Vorstellung schmerzlich, unter dem Mont Maudit und dem Géant die knallroten Kabinen der Seilbahn schweben zu sehen.

Damals bot nur die kleine, gemütliche Turiner Hütte, in der wir nach dem langen Anstieg zwischen anderen Bergsteigern saßen, Schutz und Schirm. Heute ist es die Karawanserei eines Großbetriebes mit zweihundert Betten, Souvenirs, Selbstbedienungsladen, und belebt von Herren im Anzug nach dem neuesten Schnitt, die Damen in Seidenfähnchen mit Stöckelschuhen. Selbst Samivel, dessen Stift die Gegenwart und Zukunft so hinreißend im Bereich des Montblanc zu karikieren verstand, hat diese Entwicklung nicht voraussahnen können. Vielleicht hätte er seinen Zeichenstift entmutigt in die Ecke geworfen.

Nicht allzufrüh verließen wir die Turiner Hütte, um den Géant anzugehen. Die Felsen sollten erst etwas Wärme speichern, bevor wir sie in Angriff nehmen wollten. Es ist wohl einer der interessantesten Viertausender, ein riesiger Felsobelisk mit scharf abgesetzten Kanten. Vom Col du Géant querten wir den Gletscher zum Sockel des Berges und erreichten über gestufte Felsen eine kleine Terrasse, der eingelagerte Gletscher zeigte blankes Eis. Mit den Steigeisen überwanden wir den leicht geschrägten Hang zum Einstieg.

Dieser Ansatz ist gar nicht so einfach, nach meinem Empfinden die schwierigste Stelle der ganzen Begehung, die man später durch einen Haken entschärfte. Ein niederträchtiger Überhang stellte sich entgegen, der einige Kunstgriffe verlangte, um ihn zu überwinden. Es folgten einige leichte Risse, die schräg nach links oben führten. Wir gingen in zwei Zweierpartien, Carolus hatte Katrin und ich Herbert am Seil.

Die Mummery-Platte! Die vielgerühmte Schlüsselstelle der Begehung, eine ziemlich luftige, aber auch lustige Angelegenheit. Die glatte Wand von vielleicht siebzig Meter Höhe und einer Neigung von ungefähr siebzig Grad war in Fesseln geschlagen. Über der Platte baumelten zwei fixe Seile, an denen man sich, mit den Schuhen gegen den Fels stemmend, emporhangeln mußte. Damit waren die Schwierigkeiten genommen. Trotzdem bereitete es ein köstliches Gefühl, über die Mauer hinaufzuschweben und zwischen den Beinen die Schründe im Eis des Gletschers zu sehen.

Es folgte ein Quergang nach rechts, den ein Überhang abschloß, der wieder durch ein fixes Seil entschärft war. Der Weg der Erstersteiger dürfte ein paar Meter weiter östlich emporgeführt haben. Damit waren die Schwierigkeiten erschöpft, leichte Felsen leiteten zum Vorgipfel, der Pointe Sella, ein Kamin führte in eine Scharte und von dort zum höchsten Punkt, dem 4013 m hohen Pointe Graham des Dent du Géant, den eine silberglänzende Madonna zierte. Die Hochwetter hatten der Figur aus Aluminium übel mitgespielt, sie war über und über von Blitzschlägen durchlöchert.

Die Sicht war begrenzt, Nebel schlugen aus den Tälern zu uns empor. Im Spiel der ziehenden Schleier zeigte sich hin und wieder das übersonnte Haupt des Montblanc. Aus der Tiefe glänzte zwischen dem Gewölk eine wie von Künstlerhand ziselierte Schneide — der Rochefortgrat.

Der Abstieg bot keine Schwierigkeiten, allein der Plattenwulst am Einstieg zwang zu herzhaftem Zugreifen. Am Col verbummelten wir auf den sonnenwarmen Platten den Nachmittag, bis uns der Hunger zu den Fleischtöpfen der Turiner Hütte trieb. Morgen sollte es auf Großfahrt zum Montblanc gehen.

Schon so manches Mal habe ich auf einer bewirtschafteten Hütte erlebt, daß zu meinem lebhaften Bedauern der Wein ausging und statt dessen „Leitungsheimer Auslese" kredenzt wurde. Auf der Turiner Hütte blieb uns vorbehalten, die umgekehrte Erfahrung zu machen. Tee — leider nicht möglich. Suppe — muß wegen Wassermangels ausfallen. Fleisch — kommt erst morgen aus dem Tal. Was blieb? Eine stark gewürzte Salami mit Brot und als Flüssigkeit Wein zum Trinken, aber den dafür unbegrenzt.

Der Durst, durch die trockene Höhenluft angeheizt, war beträchtlich, die gepfefferte Eselswurst steigerte das Verlangen nach Feuchtigkeit noch um einige Grade. Ich habe selten auf einer Hütte solch ausgelassene Duliöh-Stimmung erlebt, wie hier, unter dem Felsgiganten des Géant. Alles redete durcheinander, weinselig leuchteten die Augen, Lachsalven klangen auf, kurzum, eine Riesengaudi, die das versammelte Häuflein Bergsteiger erfaßte.

Wir hatten uns langsam wieder nüchtern gegessen. Es dämmerte, als Carolus, der mit dem Blick zum Fenster saß, aufgeregt rief:

„Dort — die blauen Flammen — wie sie auf dem Wassermesser tanzen!"

Wir grinsten ihm unverschämt ins Gesicht. Wer keinen Wein verträgt, soll sich in acht nehmen. Aus blauen Flammen können leicht weiße Mäuse werden. Doch andere Gäste riß es von den Sitzen, sie stürzten zur Türe, um das Wunder im Freien zu erleben. Tatsächlich — jetzt sahen auch wir die flackernden Lichter — Elmsfeuer.

Alle waren „wie elektrisiert". Der Ausdruck prägt treffend die merkwürdig exaltierte Stimmung, die uns erfaßt hatte, körperlich machte sich die hohe elektrische Spannung fühlbar. Wir hoben die Hand in die Höhe — sofort saß auf jedem der ausgespreizten Finger eine kleine Flamme, hörbar rauschend erfolgte die Entladung.

Der Bergführer Lärjen aus Randa, eine bekannte Persönlichkeit unter den Zermatter Führern, der mit einem Gast auf Bergfahrt war, nahm den Hut ab. Sofort standen seine spärlichen Haare kerzengerade in die Höhe. Das Gelächter über den lustigen Anblick erstarb auf den Lippen — ein greller Blitzstrahl, der uns das Gefühl gab, einen Hieb auf den Kopf erhalten zu haben, schnitt das Wort ab. Mit dem unmittelbar folgendem Donner brach eine wahre Sintflut los, wir flüchteten in die Hütte.

Der Tag war noch nicht heraufgekommen, als wir am nächsten Morgen als erste Partie durch die Türe traten. Uns erwartete ein langer Fahrtentag. Das Hochwetter hatte den Himmel blank geputzt, die Voraussetzungen waren günstig. Vom Col du Géant querten wir den Gletscher in Richtung auf die Aiguille du Midi, um das Becken unter dem links gelegenen Col du Midi zu gewinnen, aus dem sich die siebenhundert Meter hohe vergletscherte Steilwand aufschwingt. Sie führt zum ersten Ziel des Tages, dem 4248 m hohen Montblanc du Tacul. Der Schnee trug gut, wir kamen flüssig vorwärts.

Es begann zu tagen. Vor uns die steil aufstrebende Flucht mit einigen Séracs und sich dunkel abzeichnenden Schründen. Der Neuschnee, der von dem Wettersturz der letzten Tage stammte, wuchs mit jedem Meter des rein nordseitig gelegenen Steilhanges. Erst sanken wir bis zum Knöchel ein, dann wuchs mit jedem Meter die Auflage, zuletzt steckte ich bis zum Bauch im haltlosen Pulver. Rund einhundert Höhenmeter hatten wir uns hinaufgewühlt, sie kosteten eine volle Stunde. Weitere sechshundert warteten auf uns — acht Stunden allein für den Tacul — aussichtslos.

Wir brachen die Bergfahrt ab. Herrlichstes Wetter, wir waren alle in bester Form und hatten doch keine Möglichkeit, zum Erfolg zu kommen. In den Westalpen muß man mit solchen Rückschlägen rechnen. Es würde Tage dauern, bis sich diese Schneemassen gesetzt hätten. An eine Belagerung war nicht zu denken. Was tun? Carolus gab die entscheidende Antwort: dann packen wir den Montblanc von einer anderen Seite. Abstieg nach Chamonix.

Der Weg ins Tal bescherte uns den fesselnden Durchstieg zwischen den Spalten, Eistürmen und glitzernden Wänden des Mer de Glace unter dem Refuge Requin. Rechts begleitete uns die Nordwand der Grandes Jorasses, die lange allen Versuchen der Bezwingung widerstand, links die absonderlichen Formen der Aiguilles von Chamonix und vor uns die kühne Aiguille Verte. Das rußspuckende Ungeheuer einer Lokomotive brachte uns von Montanvers nach Chamonix.

„Paris des Alpes“, so nennt man gerne die Bergstadt unter den Gletschern in seiner eigenartigen Mischung der leichten, vergnüglichen Lebensart mit einem Schuß Bergsteigertum. Im Plages spiegeln die Wasser die glitzernden Eisströme, die durch den grünen Wald herunterstoßen. Im Café spielte eine rotbefrackte Negerkapelle, und zur Aperitifstunde promenierten leicht bekleidete Frauen mit roten Zehennägeln. Junge Stutzer im modischen Aufputz, dazwischen ein Araberscheich im weißen Burnus. Gelegentlich schob sich ein Bergsteiger mit Rucksack und Eispickel durch das Gedränge. Daneben der Jahrmarkt mit Kitschpostkarten und Souvenirs, Neugierige umdrängten Fernrohre mit dem Schild „Visiteurs de Montblanc sont de voir". Menschenschlangen schoben sich zu den Berg- und Schwebebahnen, die nach allen Seiten ihre Schienenstränge und Drahtseile entsenden. Und dies alles im Zeichen *eines* Berges — des Montblanc.

Diese Ausstrahlung wirkte schon zu einer Zeit, da man das Wesen der Berge erst langsam zu erfassen begann. So schrieb am 4. November 1779 Goethe an Charlotte von Stein:

„... wie eine Pyramide, von einem inneren Lichte durchzogen, das dem Schein eines Johanniswurms am besten verglichen werden kann, über den Gipfeln der Berge hervorragte und uns gewiß machte, daß es der Gipfel des Montblanc war. Es war die Schönheit dieses Anblicks ganz außerordentlich, denn, da er mit den Sternen, die um ihn herumstanden, zwar nicht im gleich raschem Licht, doch in einer breiteren, zusammenhängenden Masse leuchtet, so schien er den Augen zu jener höheren Sphäre gehören, und man hatte Müh, in Gedanken seine Wurzeln wieder in die Erde zu befestigen ..."

Bald ein Jahrhundert später, als längst der Schleier des Ungewissen durch die Besteigungen von Balmat und seinen Begleitern von dem mächtigen Bergkoloß genommen war, schrieb schwungvoll der bekannte Franzose Gautier im Mai 1868:

„Am Ausgang des Tales riß uns ein Taumel der Begeisterung zur Bewunderung hin: Der Montblanc enthüllte sich plötzlich unseren Blicken, in so strahlender Pracht, so jenseits irdischer Farben und Formen, daß es uns schien, als öffnete sich vor uns die Pforte des Traumes mit beiden Flügeln ..."

Es ist erstaunlich und vielleicht der damaligen Geisteshaltung, die Jean Jacques Rousseau zum Wortführer werden ließ, zuzuschreiben, daß die Ersteigung des Montblanc bereits im Jahre 1786 erfolgte. Dies ist um so höher zu werten, zieht man zum Vergleich die Ostalpen heran. Der Großglockner wurde, veranlaßt durch die Initiative des Fürstbischofs Graf Salm Reifferscheid, im Jahre 1800 bezwungen, wobei — bezeichnend für die Einstellung — der französische Naturforscher Belsazar Hacquet Pate stand. Auf den Großvenediger setzten gar erst im Jahre 1841 die ersten Bergsteiger ihren Fuß.

Vergleiche hinken — dieses Mal eindeutig zugunsten der Männer, die den Montblanc belagerten. Der Berg stellte mit seiner Höhe, seinen damals ungleich mächtigeren Eisströmen, deren geheimnisvolles Wirken dämonischen Kräften zugeschrieben wurde, und der problematischen Linienführung der Ersteigungsroute dem Vordringen der Kühnsten zunächst unüberwindliche Hindernisse entgegen. Es dauerte Jahrzehnte, bis ein möglicher Weg zum Gipfel nach vielerlei vergeblichen Versuchen erkundet wurde.

Genaugenommen schlug ein Engländer namens Windham die erste Bresche. Im Jahre 1741 stieg er nach Montanvert und erreichte von dort „auf Händen und Füßen, rutschend und fallend" den Gletscherstrom des Mer de Glace. Lange begnügten sich die Wissenschaftler ihrer Zeit mit seinem Weg, um mit ihren Barometern Studien zu machen. Erst neunzehn Jahre später gab ein zwanzigjähriger Student, der Adelige Horace-Bénédict de Saussure neue Impulse. Von Brévent aus sah er, überwältigt von der Schönheit der Schau, den Montblanc vor sich liegen. Dieser Blick wurde zum zündenden Funken, der in der Folge den Sturm zur Bezwingung des Gipfels auslöste.

Der junge Naturwissenschaftler und Physiker aus reichem Hause versprach „eine ziemlich hohe Belohnung für einen gangbaren Weg zum Montblanc". Für lange Zeit zögernd, dann aber in sich schnell steigernder Folge machten sich die Männer von Chamonix daran, den Berg auf seine Ersteigungsmöglichkeit zu erkunden. Immer weiter spannte sich der Bogen ihres Vordringens, wobei Saussure als treibender Keil hinter den verschiedenen Unternehmen stand. Er versprach, wie es von den Pfarrherren verkündet wurde, „Jedem die Zeit zu vergüten, die für vergebliche Versuche aufgewendet wird".

Zuletzt waren es vier Männer, die sich als ernsthafte Anwärter zur Bezwingung des Berges herauskristallisierten:

Jacques Balmat, ein armer Kristallsucher, aber ein unerhört wagemutiger und ausdauernder Draufgänger aus dem Dorf Pélerins. Er gelangte mit einem Erkundungstrupp nach verschiedenen Angriffen zum Dôme du Gouter, suchte dabei Kristalle und verlor den Anschluß an die Gruppe. Ein Gewitter zwang ihn, die Nacht auf dem Gletscher zu verbringen. Er grub sich in den Schnee ein, Hagel und Kälte setzten ihm hart zu. Doch gerade das ungewöhnliche Gletscherbiwak schlug zu seinem Glück aus. Am folgenden Morgen gelang es ihm, begünstigt durch Schönwetter, seinem hoch gelegenen Standpunkt und der reichlich zur Verfügung stehenden Zeit, die Anstiegsroute zum Montblanc zu entdecken. Ihn trieb nicht der Ehrgeiz des Alpinisten, allein die von Saussure ausgesetzte Belohnung veranlaßte ihn zum Handeln.

Selbstverständlich war vor allem Saussure viel an der Besteigung „seines" Berges gelegen, dem er von seiner Jugend an verfallen war. Seinem persönlichen Einsatz und nimmermüden Drängen ist es zu danken, daß zu einem so frühen Zeitpunkt, schon im Jahre 1786, der Kampf um den Montblanc in das entscheidende Stadium trat. Man kann die Bergsteiger der Frühzeit nicht mit dem Maßstab eines Alpinisten der heutigen Tage vergleichen. Es waren Menschen, die keine innere Beziehung zu einem Berg besaßen, die verständnislos dem Umgang mit Fels und Eis gegenüberstanden. Saussure beschreibt dies selbst recht anschaulich: „Jeder von uns ging zwischen zwei Bergführern, die einen langen Bergstock hielten, daß er für uns eine Art Geländer bildete. Dieses ‚Geländer' bewegte sich mit uns und sicherte uns vor dem Absturz." Und ein anderes Mal: „Wenn ich nicht wußte, wo ich mich festhalten konnte, ergriff ich den Fuß des Führers vor mir." Trotzdem zeigt mit vollem Recht das hübsche Denkmal in Chamonix Saussure als Pionier, wie ihm Balmat den Weg zum Montblanc zeigt.

Als dritter im Bunde gesellte sich, ohne viel Aufhebens davon zu machen, Doktor Paccard zu den Bewerbern. Er praktizierte in Prieuré als Arzt, war gleich Balmat ein Chamoniarde und wußte sich ebenso sicher im Fels und im Eis zu bewegen, dabei bärenstark und von ungewöhnlicher Ausdauer. Als siebzehnjähriger Student befaßte er sich im Jahre 1775 das erste Mal mit dem Problem Montblanc und drang mit dem schottischen Botaniker Blaikie bis zur Aiguille de Gouter vor. Der Doktor interessierte sich für Naturwissenschaften und führte ein Barometer mit sich. Im Jahre 1783 schloß er sich freiwillig einem Ersteigungsversuch von Bourrit an. Von diesem Tage an betrieb er methodisch seine Erkundungsvorstöße.

Als vierter Konkurrent trat mit dem Jahre 1770 Marc-Théodore Bourrit, Kantor an der Kathedrale von Genf, auf. Das einzige, was für ihn spricht, ist seine Beharrlichkeit, mit der er immer wieder versuchte, den Montblanc anzugehen. Er war ein erbärmlich schlechter Gänger, von einem Ersteigungsversuch im Jahre 1785, an dem nach Einladung auch der von ihm beneidete Saussure teilnahm, schrieb Paccard darüber in seinem Notizbuch: „Tournier (einer der Führer) hielt Bourritt am Genick an seinem Rockkragen, Bourritts Sohn hielt sich am Rock von Couttet fest." Der Kantor wurde zum bösen Geist in der

Geschichte der Montblanc-Ersteigung. Durch seine eigene Unfähigkeit und schlechte Organisation schlugen seine Versuche sämtlich fehl. Überdies tat er alles, um nach der geglückten Bezwingung des Gipfels zwischen Balmat, Dr. Paccard und Saussure Zwietracht zu säen.

Balmat, der den möglichen Weg gefunden hatte, erkannte klar, daß allein Paccard imstande war, mit ihm den schweren Gang zum höchsten Gipfel der Alpen durchzuführen. Eine Besteigung mit Saussure vermied er aus verständlichen Gründen. Der Gelehrte würde die Bergfahrt mit einer großen Zahl von Führern unternehmen. Daran war Balmat in keiner Weise interessiert, er wollte sich allein die ausgesetzte Belohnung verdienen. Darum suchte der Kristallsucher den Doktor auf und bot sich ihm als Führer an, um auf der von ihm entdeckten Route den Versuch zu wagen. Paccard war einverstanden.

Am Dienstag, den 8. August 1786 begannen sie von der Montagne de la Côte den Aufstieg über den Glacier de Bossons in Richtung auf die Grands Mulets. Sie kamen in den Bereich gefährlicher Spalten, viermal brachen sie ein, und konnten sich nur dadurch retten, daß sie sich nach vorne auf ihre Stöcke warfen. Dann legten sie einen Stock parallel zu dem ersten und rutschten auf diese Art über die Spalte.

Viel Neuschnee behinderte sie am schnelleren Vordringen. Sie wechselten sich beim Tragen der Last ab, die zunächst Balmat allein übernommen hatte. Bruchharsch trat auf; Nach dem Grand Plateau übernahm jeweils ein anderer die Spitze, um sich in die Spurarbeit zu teilen. Kurz vor sechs Uhr abends brachten Balmat und Paccard die Petits Rocher Rouges 4577 m hinter sich. Die Verhältnisse wurden günstig, der Schnee trug. Von Chamonix aus beobachtete man mit Ferngläsern die beiden Männer. Kurz vor halb sieben standen sie glücklich, aber auch sichtlich von den Anstrengungen gezeichnet, auf dem Gipfel.

Paccard, dem es um seine Experimente ging, las das mitgeführte Barometer und Thermometer ab und notierte die Richtung der Kompaßnadel. Balmat hatte sich die von Saussure ausgesetzte Belohnung erkämpft, um die es ihm zu tun war.

Vielleicht noch höher als die geglückte Ersteigung des Berges ist die Leistung des Abstiegs zu bewerten, den sie unverzüglich antraten. Auf dem Grand Plateau war es bereits dunkel, doch der Mond gab genügend Licht, um in den Spuren des Aufstiegs den Weg fortzusetzen. Diese beiden Männer verfügten über unwahrscheinliche Kraftreserven. Nahezu fünfzehn Stunden benötigten sie für den Aufstieg, den Abstieg in der Nacht bewältigten sie in knapp fünf Stunden!

Balmat erhielt neben der Belohnung, die Saussure ausgeschrieben hatte, von Doktor Paccard sein Honorar als Bergführer und obendrein ein Geschenk des Königs von Sardinien. Mit diesen Mitteln erbaute er sich ein Haus in Pélerins. Außerdem wurde er ermächtigt, sich „Jacques Balmat dit Montblanc“ zu nennen.

Im folgenden Jahr hatte Saussure die Genugtuung, die zweite touristische Ersteigung des Montblanc in einer groß angelegten Expedition durchzuführen. Achtzehn Bergführer, darunter an leitender Stelle Jacques Balmat dit Montblanc, sowie der Diener des Gelehrten nahmen daran teil. An Ausrüstung verzeichnete Saussure in seinem Bericht: drei Barometer, zwei Stative, vier Hygrometer, zwei Quecksilberbehälter, zwei Brillen, drei Elektrometer, vier Ledertaschen, zwei Kompasse, eine verschließbare Schreibmappe, ein Taschenschreibzeug, Gesichtsschutz, Lippensalbe, Kreidetabletten, eine Logarithmentafel, den Haller Nomenklator, den Horaz, Verbandszeug, Fichtenholz, Blei, ein Ramsdenteleskop, zwei halbe Liter Kirschwasser, sechs halbe Liter Weißwein, zwei Krügelchen Weingeist, Leberpastete, Brot, Matratzen, Bettücher, Decken, einen grünen Vorhang, zwei grüne Überzieher, Sportanzug, einen weißen Anzug, drei Jacken, große und kleine Gamaschen, ein Paar Schuhe mit großen Nägeln, zwei Paar Schuhe mit kleinen Nägeln, zwei Paar gewöhnliche Schuhe, Flanellwäsche als Unterwäsche, ungefütterte und gefütterte Weste, Sonnenschirm, zwei Paar kurze Hosen, fünf Tag- und vier Nachthemden, Baumwollstrümpfe, Seidenstrümpfe und grobe Wollstrümpfe. Außerdem ein Zelt, ein kleines Feldbett und eine Leiter für Gletscherspalten.

Vom Aufstieg sind zwei Ereignisse bemerkenswert: Marie Couttet, der mit zwei anderen Führern die Spitze bildete, stürzte in eine Spalte. Da diese erste Gruppe am Seil ging, konnte er gerettet werden. Die übrigen hielten sich, jeweils zu zweit hintereinandergehend, an ihren Stöcken fest.

Eine andere Episode spricht für die bergsteigerischen Fähigkeiten, die die Chamoniarden entwickelten. Saussures Diener war ein Stativ aus den Händen in eine Spalte geglitten. Obwohl der Gelehrte von einer Bergung nichts wissen wollte, seilte sich einer der Führer zu dem Gerät ab und brachte es triumphierend ans Tageslicht.

Der große Turm im Rochefortgrat. Foto: Oskar Kühlken.

Der Rochefortgrat setzt am Felsaufbau des Dent du Géant an. Die Schneide schwingt sich über die Aiguille de Rochefort, 4001 m, zum Dôme de Rochefort, 4015 m. Foto: Oskar Kühlken.

Dem gewaltigen Massiv des Montblanc ist, getrennt durch die Talfurche von Chamonix, eine Schaurampe vorgelagert. Sie schwingt sich vom 2525 m hohen Brévent zur 2966 m hohen Aiguille du Belvédère, der „Nadel zur schönen Aussicht“. Die Silberkrone des 4807 m hohen Montblanc scheint, von hier gesehen, durch den Wolkenschaum unterstrichen, erdentrückt — der Monarch, der Herrscher im Alpenraum, flankiert von seinen Trabanten, links Mont Maudit und rechts der Dôme du Goûter. Tief stoßen seine Eisströme über die Bergflanken bis in die Waldregion hinab. Die unterste aufgesplitterte Zunge des Mer de Glace trägt bezeichnenderweise den Namen „Glacier des Bois“. Foto: Robert Löbl.

Am Vormittag des dritten Tages erreichte die Expedition den Gipfel des Berges. Saussure verbrachte zweieinhalb Stunden auf dem Schneedach und stellte seine zahlreichen Instrumente auf. Genau notierte er das Ergebnis seiner Messungen und Versuche. Die Höhe des Montblanc errechnete er mit 2450 Klafter, was 4775 Meter entspricht. Damit ist er an die wirkliche Höhe von 4807 m sehr nahe herangekommen, eine erstaunliche Leistung. Ohne Zwischenfall kehrte die Gruppe nach Prieuré de Chamonix zurück, vier Tage hatte die Bergfahrt in Anspruch genommen.

Nachdem wir bei dem Versuch der Überschreitung von Osten über den Tacul und den Mont Maudit zum Montblanc abgeschlagen wurden, wollten wir von Westen unser Glück versuchen. Als Stützpunkt kam das Refuge Durier auf dem Col du Miage in Frage. Von hier schwingt sich die messerscharfe Schneide der 4052 m hohen Aiguille de Bionassay auf, die im breit angelegten Dôme du Gouter und damit im Massiv des Montblanc mündet. Keine Fahrtenanlage vom Format der Tacul-Maudit-Überschreitung, aber ein Weg voller Schwung und Schönheit.
Vom Anstieg zum Refuge Durier besaß ich nicht den Schimmer einer Ahnung, nur das Vorhandensein einer Wellblechhütte mit acht Schlafplätzen war mir bekannt. Nach dem Kartenbild schien ein kleiner Gletscher, der Glacier de Miage, einem steilen Felsaufschwung von vielleicht fünfhundert Höhenmetern vorgelagert zu sein, der vom Col de Miage gekrönt wird. Im Führerbüro zu Chamonix bat ich um Auskunft. Drei oder vier Chamoniarden, auf Kundschaft wartend, waren anwesend. Ja, der Aufstieg zur Hütte sei gut begehbar. Ob das Refuge mit Holz versorgt sei? Darum bräuchte ich mich nicht zu sorgen, da sei kein Mangel. Mit einem freundlichen Lachen wünschten sie „bon voyage“. Die Impertinenz, die dahinter steckte, kam mir erst zum Bewußtsein, als es zu spät war.
„Alles bestens“, berichtete ich den Kameraden, „morgen starten wir zur Durierhütte.“
Die Welt ist ein Dorf. Carolus mußte ausgerechnet in Chamonix einen Bergkameraden aus seiner Heimat treffen, den er aus dem Klettergarten als guten Mann kannte. Für ihn waren die Westalpen Neuland, doch brachte er eine Reihe scharfer Felsfahrten in den Dolomiten als Empfehlung mit. Sein Freund käme erst in einigen Tagen, ob er sich uns anschließen dürfe? Mit Carolus als Fürbitter konnten wir nicht nein sagen.
Der Fahrplan nach St. Gervais trug an der Verzögerung nicht allein

Schuld, daß wir am Folgetag reichlich verspätet den bekannten Fremdenverkehrsort erreichten, vielleicht mehr der ausgiebige Hock im Hotel de l'Arve, einem gemütlichen Haus für Bergsteiger mit erstklassiger Fourage zu kleinen Preisen. Willi, der Neuankömmling, führte das große Wort und warf mit den Sechserrouten freigebig um sich. Vor lauter Hochachtung verschlug es uns die Sprache. Erst, als er mit seinem Wissen um die alpine Geschichte protzte, verflog der Nimbus, zurück blieb ein alpiner Aufschneider im Kreuzfeuer unserer Fragen.

Schade, erst zwei Jahre später las ich eine Abhandlung mit dem Titel „Die schwierigsten Anstiege auf Berghütten". Mit vielen Längen gewann die Bewertung unser Refuge Durier im Montblanc. Es hätte unsere Pläne kaum nachhaltig beeinflußt. Immerhin wären wir mit einer anderen Einstellung an dieses Kapitel herangegangen.

Am Spätnachmittag erreichten wir die rund 1600 m hoch gelegenen Chalets de Miage. Wir tranken einen Schluck Milch und radebrechten mit dem Hüterbuben. Zu dem Refuge stieg selten eine Partie auf, konnten wir heraushören, nur vor ein paar Tagen zog eine Bergsteigergruppe vorbei. Sie wäre bald zurückgekehrt, ein chut des pierres, ein Steinschlag, hätte einen der Teilnehmer tödlich getroffen. Verlockende Aussichten. Ein Anstieg zu der 3349 m hoch gelegenen Hütte kam aus Zeitgründen nicht mehr in Frage, so bezogen wir Quartier im Heu.

Zeitig am Morgen waren wir auf den Beinen. Keine Pfadspuren, keine Steindauben, die uns als Leitschnur für die am besten gangbare Route hätten dienen können. Auf gut Glück suchten wir im Niederholz den Durchstieg zum Talschluß. Eine Steinmoräne aus grobem Blockwerk stellte sich zuletzt unserem Vordringen entgegen. Als wir den Scheitel erreichten, blieben wir verblüfft stehen. Vor uns baute sich ein zerklüfteter Gletscher mit Eiswänden, Séracs und Spalten auf, ein Trümmerwerk großen Stils. Den Abschluß bildete eine grob gegliederte Felswand, die von Couloires durchrissen war, ihr schwarzer Ausstoß im weißen Ansatz des Miagegletschers zeugte von reichem Steinschlagsegen, der uns erwartete. Das ist doch kein Hüttenanstieg — das ist eine Bergfahrt — und zwar keine von schlechten Eltern.

Ich wurde schwankend. Sollte ich mich getäuscht haben? Die Karte gab unmißverständlich Antwort — es gab nur diese Anstiegsroute aus dem Tal von Chamonix. Mit gewaltigen Wänden und Hängegletschern bauten sich der Dôme de Miage zur Rechten und die Aiguille de Bionassay zur Linken auf. Ununterbrochen erscholl das Krachen der Steinlawinen, berstender Eisstürme und rauschender Schneestürze. Eine ungemütliche Gegend!

Zuerst gingen wir den Glacier de Miage an. Ich suchte mir den besten Weg zwischen den Schründen und Eisstürzen. Mit allen Listen arbeitete ich, um ein Durchkommen zu finden. Mehr als einmal blieb der Ausweg versperrt. Da gab es keine andere Möglichkeit: in eine Spalte abseilen und in kühner Eisarbeit wieder den Weg nach oben zu nehmen.

Das fleißige Mundwerk des Herrn Willi verstummte mit dem ersten Blick vom Scheitel des Blockwalles. Steigeisen? Zum ersten Mal in seinem Leben mußte er ausgerechnet hier seine Talentprobe im Eis ablegen. Carolus hier, Carolus dort, auf ihm lastete die wenig dankenswerte Aufgabe, seinem Schutzbefohlenen mit Rat und Tat beizustehen.

Der Blick glitt immer wieder zu der sich steil aufbauenden Fünfhundertmeterwand. Prüfend überschaute ich die Flucht, um eine schwache Stelle zu entdecken. Rein technisch gab es in dem faulen Fels keine Probleme zu lösen. Dafür führten die kleineren und größeren Steinlawinen, die ständig aus den Felsrinnen gespritzt kamen, eine um so deutlichere Sprache. Es galt, eine halbwegs ungefährdete Route ausfindig zu machen.

Uns wurde manches klar, als wir an das Gespräch mit dem Hüterbuben zurückdachten.

Genau wurden die Chancen gegeneinander abgewogen. Etwas rechts zog sich eine schwach ausgeprägte Rippe bis hinauf zur Paßsenke, sie mochte einigermaßen sicher sein. Dafür ein stinkfauler Zugang. Die ganze Breite einer Steinschlaggasse erster Ordnung mußte gequert werden, um den rettenden Felskopf auf der Gegenseite zu gewinnen.

Den Kameraden erklärte ich mit kurzen Worten, was bevorstand — erst unsere Seilschaft — dann die zweite. Im Sprung auf — marsch — marsch hetzten wir über die Haltepunkte des Couloires, Carolus folgte mit Willi, keuchend saßen wir auf dem Felskopf vereint, es war gut gegangen. Dann ging auch schon der erwartete Höllensabbat über uns los. Pfeifend schossen einige Querschläger an unseren Köpfen, die wir mit den Rucksäcken deckten, vorbei. Die Hauptmasse ergoß sich durch die Rinne.

Der Aufstieg in der Schuttwand verlief ohne Zwischenfälle. Mit jedem Meter Höhe, den wir gewannen, minderte sich die Gefahr. Gegen fünf Uhr standen wir vor dem Refuge Durier. Herrlich der Blick zu den wächtenbesetzten Graten der Bionassay und des Dôme de Miage, nach Norden über die im Dunst schwimmenden Täler und Hügelketten, nach Süden über den Ghiacciao de Miage zum Gran Paradiso.

Und die Hütte? Ein kleiner Wellblechbau mit ein paar Matratzen und

Decken. Dazu ein winziges Öfchen — kein Holz — nichts Brennbares. Darum das hintergründige Lachen im Führerbüro von Chamonix. Wissen Sie, wie Käserinden brennen? Mit stickigem, beißendem Qualm und einem infernalischen Gestank. Damit bereiteten wir einen Tee-Extrakt, um durch den Zusatz von Schmelzwasser eine Art von Getränk herzustellen. Doch für die bevorstehende Bergfahrt nahmen wir diese Mißlichkeiten gerne in Kauf.

Wieder einmal kam alles anders, als geplant. Gegen Morgen brach ein Unwetter los, das unsere Wellblechkiste samt Inhalt über die Wand zu werfen drohte. Blitz und Donner waren eines, der Hagel trommelte gegen die Blechwände, nur schreiend konnten wir uns verständigen. Um neun Uhr verflüchtigte sich der Zauber, blauer Himmel lachte. Zu dieser späten Stunde konnten wir nicht mehr an die lange Überschreitung denken, sie blieb auf dem Verlustkonto. Wieder saßen wir mit leeren Händen da.

Wir trösteten uns mit dem hübschen Ostgrat des Dôme de Miage und stiegen anschließend über die Schuttwand und durch die Klüfte des Miagegletschers ab, ohne ganz das Gefühl eines Vabanquespielers loszuwerden.

Auf der Alm hielten wir kurze Rast und beratschlagten, was weiter geschehen solle. Die Zeit, die Herbert zur Verfügung stand, neigte sich dem Ende zu, es blieb nichts anderes übrig, als den Montblanc auf dem kürzesten und nächsten Weg zu packen. Die Entscheidung: Dôme du Gouter—Montblanc. Vielleicht konnten wir, von der Alm einem Pfad zur Bergbahn St. Gervais—Nid des Aigles folgend, noch heute einen Zug erwischen.

Mit unseren Plänen der Montblanc-Ersteigung erging es uns wie im Märchen von Hans im Glück. Auf der Turiner Hütte freuten wir uns über den Goldklumpen Tacul—Maudit—Montblanc. Auf Durier hatten wir mit Bionassay—Montblanc Silber in den Händen. Nun waren wir gezwungen, es gegen das Blech eines „billigen" Anstieges einzutauschen. Oder sollte es uns am Schluß wie Hans im Glück ergehen? Daß uns zuletzt auch noch das letzte Stück Metall aus den Fingern glitt?

Wir hetzten zur Station Bellevue, erreichten mit Hängen und Würgen einen Zug und stiegen in der einfallenden Dunkelheit zur 3167 m hoch gelegenen Hütte des französischen Alpenclubs auf. Zwischen ziehenden Nebeln konnten wir gerade noch einen Blick von der Steilwand erhaschen, die zur Aiguille du Gouter führt. Hier würden wir im letzten Dunkel der Nacht einsteigen.

Leider hat man die abwechslungsreiche Besteigung des Montblanc mit dem Ausgangspunkt Nid des Aigles entscheidend zu einem hochalpinen Spaziergang abgewertet. Eine Seilbahn wurde nach Tête Rousse geführt, eine zweite verbindet die Hütte mit der Aiguille du Gouter. Damit ist die einzige Schlüsselstelle ausgeschaltet, die mit der Durchsteigung der nahezu siebenhundert Meter hohen Wand zur Aiguille immer noch einige Probleme bot. Uns blieb damals noch der volle Reiz der Begehung.

Ganz nebenher trug ich noch einen kleinen Geheimplan mit mir herum. Erst am Gipfel des Montblanc wollte ich die Kameraden damit überraschen, zu viel hing von der Verfassung unserer Gruppe ab, die Einwirkung der Dünnluft konnte ein gebieterisches Machtwort sprechen. Als eine der ersten Partien machten wir uns um ein Uhr nachts auf den Weg. Andere hatten wohl ähnliche Rosinen im Kopf, allerdings mit negativem Erfolg. Als wir unsere Rucksäcke schulterten, kam eine Bergsteigergruppe bereits zurück, sie hatte keine Möglichkeit zur Überwindung der Wandflucht gefunden.

Die Laternen flammten auf, in ihrem Licht querten wir das kleine Gletscherbecken und stiegen über einen hoch in die Wand reichenden Schneeflecken in die Felsen ein. Einige Seillängen nach rechts, dann lag vor uns die Rinne, die ich gestern im Halbdunkel erspähte. An ihrer gegenüberliegenden Begrenzung führte eine Rippe in die Höhe, sie wollten wir zum Anstieg gewinnen, also eine ähnliche Situation wie am Miagegletscher. Von oben tönte ein Krachen — Funken von fallenden Steinen, surrend schossen sie an uns vorbei, auch in dieser Beziehung beinahe eine Kopie des Vortages, nur mit umgekehrtem Zeitplan.

Ich wartete noch einen Augenblick, dann machte ich mich an die Querung des Couloires an sparsamen Griffen und Tritten in stockdunkler Nacht. Tief atmete ich auf, als der Letzte unserer Gruppe die blank gefegte Steinschlagrinne hinter sich hatte. Die folgende Kletterei im griffigen Fels war leicht, der aufkommende Tag gab uns Licht.

Als wir die 3817 m hohe Aiguille du Gouter mit ihrer kleinen Hütte erreichten, grüßte uns der Morgen mit blankem Himmel. Im Schein der aufgehenden Sonne bummelten wir über den Samtfirn einer breiten Gletscherterrasse. Am rechten Gratsaum erschienen die ersten Bergsteiger von der italienischen Seite. Wir bogen etwas nach halblinks aus, um den Scheitel der sanften Firnkuppe, den 4304 m hohen Dôme du Gouter, zu erreichen.

Von unserem Gipfel bot sich zum gegenüberliegenden Montblanc eine fesselnde Schau. In der Senke zeichnete sich die Cabane Vallot ab. Eine schwarze Schlange von Seilschaften wälzte sich von den Grands

Mulets herauf, die Spitze schwenkte soeben zur Gratkante der Bosses du Dromadaire ein, die sich zur Firnkalotte des Montblanc aufschwingt. Links die Hängegletscher der Nordflanke mit dem Mont Maudit, rechts die Felstürme des Brouillardgrates, die den berühmteren Bruder, den Peutereygrat, verdeckten.

Wir stiegen zur Vallothütte ab und reihten uns in die Seilschaften ein, die auf dem Trampelpfad von den Grands Mulets heraufgekommen waren. Vor uns saßen im Kreis vier Bergsteiger, die sich gleich einer Gruppe von Indianerhäuptlingen bei einer Geisterbeschwörung nach einem besonderen Ritus nach vorne neigten und wieder aufrichteten. Erst auf kurze Entfernung wurde uns der Sinn dieser eigenartigen Sitzung verständlich. Vier Franzosen opferten bleichen Antlitzes dem heiligen St. Bernhard, dem Schutzpatron der Bergsteiger.

Uns verging schnell das Lachen und die Spottlust, unser Edelstück, den Dolomitenakrobaten, erwischte es gründlichst. Carolus hatte alle Mühe, um seinen Seilkumpan mit beträchtlicher Verspätung zum Gipfel des 4807 m hohen Montblanc zu verfrachten, auf dem wir es uns schon seit einiger Zeit gemütlich gemacht hatten.

Es war einer jener Glückstage, wie man sie sicher selten auf dem höchsten Berg der Alpen antreffen wird. Kein Hauch war zu spüren, kein Wolkenfisch hing im Blau des Himmels, der sich wie eine riesige Glocke über uns spannte. Die Schau zeigte das Rund in allen Einzelheiten, doch es wiederholte sich, nur im wesentlich vergrößerten Maßstab, was man an jedem Kulminationspunkt einer Gruppe erlebt — der erwartete überwältigende Eindruck bleibt aus. Der Blickpunkt ist zu hoch gewählt, alle Großberge sinken zur Bedeutungslosigkeit ab, selbst unser kühner Riesenzahn, der Dent du Géant, schrumpfte zu einem lächerlichen Felshöcker zusammen.

Nun ließ ich die Katze aus dem Sack — wenn sich Willi wieder gefangen hat, nehmen wir den Abstieg über Maudit—Tacul. Hinab würde sich durch den Tiefschnee des Tacul leicht eine Spur brechen lassen. Knapp acht Stunden hatten wir für die Ersteigung gebraucht, es war neun Uhr. Für die geplante Fortsetzung blieb genügend Zeit.

Willi ließ den Kopf hängen und saß, teilnahmlos vor sich hindösend, im Schnee. Nach einer halben Stunde Rast, die wir ihm zur Erholung gönnten, bot sich das gleiche Bild. Carolus versuchte, seinen Kameraden aus der Lethargie zu reißen, es blieb vergebliches Mühen, er brachte keinen Funken Energie auf, gegen seine Schwäche anzukämpfen. Damit war das Urteil gefällt: Verzicht auf Maudit—Tacul, Rückzug über Grand Mulets.

Wir wechselten die Anordnung unserer Seilschaften, Katrin ging mit Carolus, Herbert bildete bei mir die Spitze, in die Mitte nahmen wir den bleichen Helden der starken Worte, um keine unliebsame Überraschung zu erleben. Das Trauerspiel nahm in verstärktem Maße seinen Fortgang. Alle zehn Meter sank Willi mit einem kläglichen Wehlaut, sich um die eigene Achse drehend, zusammen. Ich hielt ihn am kurzen Seil, um den drohenden Sturz aufzufangen. Später vereinfachte ich das Verfahren — dicht hinter ihm gehend kriegte ich ihn bereits bei dem Ansatz der Drehung am Kragen zu fassen und stellte ihn mit energischem Ruck wieder auf die Füße.

Erst weit unter der Vallothütte begann sich unser Freund wieder auf den richtigen Gebrauch seiner Glieder zu besinnen. Noch hielten uns die Brüche des Bossongletschers in ihrem Bann. Mit Brettern und Leitern waren die größten Schründe überbrückt, an glitzernden Eistürmen führte die tief in den Schnee gefurchte Spur vorbei. Die Hütten von Grands Mulets blieben rechts liegen. Unter einem Eissturz querten wir zur Station der Seilbahn Aiguille du Midi und gewannen damit sicheren Boden. Schlagartig fand Willi seine Sprache wieder.

Das eiserne Schweigen, dem er begegnete, störte seine empfindsame Seele. Vor der Talstation ließ er seinen Gefühlen freien Lauf. Echte Bergkameradschaft würde man nur unter den Kletterern der Dolomiten finden, aber hier... Weiter kam er nicht mit seiner Tirade. Carolus, rot vor Zorn, knapp zwei Meter groß, packte ihn am Wickel, schüttelte ihn wie eine Katze und sagte ihm überdeutlich seine Meinung. Als ein Bild gekränkter Würde entschwand Willi unseren Blicken.

Am nächsten Morgen trübte sich der Himmel schnell ein, wir gaben Herbert das Geleit zum Bahnhof, über Paris, wo ihn sein Bruder Eric erwartete, ging es zurück auf die Insel. Das düstere Grau, das die Berge umspielte, verdichtete sich zu einem soliden Dauerregen.

Carolus war bei einer Partie Schach im Hotel de l'Arve geblieben, Katrin und ich saßen in dem Café am Straßeneck und wälzten Probleme. In ein paar Tagen würden wir von Entrèves aus die Rückfahrt antreten, der Bergsommer war am Verklingen, der Herbst stand vor der Türe. Es war an der Zeit, unser Bergzigeunertum an einen soliden Mauerhaken zu hängen und wie ein rechter Landstreicher für das Winterquartier zu sorgen.

Doch noch einmal wollten wir uns die Sonne auf den Pelz brennen lassen, bevor die Stürme das Laub von den Bäumen reißen und später der Weichzeichner Winter den Bergen die harten Kanten nehmen würden. Wir beratschlagten — es sollte natürlich ein See im Süden sein. Gardasee, Comer See, Lago Maggiore? Nein, bis auf ein paar abseitige Winkel alles zu lackiert, für den p.t. Gast mit den vielen Zechinen auf Hochglanz poliert. Mit unserem Geldbeutel konnten wir ohnehin keinen großen Staat mehr machen, die trockene Bergluft hatte den Inhalt gehörig schrumpfen lassen.

Das bereitete uns keinen Kummer. Wir werden unsere Villa aus Zeltleinwand zum Grand Hotel erheben. Ein paar Maiskolben, Spaghetti, Eier und ähnliche Spezialitäten unserer Küche waren wohlfeil um ein paar Kreuzer einzuhandeln. Aber wohin? Das war das Fragezeichen, das hinter unserer Planung stand. Wie eine Vision tauchte ein Bild aus der Versenkung auf — ein himmelblauer See, giftgrüne Zypressen, knallrote Dächer. Wo hatte ich das gesehen? Richtig, in der Confiseria zu Morbegno — die hübsche Signorina mit den mandelförmig geschnittenen Augen und den Seifenbiscotti. Mühsam klaubte ich in der Erinnerungsschachtel nach dem Namen. Lago Alseo oder Iseo. Eifrig beugten sich unsere Köpfe über die Landkarte, einer von diesen blauen Flecken müßte es sein.

„Halt, ich hab's", rief Katrin und deutete auf einen winzigen Punkt neben dem Gardasee, „Lago Idro heißt dein See aus der Confiseria. Mit Ausnahme des I hast du den Namen sehr gut behalten", fügte sie mit leichtem Spott an.

Zweifelnd wiegte ich den Kopf, „mein" See mußte, nach dem Bild zu urteilen, größer als diese Miniaturausgabe sein. Der Blick rutschte um ein paar Zentimeter nach links.

„Und doch Lago Iseo", trumpfte ich auf, glücklich, die deutliche Anspielung auf meine Gedächtnisschwäche berichtigen zu können.

Das Problem des Transportes bereitete uns kein Kopfzerbrechen. Carolus wollte ohnehin mit seinem Opelveteran nach Meran hoppeln, um nach den Bergwochen den Herbst mit der Palette seiner Farben im weingesegneten Südtirol zu erleben. Den kleinen Abstecher vermochte er leicht in sein Reiseprogramm einbeziehen. Ich würde mit dem unbelasteten Rad gute Fahrt machen und einen Tag später ebenfalls den See erreichen. Damit waren die Würfel gefallen — auf nach Iseo.

Zwei Tage hielt uns das Schlechtwetter fest, dann fuhren wir mit der Bahn nach Montanvert und gewannen über das Mer de Glace die weite Gletscherhochfläche unter dem Dent du Géant, die schuhhoch der Neuschnee der letzten zwei Tage deckte. Am Abend saßen wir wieder in der Turiner Hütte.

Carolus drehte gedankenverloren sein Weinglas in der Hand und starrte ein Loch in die Wand. Mit einem Ruck wandte er mir sein Gesicht zu.

„Eigentlich ist uns dieser Montblanc noch eine anständige Tour schuldig, genaugenommen wurden wir von ihm darum geprellt. Was hältst du vom Rochefortgrat?“ kam, wie aus der Pistole geschossen, die Frage.
„Er gilt als einer der schönsten und interessantesten Grate im Alpenraum. Doch nach dem Neuschnee werden die Verhältnisse alles andere als günstig sein“, gab ich zu bedenken.
Mit einer souveränen Handbewegung wischte Carolus meinen Einwand zur Seite.
„Dann packen wir ihn einfach mitsamt der Neuschneeauflage. Wir haben zusammen manch härteren Strauß ausgefochten, mit einem würdigen Finale soll dieses Bergjahr enden.“
Damit erhob er den Vorschlag zum Beschluß. Sein Optimismus steckte an. Gerne dachte ich an den Blick vom Géant zurück, als die von ziehenden Schleiern umwallte Schneide mit ihrer edlen Linienführung. lockte.
Mit dem ersten Taglicht stiegen wir zum Col und über den vom Neuschnee gedeckten Gletscher gegen die Basis des Dent du Géant an. Bei jedem Schritt war eine dünne Harschschicht zu durchbrechen, die sich unter dem Einfluß der Sonnenwärme des Vortages gebildet hatte. Auch der kleine Gletscherarm unter dem Sockel war davon gedeckt, den wir mühelos überschritten. Unter der Südwand des „Riesenzahnes“ querten wir zum Ansatz unseres Grates.
Die Schneide, vom leichten Wolkenschaum umspielt, war lustig anzuschauen. Ein Zuckerbäcker hatte über die scharfe Kante einen Gupf von hoch angespitztem Neuschnee gebaut. Mit den nach beiden Seiten ins Bodenlose abschießenden Flanken erwartete uns ein luftiger Tanz. Der Rochefort ließ uns in seiner liebenswürdigen Art im ersten, etwas harmloseren Gang genügend Zeit, uns auf seinen Rhythmus einzuspielen. Mit dem großen Turm gab er uns zu verstehen, daß nun der Spaß zu Ende sei.
Bei günstigeren Verhältnissen wird man bestimmt einen anderen Eindruck von dieser Fahrt gewinnen, mit dem Neuschnee steigerten sich die Schwierigkeiten erheblich. Mit peinlicher Sorgfalt legte ich die Spur zwischen die lockeren Gebilde, die sich oft zu phantastischen Formen türmten. Der Abstieg von dem Großen Gendarm blieb in der Erinnerung besonders lebendig haften. Die Kante senkte sich so steil zum Grat, daß ich mit dem Gesicht gegen die Wand die Stufenleiter der Spur in den Schnee fügen mußte. Ein paar Felstürme mit dicken, weißen Hauben, wahrscheinlich als Abwechslung gedacht, sperrten den Weiter-

gang. Im vereinfachten Verfahren beraubte ich sie mit dem Pickel ihrer Pudelmützen aus Schnee.
Ein anderes Moment verlieh diesem Gang seine eigene Note: der Tanz der ziehenden Nebel. Für ein paar Minuten gaben sie den Montblanc im Sonnenglanz mit dem Géant als Seitenkulisse den Blicken frei, dann zogen sie plötzlich den Vorhang vom rechtsseitigen Tal, daß zweieinhalbtausend Meter tiefer die grünen Böden von Entrèves mit den Häusergruppen sichtbar wurden. Die Wolkenschleier deckten wieder das Bild, um Augenblicke später ein Wolkenloch zu öffnen, durch das man die Eiswirrnis des Mer de Glace und die darüber gesetzten bizarren Felsgebilde der Aiguilles von Chamonix schauen konnte.
Wir standen dicht unter dem Felsen der Aiguille de Rochefort. Die Steigeisen wanderten in den Rucksack. Nach einer Seillänge sperrte eine schwierige Platte das Weiterkommen. Sie wies nur ein paar winzige Unebenheiten auf, die als fragwürdige Griffe und Tritte dienen mochten, in der Mitte steckte ein Haken. In weiser Voraussicht hatte ich meine Karabiner in der Hütte gelassen. Also doppelt vorsichtig klettern, denn der Stand von Carolus war mehr als wackelig, er bedeutete keine Lebensversicherung. An ihrem obersten First schwang ich mich in eine Rippe und ließ den Freund nachkommen. Im faulen Gestein arbeiteten wir uns mit aller Behutsamkeit empor, ein Slalom in einem Porzellanladen.
Noch ein paar Meter und wir standen auf dem Gipfel der 4001 m hohen Aiguille de Rochefort. Zwei Meter weniger — die Folgen sind nicht auszudenken — wir wären um einen Viertausender ärmer gewesen. Carolus strahlte über das ganze Gesicht und dies mit vollem Recht — ohne seine Initiative hätten wir bereits um diese Zeit in Entrèves unseren Einzug gehalten. Die Nebelgrenze war überschritten, über dem Schaum standen Géant, Montblanc, Maudit und Tacul, vor uns der Dôme de Rochefort.
Das Firndreieck zwischen Aiguille, Dôme und Mallet wurde im schnellen Zugriff gequert. Vor uns baute sich ein Eisrücken auf, der mit seinem weit ausbauchenden Wulst die Randkluft überwölbte und damit den weiteren Gang über den Rochefortgrat verwehrte. Der erste Blick ließ erkennen, daß ein Angriff vorn an der Nase zum Scheitern verurteilt sei. Uns dicht an die Spalte haltend, hofften wir, in der Flanke eine schwache Stelle zu entdecken, ein vergebliches Mühen. Mannhoch wäre das richtige gewesen. Das Experiment verbaten die Steigeisen und der weit ausladende Überhang mit dem darunter befindlichen steilen Gletscheransatz. Auf gut Glück versuchte ich, den Eisbalkon zu überwinden und schlug einen soliden Griff, soweit der Pickelstiel reichte. Über der

untersten Kante, ungefähr in Achselhöhe, fügte ich zwei tiefe Stufen für die Eckensteiner in das Eis.

Mutter Natur hat mich mit zwei langen Haxen und überdies mit der Fähigkeit ausgestattet, den Buckel krumm wie ein fauchender Kater machen zu können. Mit einem kleinen Satz bekam ich den Griff zu fassen, riß mich nach oben und zog die Knie bis unter das Kinn, links spürte ich Stand und krallte sofort rechts nach — geschafft.

Über die steile Eiswand stieg ich noch ein paar Meter an und schlug eine tiefe, nach innen verlaufende Sicherungsstufe. Das Seil lief über die Schulter — Nachkommen. Zunächst hörte ich nichts als tiefes Seufzen und Stöhnen, einmal tauchte das linke, dann wieder das rechte Knie über dem Eis auf. Nach langem, vergeblichen Bemühen meinte der 1,99 Meter lange Carolus, seine Beine seien für den Schritt zu kurz, worauf ich mir das Lachen nicht verbeißen konnte. Mit etwas Zug und einem letzten Energieaufwand meisterte schließlich doch der Freund die heikle Stelle.

Wie der Specht am Stamm pickten wir uns mit den Eisen über die Steilwand bis zur Schneide hinauf, nur noch ein kurzes Gratstück trennte uns vom Dôme de Rochefort. Dafür war es mit einigen Schwierigkeiten gespickt, die den bisher erlebten Teil noch in den Schatten stellten. Der Doigt de Rochefort wußte mit allerhand aufzuwarten, danach verjüngte sich der First zur messerscharfen Kante, die nicht einmal mehr Fußbreite besaß. Mit nach außen gedrückten Knien, dem alten Reitergeneral Ziethen gleichend, verbiß sich das linke Eisen auf dem französischen, das rechte auf dem italienischen Hoheitsgebiet der Flanken.

Wieder brüchige Felsen, die aber dank der günstigen Schichtung leicht zu überwinden waren. Wir standen auf dem 4015 m hohen Dôme de Rochefort und schauten mit sehnsuchtsvollen Blicken zum anschließenden Grat der Jorasses. Leider blieb die Begehung ein Wunschtraum, wir mußten zur Turiner Hütte zurück.

In Kenntnis der Hindernisse, die uns erwarteten, und in der vorgezeichneten Trasse boten sich keine Schwierigkeiten, noch am Nachmittag stiegen wir nach Entrèves ab. In der Casa delle Alpinisti hielten wir ein großes Abschiedsessen, das Carolus zu Ehren des Rochefortgrates spendierte. Für das nächste Jahr auf Wiedersehen, unser Besuch sollte dann dem Wallis gelten.

Ausklang

Noch bevor der Tag graute, saß ich im Sattel, nur den Schlafsack führte ich mit. Die übrige bewegliche Habe wurde dem Opel einverleibt. Katrin und Carolus konnten sich Zeit lassen, sie wollten erst später folgen. Morgen Abend gedachte ich in Iseo zu sein, die Kameradin wollte mich am Ortseingang erwarten.

Was sind schon lumpige dreihundert Kilometer für solche Bergsteigerhaxen. Noch dazu begann die Fahrt mit dem lustigen Rutsch bergab durch das Aostatal, rund eintausendeinhundert Höhenmeter würden schieben helfen. Kurz hinter Châtillon ertönte hinter mir ein lautes Hupkonzert. Auf diese etwas brüchige Stimme, die ich zur Genüge kannte, hatte ich seit einiger Zeit gewartet. Der alte Karren kam mit Katrin und Carolus dahergewackelt. Am Straßenrand noch für ein paar Minuten ein lustiges Wechselspiel der Worte, dann verschwand das Gefährt um die nächste Ecke.

Die Erinnerung, wie meine Weiterfahrt verlief, ist bis auf den Schlußteil aus meinem Gedächtnis radiert. Ich sah nur das Auf und Nieder der Pedale, die funkelnde Lenkstange, vorüberhuschende Autos, Häusergruppen, Dörfer, Städte. In irgendeiner Osteria hielt ich Mittag oder Abend, irgendwo hinter Novara kroch ich in den Schlafsack, um im letzten Dunkel der Nacht schon wieder auf dem Rad zu sitzen.

Ich machte gute Fahrt. Kurz nach drei Uhr des zweiten Tages lag Bergamo vor mir, die restlichen vierzig Kilometer nach Iseo würde ich im Handumdrehen heruntergespult haben.

„Ja, mach nur einen Plan und sei ein großes Licht, ja, mach nur einen zweiten Plan, gehn tun sie beide nicht", so heißt es im Song der Dreigroschenoper.

Die Kilometer dehnten sich ungebührlich in der Weiterfahrt, ein paar Bergkuppen, die nicht in meiner Rechnung verzeichnet waren, schluckten Zeit. Endlich sah ich von einem Rücken in der Dämmerung den See vor mir liegen, davor Sarnico am westlichen Uferende.

Kurz darauf, zwischen den Häusern von Clusane, klapperte das Hinterrad. Im spärlichen Licht einer Laterne suchte ich das tückische Loch im Gummi, ein paar Spaziergänger sahen dem neckischen Spiel zu. Einmal mehr bewies sich die selbstverständlich wirkende Hilfsbereitschaft des Italieners. Ein Gigerl aus dem Modealbum zog die Bügelfalten seiner weißen Hose hoch, steckte mit eleganter Bewegung die Glacéhandschuhe über den Spazierstock — die silberne Krücke stellte einen Hundekopf dar, das Absonderliche der Situation prägte jede Einzelheit in das Gedächtnis — und wußte mit geschickten Händen den Schaden zu beheben.

Endlich konnte ich mich wieder auf das Rad schwingen. Über den letzten Teil der fünf Kilometer Nachtfahrt sei der Mantel des Schweigens gebreitet. Der Scheinwerfer streikte, die Luft entwich aus beiden Schläuchen. Klappernd wie ein Milchfuhrwerk rollte ich auf den Felgen dem Lichterkreis von Iseo zu, selbst die Lust am Radschieben war mir vergangen.

Vom Grabenrand ertönte ein Ruf, ich antwortete. Katrin, die mich seit Stunden erwartete, kam auf mich zu. Schon von der Ferne hatte sich mein Kommen durch das fatale Scheppern, ab und zu von einem Kernspruch doppelstarker Ausgabe untermischt, angekündigt. Es gehörte nicht viel Phantasie dazu, sich auf den Rest der Geschehnisse einen Reim zu machen.

Carolus, der gute Kamerad, besorgte für Katrin eine nette Unterkunft in der kleinen, aber blitzsauberen Trattoria Pezzini, bevor er mit seinem Opel nach Meran davonratterte. Durch die Gassen des Ortes, in denen noch viel Leben herrschte, strebten wir dem Gasthaus mit seinem Weingerank zu.

Lago Iseo — dieses Kleinod hatte die Woge des Fremdenverkehrs noch nicht erfaßt. Vergeblich suchte das Auge nach Hotelpalästen, frisierten Gartenanlagen mit Palmen und Verkaufsbuden mit Andenkenkitsch, Tanzcafés und all den Rummel, dem man dem Geldbeutel der Gäste zuliebe in Szene setzt.

Im Gassengewinkel brach sich die Vielfalt der Geräusche aus den Handwerkerstuben, Händler mit Eselskarren priesen mit langezogenem Kehllaut ihre Waren an. Am Hafen herrschte emsiges Leben und Treiben. Mit Kürbis beladene Kähne wurden von Käufern umdrängt, Warenballen rollten vom Deck eines kleinen, ruß- und rauchspuckenden Dampfers, der den Verkehr zwischen den Ufern vermittelte. Dazwischen saßen unberührt von all dem Getriebe Fischer und flochten an ihren Netzen.

Nach dem Bummel durch Iseo wanderten wir durch Weingärten und Olivenhaine über einen Bergrücken zur Punta del Orto empor. Herrlich der Blick von dem Kegel hoch über dem See. Die blauen Wasser waren vom grünen Besatz der Ufer eingefaßt. Da und dort leuchteten dazwischen, in Weiß und Rot gesprenkelt, Häusergruppen auf. Das Schönste — die sich mitten aus den Wassern steil aufschwingende Kuppe der sechshundert Meter hohen Montisola mit dem weißen Tupfen einer Kapelle auf dem Scheitel. Das Ganze glich, von unserem hohen Standpunkt aus gesehen, einem blau schimmernden Auge mit dunkler Pupille. Das Eiland entsprach genau unserem Wunschbild — dort drüben wollen wir die Bergtage verklingen lassen.

Das Rad gaben wir in unserer Trattoria zur Aufbewahrung und entlehnten um billiges Geld einen Kahn, den wir mit unserer Habe und den Küchenschätzen beluden. Langsam pendelte das grob gebaute Gefährt um das Gestade der Montisola, da und dort engere Kreise ziehend. An der Südostflanke entdeckten wir eine abseitig gelegene Bucht mit feinkörnigem Sand. Eine Grasbank, von Buschwerk umsäumt, überhöhte den Halbbogen — ein Zeltplatz für Feinschmecker.

Waren es Tage, waren es Wochen, die wir hier verbrachten? Der Zeitbegriff erlosch. Stunden verträumten wir im Kahn, der auf den Wassern trieb, dann wieder führte uns ein schmaler Pfad zwischen Oliven zur Kapelle Madonna della Ceriola empor, die den Inselkegel krönt. Verlangte uns nach Menschen, ruderten wir zu einer kleinen, unter Bäumen versteckten Osteria. Mitten unter den Bauern und Fischern sitzend tranken wir den Wein, der von der Sonnenglut um den Lago Iseo seine herbe Süße empfing, und ließen mit ihnen die Bocciakugeln springen. Die Stille der Nacht stand feierlich über den Wassern, wenn das Boot wieder den Kurs auf den Zeltplatz nahm, silbern perlten die Tropfen im Mondlicht von den Ruderblättern.

Morgen sollte der Traum sein Ende finden. Katrin lag neben mir im Ufersand, ihr brauner, geschmeidiger Körper röstete in der Sonne. Im Spiel ließ sie die goldfarbenen Körner durch die Finger gleiten. Gleich buntfarbigen Faltern schwebten pralle Segel über der Flut. Köstlicher Friede lag über dem Rund, der Spiegel unseres Inneren.